发展新动能

丁一凡 — 著

中信出版集团 | 北京

图书在版编目（CIP）数据

发展新动能 / 丁一凡著. -- 北京：中信出版社，2020.1
ISBN 978-7-5217-1327-5

I. ①发… II. ①丁… III. ①中国经济－经济发展模式－研究 IV. ① F120.3

中国版本图书馆 CIP 数据核字（2019）第 284355 号

发展新动能

著　　者：丁一凡
出版发行：中信出版集团股份有限公司
（北京市朝阳区惠新东街甲 4 号富盛大厦 2 座　邮编　100029）
承 印 者：北京楠萍印刷有限公司

开　　本：880mm×1230mm　1/32　印　张：10.25　字　数：222 千字
版　　次：2020 年 1 月第 1 版　印　次：2020 年 1 月第 1 次印刷
广告经营许可证：京朝工商广字第 8087 号
书　　号：ISBN 978-7-5217-1327-5
定　　价：59.00 元

版权所有·侵权必究
如有印刷、装订问题，本公司负责调换。
服务热线：400-600-8099
投稿邮箱：author@citicpub.com

目 录

序 / VII

第一部分
中国独特的发展道路

第一章 "新常态"下的中国经济增长靠什么？/ 003

消费增长助力中国可持续发展 / 004

分享经济提高民众福利 / 006

自主创新与外来人才 / 010

中国技术创新的群众基础 / 013

绿色发展成为中国经济发展的主旋律 / 015

第二章 中国装备制造业的核心竞争力与国民经济增长 / 023

中国装备制造业的艰难起步 / 023

中国装备制造业的迅猛发展 / 024

中国装备制造业的广阔市场 / 027

中国装备制造业走向世界 / 030

中国装备制造业发展推动经济增长 / 037

第三章 中国金融体制的改革与发展 / 039

构建新金融体系 / 040
改善金融市场 / 042
世界贸易组织与中国金融体制改革 / 047
未来中国金融体制改革的趋势 / 051

第四章 如何更好地利用中国庞大的外汇储备 / 057

外汇储备过快增长与宏观经济面临的风险 / 057
中国外汇储备的增加与减少 / 065
美国不是中国外逃资本的避风港 / 069
如何辩证看待中国的外汇储备 / 071
增加对外投资并警惕投资陷阱 / 075

第五章 中国的国际话语权 / 083

话语权的概念 / 084
话语权的建立 / 087
中国如何构建国际话语权 / 091
中国国力的上升与中国的国际地位 / 097

第六章 中国的制度优势 / 107

民主的迷思 / 107
社会主义民主与中国的制度优势 / 129

从意识形态挂帅到职业文官回归 / 132
实事求是与中国人的政治文化传统 / 135

第二部分
全球化危机与中国的解决方案

第七章　全球化危机与新型全球化 / 145

放松管制与经济全球化 / 145
美国经济的表面繁荣与美国政治的合法性危机 / 149
全球化的坎坷前景 / 157
全球化的未来与中国的战略选择 / 172

第八章　全球治理机制与新型全球化 / 177

G20 / 178
G20 的作用 / 180
重建国际贸易的话语权 / 187
金融体制改革促进实体经济发展 / 189
如何改善全球公共管理 / 191
中国引领全球化的新起点 / 193

第九章　中国和美国如何实现互利共赢 / 197

中美经济合作与美国的政策转向 / 197

◻ 发展新动能

  中美博弈是一种变和游戏 / 208
  美国无法遏制中国的发展 / 211
  中国的改革创新与美国的故步自封 / 213
  中美的竞合关系与世界经济发展 / 219

第十章　中国与欧盟在全球化过程中的建设性伙伴关系 / 223

  欧盟"解禁"失败的教训 / 223
  欧盟不承认中国市场经济地位 / 227
  中欧的竞争关系 / 231
  欧盟决策机制对中欧关系的负面影响 / 235
  对中欧关系的展望 / 239

第十一章　金砖国家的崛起 / 247

  在全球化浪潮中诞生 / 247
  金砖国家的制度化合作 / 249
  金砖国家与 G20 / 251
  金砖国家与逆全球化 / 254
  金砖国家引领世界经济发展 / 256

第十二章　中国如何促进非洲发展 / 259

  冷战时期的非洲 / 259
  非洲的民主化与社会的崩溃 / 262
  中国对非洲的援助 / 264

中国应扩大软实力影响 / 276
加快用人民币投资非洲的步伐 / 278

第十三章　构建人类命运共同体 / 285

人类命运共同体突破国家集团的桎梏 / 285
大同世界是中国文化中人类社会的理想形态 / 288
完善全球治理体系 / 290
"一带一路"倡议促进人类命运共同体的建设 / 292

参考文献 / 311

序

最近一些年来,经济全球化在部分西方国家遭遇了抨击和抗议。打着反全球化旗号的政治家趁机在各种选举中崭露头角,成为最大的赢家。

其中最突出的就是美国总统特朗普。他打着"美国优先"的口号当选,并宣称要把这一口号落实到政策中去。美国退出了《跨太平洋伙伴关系协定》,还扬言要退出北美自由贸易区,并要求与欧盟重新谈判自由贸易协定。特朗普政府还试图通过提高关税来威胁美国的所有贸易伙伴。

美国曾是自由贸易的虔诚信徒,也是全球自由贸易的主要推动者之一。全球化正是伴随着全球贸易自由化与跨境投资自由化而迅速发展的。全球化对世界经济的影响巨大。从全球 GDP(国内生产总值)的增长来看,世界经济在 20 世纪 90 年代到 2008 年金融危机爆发以前发展得最快,国际贸易的发展也最迅速,这是全球化最兴盛的时代。

如今美国带头反全球化,这将给全球化的未来和世界经济的发展带来怎样的影响呢？

在全球化中受益最大的是发达国家的大型跨国企业，它们趁着贸易自由化与投资便利化的机会，在全球配置资源与生产，投资收益率成倍增长。然而，这种自由却让发达国家的再分配制度严重向富人倾斜，贫富差距迅速拉大。"占领华尔街"运动爆发的根源之一就是因为美国只有占总人口比例1%的富人受益于全球化，99%的美国人仅是这场繁荣的陪衬而已。

许多发展中国家（包括中国）积极参与全球化，利用全球市场开放的机会迅速发展，实现了工业化。它们也是全球化的受益者，但它们同时也付出了艰辛的劳动与环境污染的代价。

在中国，全球化也加大了贫富差距。中国沿海地区最先接受外来投资，发展十分迅速。但中国的中部和西部地区没有这些优势，没有多少外国企业到那里去投资，它们与沿海地区的发展差距迅速扩大。此外，外来投资都集中在城市地区，因而中国的城乡收入差距也在不断扩大。不过中国政府没有完全奉行"华盛顿共识"，中国并未完全推行私有化和市场的全面开放，特别是没有开放资本市场。因此中国政府有能力引导经济发展，投资基础设施建设，改善人民的生活质量，政府用"看得见的手"干预市场，帮助没"沾上全球化光"的地区和人民实现发展，帮助上亿人脱贫。

中国对全球化危机的应对之道受到越来越多国家的肯定。当全球化陷入危机时，中国愿意用自己的力量帮助全球化回归正轨，因为中国认为，倒退不是解决问题的正确方法。我们不可能再回归到以民族国家为框架的发展模式，因为那种市场太狭窄，束缚了技术的传播和生产力的发展；民族国家的框架无法解决当今世界面临的诸多全球性问题，如全球气候变化和恐怖主义。中国倡导的全球化是构建一个人类命运共同体，也可以说是一个主权国家共同体，各国在共商、共建、共享的原则下自愿联合起来，加强合作，共同应对挑战与危机。

然而，有些发达国家的领导人对此持有不一样的看法。他们认为通过打乱全球产业链，可以让工业生产过程再回到他们的国家去，可以促进国内就业和经济增长。甚至有政客认为全球气候变暖是有人故意编造出来的谎言，目的是延缓他们国家的发展。2017年，美国宣布退出《巴黎协定》，将不受限制地向大气排放温室气体。

虽然我们不能强迫各国都参与全球治理，但我们可以让所有国家都认识到加强全球治理对世界的益处。如果某些国家不愿意维护多边主义、完善全球治理，我们便只能自己承担全球治理的任务。那些想脱离全球治理、回归单边主义的国家最终会意识到，脱离了全球市场的国家也将脱离这个时代的发展轨道，自我孤立，丧失竞争优势。只有积极参与全球治理的国家才能分享发展的红利以及全球化带来的益处。

2013年,中国提出"一带一路"倡议,其核心理念就是多边合作,共商、共建、共享。"一带一路"倡议为世界经济增长提供了新动力,新兴经济体在推动世界经济发展上发挥了越来越重要的作用。"一带一路"倡议不是个封闭的倡议,中国希望未来有更多国家参与这项倡议,提供新的发展模式和解决问题的新方法,让世界经济的发展更多元化,有越来越多的发展模式可以供各国参考借鉴。

本书分为两个部分,第一部分分析了中国独特的发展模式,包括中国对发展道路的选择,中国治理制度的特点,中国金融体系的改革与发展,以及对中国经济在结束了高速发展阶段后,如何应对中高速发展阶段挑战的思考。此外,第一部分还讨论了中国在国际舞台上的地位,以及中国如何运用它的国家力量。第二部分分析了全球化危机,以及中国在此过程中面临的一些难题:中国与美国的复杂关系,如中美之间长期纠缠的货币汇率问题;中国如何与新兴经济体共同构建一种新型的国际关系并推动全球化向更健康的方向发展;以及中国提出的建设人类文明共同体的问题。

本书的主要内容是本人近年来对全球化发展的一些分析,其中有部分观点曾分散地在一些刊物上发表过,本次将这些观点结集成册,重新编辑修改,希望使之更加系统和完善,为当下的全球化发展提供一些思考。感谢中信出版社与太和智库愿意帮我实现出版本书的愿望，感谢本书的编辑过程中为我提供修改意见的所有人，他们的意见使本书的逻辑和分析框架更加清晰和明确。书中若有错误与谬误，皆由本人负责，还请读者不吝指教。

丁一凡

2019 年 8 月 29 日于北京市海淀区

第一部分

中国独特的发展道路

第一章 "新常态"下的中国经济增长靠什么？

最近一段时间，国际金融市场上关于中国经济增速放缓的流言仍然不少，美国两家评级公司下调了中国主权信用等级。然而，国际货币基金组织却提高了对中国经济增长的期望。这种反差反映了外界对中国经济增长前景的困惑。

当前中国经济增长还面临着一系列困难。首先，许多产业还存在产能过剩，有部分企业在生产过程中机器设备的利用率仅在65%~70%之间，这些企业亏损严重。企业亏损造成中国金融体系中存在大量坏账，部分银行的坏账率在6%~7%之间，个别地区性商业银行的坏账率更高。其次，部分地方政府的融资渠道出现问题，不可能再"加杠杆"。因地区发展失衡，有些资源生产大省因资源价格暴跌，经济增长出现下滑。

不过，也有一些省份的经济增长形势已经出现好转。特别是沿海省份，在经历了传统产业的出口萎缩后，它们似乎又找到了新的增长点，年增长率恢复到了7%以上。这说明中国的经济转型已经开始产生效果。近年来，中国沿海省份的部分高端制造业取得了很大发展，如机器人、无人机、智能制造等。但目前这些产业的规模不大，无法带动全国经济整体快速发展。

中国政府有多种应对经济下行的手段，财政政策还有很大的回旋余地。而世界上有些发达国家因为政府债务负担巨大，在财政政策上已经黔驴技穷，只能一味地使用货币政策，甚至不惜使用名义负利率。这种做法让市场产生了怀疑情绪，发达国家央行的负利率引起市场普遍恐慌，市场甚至产生了与央行期待中相反的反应。鉴于中国政府的债务水平仍然可控，政府还可以增发一些国债。国库券是民众和金融机构都喜欢的投资产品，我们还可让外国的中央银行等机构持有更多的中国国库券，这不仅能使它们分担汇率风险，还对人民币国际化有利。我们可以更加灵活地运用财政手段，增加公共投资以刺激重要经济领域的发展，带动经济的整体增长。我们需要更加积极地调整中国的人口政策，加快新型城镇化建设并完善配套服务（包括户籍制度改革等），综合考虑短期和中长期的发展。

考虑到最近几年"一带一路"倡议带动了对外投资与贸易的增长，未来中国可以加快发展"一带一路"项目与产能合作，进一步扩大对外投资、扩大对新市场的出口。

中国的经济结构在调整，产业在升级，对外投资方兴未艾。在"十三五"规划完成后，中国经济还会上一个大台阶。

消费增长助力中国可持续发展

最近几年，中国经济结构调整的幅度很大，三大产业占GDP的比重变化也很大，同时发生变化的还有投资与消费比例。这一切都是以中国特色的社会主义市场经济发展为背景的。习近平明确指出:"我们党始终强调,中国特色社会主义,既坚持了科学社会主义基本原则,又根据时代条件赋予其鲜明的中国特色。这就是说,中国特色社会主义是社会主义,不是别的什么主义。"[1] 社会主义的特点是公平,照顾大多数人的利益。中国的经济增长就是在这种背景下实现的。

近年来,中国人均收入的增长速度高于 GDP 的增长速度,社会保障体系逐渐完善,人民消费水平迅速提高。过去 5 年,中国有 6 000 多万人脱离贫困,中国政府为 1 300 多万家庭提供了保障性住房。这些措施使中国的消费群体不断扩大,民众的消费能力不断上升,也使中国经济的发展更加健康。2017 年前三季度,消费对中国经济增长的贡献高达 64.5%,其中服务业占比已经超过了第一、第二产业,成为支撑经济增长的坚强后盾。

21 世纪以来,中国经济迅速发展,前 10 年的快速发展与出口的大幅增长密切相关。但自 2008 年国际金融危机爆发以来,我们最大的出口市场——欧美国家都陷入了经济衰退,虽然近年欧美国家的经济有一定复苏,但依然增长得十分缓慢。换句话说,中国无法再依赖大规模的出口来拉动经济增长。如何才能找到经济增长的新动力呢?

在经济刺激计划下,基础设施建设与房地产市场的发展支撑了中国经济的增长。在金融危机爆发前后,中国经济在全球一枝独秀,是世界经济增长最大的稳定器。然而,投资带来的债务增长与金融风险是不容忽视的难题。我们为稳定房地产市场付出了许多努力，对淘汰过剩产能的工作也紧抓不放，那么，中国未来的经济增长靠什么呢？

有西方媒体不看好中国经济的发展，但它们忘了，中国有将近14亿人口，是全球最大的单一市场，若这个市场的消费能力被激发出来，将有巨大的能量。随着中国经济结构的调整和社会保障体系的完善，消费似乎成了中国经济增长最主要的动力。中国经济结构的转型不是一般的变化，这对中国与世界都会产生巨大影响。在国际金融危机爆发10周年之际，英国《金融时报》发表评论称美国有可能再次爆发金融危机，他们连可能会触发金融危机的金融产品都指了出来，即所谓的"贷款保险债券"，这是一种新的金融抵押产品。倘若全球再经历一次大的金融危机，中国经济结构的调整可以使中国经济具备更强的应对外部冲击的能力，因为在调整经济结构后，中国经济的发展将主要依赖国内市场，具有充分的韧性。

这些年中国扩大消费群体的工作卓有成效，这些人群成了中国实现经济可持续发展的后盾。但未来我们还需要不断提高消费品的质量，提供更多形式的消费选择，才能充分发挥中国市场的优势，保证中国经济的长期稳定发展。分享经济就提供了一种新的选择。

分享经济提高民众福利

最近几年，中国的分享经济发展得如火如荼，共享单车、共享汽车、共享家庭旅馆等层出不穷。分享经济让民众的生活更加便利，资源的分配更加合理，同时也让提供共享产品的人获得了一定的经济回报。分享经济的出现既体现了中国制造业的巨大潜能，也体现了中国国民素质的提升。

试想，如果在三四十年前推广共享单车会是什么结果？过去中国的制造业比较落后，商品实行配给制，单车供不应求，需要凭票或排队购买。那时候要是有共享单车，估计没有几个人会归还单车让其他人继续使用，更不用说共享汽车了。随着中国人生活水平的提高，曾经风光一时的单车成了越来越小众的商品，今天只有把骑行当作体育锻炼的人才会去关心那些价格不菲的单车。然而，随着共享单车的出现，那些生产单车的老厂商又重新焕发出生机，这不但推动了GDP 的增长，也创造出更多的就业机会。

看到街头无处不在的各种颜色的共享单车，我们应该想到，世界上没有多少国家有能力在短期内向社会投放数以千万计的单车，单车虽然不是复杂的工业产品，但也需要由几十个配件组成，在短时间内生产大量的单车需要巨大的生产能力。共享单车只是分享经济的一种形态，发展分享经济是供给侧结构性改革的重要组成部分，也是促进经济增长的重要途径。

事物都有两面性，分享经济在给人们的生活带来诸多便利的同时，也带来了一些新问题。人们发现，有许多共享单车被人为破坏，还有不少人驾驶共享汽车飙车——反正是共享的，弄坏了也不心疼。有些地方的共享单车堆积成山，甚至堵住道路导致行人无法正常通行。这些现象往小了说是个人公德心的问题，往大了说就是制度性的问题，我们该如何处理呢？

如果想让分享经济更加健康地发展，需要注意以下几方面的问题：

1. 提高全民素质。

分享经济的核心是物品共享，如果使用者故意破坏或不负责任地使用这些共享物品，势必会造成巨大的浪费，长此以往甚至会导致这种经济模式无法继续发展。分享经济为大众提供了便利，需要由大众共同维护。

2. 政府管理应更加人性化。

分享经济是一种新产物，一定会遇到许多新问题。管理者不能用简单粗暴的办法来解决问题，不能一出问题就取缔或禁止。我们要寻找新的管理办法去适应新的消费形式。比如可以促进行业协会与基层政府相互配合，找到既能方便民众生活又不破坏社区秩序的办法。

3. 建立个人信用制度。

在使用共享物品时，经常需要登记个人信息，我们可以通过互联网技术掌握个人的信用情况，监督人们的行为。但同时监督机构应注重保护个人隐私，若这些个人信息得不到有效保护，会破坏人们对分享经济的信任，不利于未来发展。

李克强总理曾在2017年6月主持召开国务院常务会议，部署促进分享经济健康发展，会议指出，"适应全球新一轮科技革命和产业变革，发展分享经济，依托互联网平台对分散资源进行优化配置，化解过剩产能，培育壮大新动能，是推进供给侧结构性改革的重要举措，有利于把大众创业、万众创新推向更广范围和更高层次，以创造更多就业岗位，为群众生产生活提供更经济、更多样、更便捷的服务"。[2] 若分享经济能在促进经济发展的同时促进社会道德的进步和个人信用制度的建立，它将成为下一阶段中国经济发展的重要抓手。

各种形式的分享经济迅速发展，成为一种潮流，引起了舆论的各种反应。有人认为分享经济造成了社会秩序的混乱，也有人极其推崇分享经济，认为它是中国经济未来的发展方向。李克强总理在2017年夏季达沃斯论坛上谈道："我们对新产业、新业态、新模式，比如像电子商务、移动支付、共享单车，都实行包容审慎监管方式，促进了其健康发展。"[3] 也就是说要分享在先、监管在后，让市场先跑一会儿，政府不应过度干预分享经济的发展。我们对新技术、新业态要宽容一些，才能让新经济形态和新技术发展起来，成为经济增长的新动力。

人类是有惰性的，习惯了旧东西、旧技术、旧形式后就不愿意接受新事物。因此，创新行为经常被人忽视，有时甚至差一点就夭折。美国的发明家贝尔曾经想把他发明的电话卖给美国西部联合电报公司，但他被拒绝了，因为这家公司认为有电报就足够了。国际商用机器公司（IBM）的总裁曾认为，全世界最多只需要5台计算机，根本不需要对其投资太多。当乔布斯锲而不舍地研究触屏手机时，许多公司的高管都在嘲笑他，他们认为手机就应该是有键盘的，甚至在苹果第一代触屏手机诞生后，许多人都还在用键盘手机。如果人们没有多一点的包容之心，如果这些发明家不再多坚持一段时间，这些技术也许就被埋没了。事实上，世界上的确有许多新技术因为人类的故步自封而被埋没了。我们知道的只是那些幸存者。

人们对新的产业形态往往也会有质疑、批评的声音，态度较为保守。在滴滴出行刚上线时，就有不少人冷嘲热讽，北京的拥堵也成了许多人炮轰滴滴的借口，共享单车在刚出现时也被泼了不少冷水。不过中国大部分的城市管理者对新产业的态度较为宽容，虽然有时共享单车乱停乱放的现象非常严重，但管理者还是乐见其成，因为共享单车给市民带来了"最后一公里"的便利。但在部分小城市，管理者的包容度就差一些，有些地方取缔了共享单车，或者干脆把共享单车统一拉到某个地方封存起来。

未来，人工智能与互联网相结合，会产生更多新事物。如果我们对新事物没有包容的态度，我们就无法占据新科技发展的高地，永远落在别人后面，无法实现跨越性发展。总之，我们应该对新技术和新产业形态多一些宽容，哪怕新事物带来了新问题，打乱了现有秩序，我们也可以想办法解决问题、重整秩序。在未来国家和企业激烈的技术竞争中，成败很大程度上取决于人们是否有足够的包容度。

自主创新与外来人才

随着中国经济步入"新常态"，中国经济的发展不太可能继续依靠大量的投资来拉动，未来中国经济的发展需要依靠创新。李克强总理强调的"大众创业,万众创新",说的就是创新的重要性。

近年来,中国企业在创新方面有长足进步,不仅出现了以华为、腾讯为代表的一些技术创新型企业,还出现了阿里巴巴等在商业经营模式上不断创新的企业。中国的创新和发展依靠的主要是中国的企业和科技人员,但是我们不应只把眼光盯在中国科技人员与中国企业上,更好地利用外来人才也是加强中国自主创新能力的重要策略。

利用外来人才推动科技创新的例子可以从笔者在美国旧金山机场的经历谈起。一次,笔者在旧金山机场等飞机,听到机场广播使用的是英语和法语两种语言。旧金山位于加利福尼亚州,离墨西哥不远,机场广播用英语和西班牙语可能更合适一些,为何会用法语呢?机场问询处的工作人员告诉我,硅谷附近住着几十万法国人,他们是美国通信技术革命的重要参与者,为了方便他们出行,旧金山机场特别将法语当作机场的第二语言。20 世纪 80 年代初,法国人最先开发出利用电话线传输信息并将信息呈现在屏幕上的 Minitel 技术[①],但法国国内的市场太小,创业资本市场不够发达,所以这项技术的应用范围并不大。90 年代,互联网技术在美国迅猛发展,并迅速占领了世界市场,但互联网技术在通信上的应用却不够发达,法国的科研人员很快研发了一批应用互联网技

---

① Minitel 是在 1982 年由法国人建成的国家网络,其建立与运行早于互联网,用户曾达 2 500 万人,但由于运行费用昂贵、技术落后,最终被互联网取代,于 2012 年 6 月 30 日正式关闭。——编者注

术的新产品，如 IP 电话，这大大节省了跨国通信费用。但法国缺少风险投资，许多科研项目缺少启动资金，于是很多法国的科研人员被美国的风险投资商看中，然后都被请到了硅谷，当然，他们研发的新产品和新技术也都被美国收入囊中。硅谷可能是全世界聪明大脑最集中的地方，聚集了大批来自中国、印度、中东等国家和地区的人才。硅谷从 20 世纪 90 年代起就是世界上最具活力的创新中心。

与美国相比，中国既有劣势也有优势。中国的国内市场比美国大几倍，许多技术在中国开发后可以迅速成为营利项目，这对许多新技术来说是不可多得的机会。中国的风险资本市场不够发达，但现在有越来越多的金融机构开始对开发新技术感兴趣，特别是许多私募基金可以部分代替风险资本的作用。

现在正是中国利用外来人才促进创新的好时机，这可以从以下两个方面来分析。首先，自 20 世纪 90 年代以来，欧美发达国家发明了许多新技术，但许多技术都被大型跨国公司捂着，不拿出来开发。这是因为新技术往往是由一些小型公司的科研人员出于兴趣或在偶然的情况下研究出来的，经常还未到开发成产品时，就被大公司发现并买断了。大公司掌握着许多这种小发明和新技术，并且不希望在短期内把它们变成新产品，因为它们不愿意让自己投资开发的旧技术太快退出历史舞台，它们希望能从中榨取更多利润。但科研人员不甘心，他们想尽快将新技术投入市场，这样他们既能增加收入也能获得更多的成就感。这些科研人员希望能在中国市场上找到投资者，把他们的发明迅速转化成商品。其次，自2008年金融危机以来，因为欧美政府削减支出，由它们补贴的科研项目突然失去了资助。许多科研人员都在全球寻找新的投资者，希望能把他们的研究转化成商品。他们需要的只是最后的一点推动力。在这一背景下，中国成为全球科研人员青睐的市场。中国企业在过去只负责国际产业分工中的制造环节，总跟着欧美的大企业和跨国公司亦步亦趋。若中国未来要向创新型经济转型，就需要把眼光更多地投向小企业，关注那些有新想法的科研人员。只要我们能适当地利用新技术，在一两个行业占据领先地位，就会吸引更多的科研人员来中国研发新技术。那时，外来人才就会成为中国技术创新的新源泉。

中国技术创新的群众基础

当西方舆论还在炒作中国的发展是否会掉入"中等收入陷阱"时，似乎忘记了支撑一个国家经济发展的基础到底是什么。中国这些年的发展速度非常快，但有些西方媒体出于意识形态的偏见，认为中国的经济发展存在巨大泡沫。这样评论的人没有看到，中国改革开放以来的快速发展与大多数西方国家早期的经济起飞一样，靠的是技术进步和劳动生产率的大幅提高。

中国未来的技术进步是否能继续支撑中国经济的发展？只有弄清这个问题，才能知道中国是否会掉入"中等收入陷

⌂ 发展新动能

阱"。2018年12月，全国3D大赛（全国三维数字化创新设计大赛）在云南玉溪拉开帷幕，观看这个比赛，能感受到中国青年人对技术创新的热情，使人意识到未来中国经济的发展与否取决于青年人是否能坚守对技术进步的追求。

顾名思义，3D（三维）比赛就是应用3D打印、3D设计等新生产技术、新设计技术的比赛，参赛者带来了用新工艺制造的精美产品和新颖的设计作品。在3D技术出现之前，工业设计都是在纸上完成的，纸稿是平面的，要经过若干次试验才能让产品达到满意的效果。工业设计可能存在许多未想到的问题，生产出来的产品也可能与设计不符。总之传统的工业设计与工业生产过程会造成许多浪费，如浪费人工、浪费材料、浪费时间等等。3D技术使设计和生产的过程简化了许多——工业设计在电脑上完成，3D成像可以生动地展现产品的外观，在生产环节，再也不需要多次试验组装，节省了时间和材料。总之，3D技术是制造业的革命。

与前几次工业革命不同，中国这次并没有落后，我们差不多与发达国家一起进入了3D技术时代，3D技术的发展决定着未来中国的制造业能否在世界市场上获得竞争优势。

可喜的是，参加全国3D大赛的选手大多都是大学生，虽然给他们打分的评委都是名牌大学教授或行业专家，但大部分参赛者都是名不见经传的二、三流大学的学生，这个现象非常有意义。中国一流大学的学生可能在忙着做前沿研究，忙着写论文去参加更高端的比赛，而二、三流大学的学生却也在埋头做着这些可能会大大提高中国制造业水平，促生新技术产品的研究。不积跬步，无以至千里，这些研究看起来不大，未来却能让中国制造业再上一层楼，使中国制造业在世界市场上立于不败之地。

一个国家的综合竞争力并非是依靠那些顶尖的大学或企业就能塑造的，广大民众参与国家建设的积极性才是关键。20世纪初，当美国崛起时，美国制造业与农业的劳动生产率迅速超过了欧洲的老牌工业国家。事实上，助力美国崛起的并非名满天下的常青藤大学，而是美国的州立大学。那时，美国各州都成立了自己的州立大学，而且大部分州立大学在刚成立时只有两个学科——机械学与农学。这些州立大学为美国培养了大量的工程师和农艺师，使美国的工业制造业与农业的生产率大幅提高，有了这个基础，美国的发展迅速追上了欧洲的工业大国。

中国的这些二、三流大学就如同当年美国的州立大学。它们培养的人才可能无法在尖端科学领域与外国竞争，但这些学生都是中国制造业升级的坚实基础，是助力未来中国经济平稳、健康发展的中坚力量。可以说正是有了这些二、三流大学学生的创新精神和积极参与，中国才能有更加光明的未来。

绿色发展成为中国经济发展的主旋律

近年来，中国越来越强调绿色发展的理念。那种争当GDP增速冠军的热忱已经被对更高质量的可持续发展的追求取代。

中国的绿色发展主要体现在以下几个方面：在恢复生态

发展新动能

环境方面取得了巨大进展；在推动林业产业发展方面有巨大进步；可再生能源与清洁能源产业发展迅速；绿色金融迅速发展，为绿色发展提供了广阔的融资渠道；国际合作推动中国的绿色发展理念走向世界。

经过几十年的努力，中国在恢复生态环境方面取得了世界公认的成就。

今天，沙漠化是许多国家共同面临的难题，全球气候变化与人类对自然的过度索取是沙漠化加重的原因。中国在植树造林、防治沙漠化，以及再造绿洲的行动中取得了令人瞩目的成绩。

30多年来，经过几代治沙人的努力，内蒙古库布其沙漠近1/3的面积得到有效治理，涵养水源240多亿立方米，地区生态环境逐渐恢复，促进了沙漠旅游、食品、光伏等产业链的形成，创造产值5 000多亿元。离北京不远的塞罕坝，曾经是清朝皇室的狩猎场，但由于采伐过度和管理不善，塞罕坝在20世纪50年代已经变成一片荒地，原始森林荡然无存。经过两代人60年的努力奋斗，塞罕坝如今又恢复了万顷林海，成为非常受欢迎的度假地。在陕西与内蒙古交界处的毛乌素沙漠，总面积达4.22万平方千米。自20世纪60年代以来，经过数十年的治理，如今毛乌素沙漠30%的面积被植被覆盖，80%的面积得到治理，水土不再流失，使每年流入黄河的泥沙减少了4亿吨。这里新开垦的农田达160万亩[①]，为当地农

[①] 1亩≈666.67平方米。——编者注

民创造了不少经济收益。

联合国副秘书长、联合国环境规划署执行主任埃里克·索尔海姆高度评价中国在沙漠化治理和沙尘暴防治方面的积极探索。索尔海姆表示，中国库布其沙漠防沙项目中使用的高科技生态技术和当地牧民在沙漠中开发的生态旅游项目给他留下了非常深刻的印象。他认为，库布其沙漠生态经济的发展模式可以为世界上其他面临沙漠化问题的国家和地区提供经验。索尔海姆认为，库布其模式的核心是科技带动企业发展、产业带动规模治沙、生态带动民生改善。他还认为，随着"一带一路"建设的逐步开展，中国在防沙治沙方面的经验也能够被推广到非洲、中东、拉丁美洲等地区，造福那里的人民。[4]

伴随退耕还林、退耕还草地、退耕还湿地的努力，中国的森林、草原与湿地的面积都不断扩大，对整体气候产生了有益的影响。在华北地区，特别是北京春天漫天黄沙的景象已经不多见了。自 1999 年启动退耕还林工程以来，中国已实现退耕还林、退耕还草原 5 亿多亩，退耕还林工程总投入超过 5 000 亿元。2018 年，国家林业和草原局成立，同时还组建了国家公园管理局，统一管理国家公园等各类自然保护区。祁连山、东北虎豹国家公园、三江源、神农架、钱江源等试点初步搭建了自然资源监测平台，为实现国家公园立体化的自然资源及生态环境监管格局打下了基础。各国家公园试点区分别启动了林（参）地清收还林、生态廊道建设、外来物种清除、茶山专项整治、裸露山体生态治理等工作。

◻ 发展新动能

伐木业曾是中国工业体系的重要组成部分，但森林大面积消失又是导致气候变化的重要原因。如何满足工业化、城市化过程中对原材料的需求，同时保护宝贵的森林资源呢？中国有种植竹林的传统，毛竹是中国许多地方经济发展中重要的原材料。近年来，中国部分地区开始尝试用毛竹替代木材。中国浙江省湖州市的安吉县是近些年来成功发展竹产业的典型代表。竹子生长快，一般两三年的大毛竹就可以砍伐用来做材料。大面积的竹林也成为安吉县重要的旅游业资源。安吉县每年接待游客约 50 万人次，旅游业创收超过 3 000 万元。随着竹产业的发展，竹子成了安吉县的一种文化符号，安吉竹乐团、上舍村"竹叶龙"舞，这些土生土长的民间艺术表演不仅在全国各类文艺展中频频亮相，还作为中国传统文化的代表远赴法国等地参加演出。

在种植竹林时，农民还可以套种蘑菇，养鸡、养羊等牲畜业也可在竹林中发展。在大力发展竹产业的同时，与竹子有关的工业也蓬勃发展。

安吉县发展了竹家具、竹纤维、竹织品、竹地板、竹炭等各种以竹子为原材料的产业，创造了许多就业机会，甚至还需要从其他省份进口毛竹才能满足当地的工业生产需求。

中国在可再生能源和清洁能源开发领域的成绩也很显著。中国政府在巴黎气候大会上承诺，中国将大力加强对可再生能源的开发与使用，争取到 2020 年，非化石能源占一次能源消费的比重增加到 15% 左右，单位 GDP 二氧化碳排放比 2005 年下降 40%~50%。中国将成为最大的可再生能源生产国与消费国。

在可再生能源的发展中，水电占有重要地位。进入21世纪后，随着中国电力体制改革的推进，全社会参与水电开发建设的积极性被调动起来，中国水电进入了加速发展时期。2004年，以公伯峡水电站1号机组投产为标志，中国水电装机容量突破1亿千瓦，超过美国成为世界水电第一大国。2010年，以小湾水电站4号机组投产为标志，中国水电装机容量突破2亿千瓦。目前，中国不但是世界水电第一大国，也是全世界在建水电机组规模最大、发展速度最快的国家，中国成了世界水电创新中心。

太阳能也是中国可再生能源开发的重点。近年来，中国在太阳能发电技术研发上的投入很大，迅速提高了中国太阳能相关产业的生产能力。中国太阳能板的产量约占世界太阳能板总产量的60%。2007年，中国的光伏板产值为150亿元，光伏发电量约为82万千瓦时。按照计划，到2020年，中国光伏发电量预计将提高到2 000万千瓦时。2009年，中国政府实施金太阳示范工程，成为中国太阳能工业和技术发展上的里程碑，许多省份都制订了开发太阳能产业的计划。中国太阳能发电技术全面发展，在光伏板、薄膜太阳能电池等领域，中国的技术领先世界。

中国的风电产业近年也发展迅速。自2005年起，中国的风电装机容量连续5年实现翻番。2009年，中国的风电装机容量达2 580万千瓦，超过德国，排名世界第二。2010年，中国新增风电装机容量1 600万千瓦，中国风电装机容量首次超过美国，跃居世界第一。中国在新疆、内蒙古、甘肃、河北、吉林等地都建立了大型风电基地，在江苏、上海、山东、浙江等沿海省份建立了百万千瓦级的大型海上风电基地。根据全球风能理事会2011年6月在第八届亚洲风能大会暨国际风能设备展览会上的报告，中国的风电装机容量在2020年预计将达2.5亿千瓦，2030年预计将超过5亿千瓦。

中国的核电产业同样迅速发展。截至2017年底，中国投入商业运行的核电机组达37台，装机容量约3 581万千瓦，在建核电机组19台，装机容量约为2 200万千瓦。根据"十三五"能源规划，到2020年，中国核电将实现5 800万千瓦投入运行、3 000万千瓦在建的目标。为完成这一目标，2018—2020年，中国核电装机容量的复合增长率应达到17.43%。从远期看，中国核电产业的发展潜力巨大。根据世界核协会统计，截至2017年底，中国核电筹建及储备项目的装机容量约为1.64亿千瓦。

绿色发展需要更多的资金支持，中国近年也在努力探索促进绿色金融发展的各种渠道。目前，中国的绿色信贷规模已超过9万亿元，并成为全球最大的绿色债券市场。

中国的绿色金融有如下几大特点。第一，市场发展最快。从2016年中国绿色债券市场发行量跃居世界首位以来，中国绿色债券历年发行量和存量规模都位居全球前列。绿色贷款余额连年增长，在企业贷款总量中占比接近10%。第二，政策框架最完善。中国政府出台了全球第一个绿色金融顶层制度，即2016年由中国人民银行等联合印发的《关于构建绿色金融体系的指导意见》，以及与此配套的绿色债券、绿色信贷、评估认证、信息披露等一系列具体政策，这为绿色金融的规范发展提供了制度保障。根据顶层制度，各省市又出台了许多具体落实措施，为绿色贷款提供担保、利息补贴等。第三，区域试点最前沿，效果明显。各省市因地制宜、各具特色的绿色金融地方实践计划相继出台，浙江、江西、广东、贵州、新疆 5 省（区）试验区的发展为全国绿色金融体系建设积累了最前沿的实践经验。

中国的绿色经济取得了长足发展，中国也期望与其他发展中国家分享经验。因此，在绿色经济发展的各个方面，中国都与国际社会展开了积极合作。

非洲联盟在 2007 年发起了"绿色长城"计划，计划横跨西非和东非，种植一道宽 15 千米、长 7 600 千米的林带，以防止撒哈拉沙漠面积进一步扩大。2017 年，中国科学院新疆生态与地理研究所与非洲"绿色长城"计划组织方签订协议，正式参与"绿色长城"计划。中国还与毛里塔尼亚展开合作，向非洲传授中国防治沙漠化的技术经验。

中国还向非洲其他国家传授菌草种植技术，帮助他们培养技术人才，有效治理了非洲部分地区因菌草生长导致的林业破坏，护坡固土，防止水土流失。

中国向世界各国出口了大量太阳能和风能发电产品，帮助许多国家降低了太阳能发电价格，为全球可持续发展做出了巨大贡献。在亚非拉许多欠缺技术能力的发展中国家，中国用援建和低息贷款等方式帮助它们建设了大量可再生能源电力设施，解决了技术和资金难题，让这些发展中国家也可以参与全球减少二氧化碳排放的行动。

中国也在全球积极推广绿色金融合作。2016年，中国首次把绿色金融纳入G20（二十国集团）峰会议题，2017年，作为发起国之一，中国成立绿色金融监管机构和绿色金融网络等，2018年，中国金融学会绿色金融专业委员会与伦敦金融城在会议期间共同发布了《"一带一路"绿色投资原则》。在"一带一路"倡议的落实过程中，中国与许多国家都签订了绿色金融合作备忘录，中国希望"一带一路"沿线的投资项目成为发展绿色投资的典范。

中国这些年来在绿色发展方面取得的进步有目共睹，被联合国相关组织列为典范。我们要更好地总结经验，加强国际合作，向世界推广中国经验，让绿色发展成为中国推动的21世纪经济全球化发展的重要部分。

第二章　中国装备制造业的核心竞争力与国民经济增长

近年来，中国高铁的出口吸引了许多目光。但很少人会问，为什么中国高铁能发展起来？中国每年的出口总额很大，且仍在持续增长，这是由什么力量推动的？在这些令人瞩目的数字背后，是中国装备制造业的发展。很少有人去注意这些抓眼球的新闻背后发生的事情。只有在了解中国的装备制造业之后，你才能理解为什么它对中国经济的发展有着非常重要的作用。

中国装备制造业的艰难起步

自 1949 年新中国成立后，中国政府一直非常重视装备制造业的发展。但是，在新中国成立之初，工业基础薄弱，中国的装备制造业经历了漫长的缓慢发展期。1961 年，中国生产了第一台万吨水压机，这在当时是技术上的一个大突破。今天中国已经可以生产各种各样的压力机，这方面的技术相当成熟。改革开放初期，中国希望大幅提高装备制造业水平，用了很多外汇去进口设备，但是当时中国的外汇非常紧缺，所以很快就无法维持下去了。从某种程度上讲，中国的发展经历了一个先改革后开放的过程。中国之所以开放市场接受外来投资，很大程度上是因为中国的装备制造业无法满足经济发展的需求，只能开放市场让别人来投资。当时我们没有外汇去进口先进的设备，也没有能力生产出那些设备。

像中国这么大的国家，用完全开放市场的方法来促进发展，这在世界经济史上是非常罕见的。当西方人谈到东亚经济的迅速发展，经常拿中国和日本、韩国相比。中国的发展模式与日本和韩国有很大不同，日本和韩国的发展靠的不是开放，它们都是靠在国际资本市场上借钱、引进技术，然后向外出口产品赚钱来还债，实际上它们的经济体系比中国封闭得多。美国经济学家尼古拉斯·拉迪认为，中国经济的开放程度超过了日本。中国之所以采取开放的发展政策，很大程度上是因为在改革开放初期，中国很难在国际市场上发行债券，加上外汇紧缺，中国没有办法引进关键技术来发展装备制造业。所以说中国的装备制造业起步很困难，虽然政府很重视，但是发展得非常慢。

中国装备制造业的迅猛发展

"十一五""十二五"规划对中国装备制造业的现代化发展做了详细规划，这10年的发展收获了不俗的成绩。从现代化水平上讲，现在中国的基础设施建设水平已经超过了不少发达国家，而基础设施建设的迅速发展离不开装备制造业的发展。

以铺设地铁为例，每年北京都有一到两条新的地铁线路开通。无论是巴黎、伦敦还是纽约，它们的地铁都经过一两百年的建设才形成现在这样的规模。2016年，北京地铁已经成为全世界规模最大的地铁系统之一——只用了20多年的时间。但我们也应该记得，北京在很长时间里一直只有两条地铁线路，那也是中国装备制造业缓慢发展的时期。基础设施建设必须以装备制造业的发展为基础。

20世纪90年代，笔者曾参观过英吉利海峡隧道的建设工地，发现挖掘隧道的盾构机只有两个牌子，一个是西门子，一个是三菱。随着中国装备制造业的发展，今天许多中国企业也能生产盾构机，大大推动了地铁等基础设施项目的建设。除了北京，中国还有许多城市（如成都、昆明、杭州）也都在大力修建地铁。如果没有中国装备制造业的进步，不要说德国和日本企业生产的设备数量无法满足中国的需求，它们要的价格中国也付不起。中国高铁穿山越岭，建设高铁需要的大型工业设备主要都是中国制造的。如果没有中国装备制造业的发展，这一切绝无可能。

在近年国际上一些重大灾难的救援中，都可以发现中国生产的机械设备。在日本福岛核事故的救援现场，我们看到了标着三一重工的机械设备。在哥伦比亚的矿难事故中，中国企业冲在前面，为救助矿工提供了巨大的管道，并用机械设备把管道打到地下去。可见，中国的装备制造业在这些年取得了巨大进步，这不仅体现在中国国内的基础设施建设上，也体现在国际重大事故的救援行动中，这大大提升了中国装备制造业的形象，扩大了中国在世界上的影响力。

近年来，中国出口的机械设备越来越多，中国已经超过德国和美国，成为世界上最大的机械设备出口国。机械设备的出口保证了中国贸易额的增长，也改变了中国的对外贸易结构，给中国企业带来了巨大利润。举一个简单的例子，济南第二机床厂制造汽车模具，有一种模具在国内的价格是 8 万人民币，但是出口到美国的市场价格是 5.8 万美元。美国的福特汽车公司最近更换的两套组装生产线就来自济南第二机床厂。这一切都表明了中国装备制造业的进步。中国装备制造业的出口贸易帮助中国企业获得了大量利润，推动了中国的外贸结构改革。

中国铁路技术的出口也取得了很大进展，开拓了巨大的市场。中国的铁路技术有一部分是通过购买获得的，有些从日本引进，有些从法国、德国、加拿大引进，经过吸收和改造，形成了中国自己的技术。支撑中国铁路技术进步的也是装备制造业，比如说高铁流线型的车头是一次冲压成型的。中国有 8 万吨的液压机，可以使和谐号的车头一次成型。日本新干线的技术也很先进，但新干线列车的车头不如中国高铁的车头，因为日本没有这么大的液压机，新干线列车的车头是压成两片后焊接成的。中国的装备制造业比日本先进，中国高铁的竞争力比日本新干线强，中国生产的一次成型的车头抗风阻的能力也更强。支撑这些技术发展的就是装备制造业。

中国装备制造业的广阔市场

中国的城市化给装备制造业的发展提供了广阔的市场,而中国装备制造企业的自主创新又加快了中国城市化的速度。

比如,中国的建筑工程技术在全球首屈一指,全球的摩天大楼有一半以上在中国。在这些摩天大楼的背后,是中国装备制造业的创新与发展。一次,在中央电视台的某个节目中,主持人请来了一些中国装备制造业大企业的"掌门人"。为了调侃气氛,主持人问三一重工的建筑机械都参与了全球哪些大工程项目。三一重工的董事长反问:"你能盘点一下,全球有哪些重大工程项目中没有三一重工的产品吗?"从迪拜的哈里发塔到港珠澳大桥,到处都有三一重工的身影。

中国自主研发的工业化智能建造新设备"空中造楼机",是一种把造楼平台及配套建造技术结合起来的工具。"空中造楼机"是以机械作业、智能控制的方式实现高层住宅现浇钢筋混凝土的工业化智能建造设备。它的一个明显特点是可以使全部建造过程都集中地、逐层地在空中完成。该设备将一座移动的造楼工厂搬到了施工现场,用机器代替人工,实现高层及超高层钢筋混凝土建筑的整体现浇施工建造。有了"空中造楼机",中国建造摩天大楼的速度一下子提高了许多。

近年来,中国高铁逢山开路、遇水架桥,发展速度令世人瞩目。这种发展速度离不开一种特殊的设备——穿隧道架桥机,它让中国高铁的建设不断提速。2018 年通车的渝贵铁路,全长 345.4 千米,全程新建桥梁 209 座,历时 5 年修建完成，如果没有穿隧道架桥机，工期将成倍增加。

穿隧道架桥机是一种集运输与架桥功能于一体的设备，长72米、高9米，有64个大型工程轮胎，工人们叫它"大黄蜂"。穿隧道架桥机上共有上百个传感器，具备转向、防撞、测速等功能，操作员可以根据数据判断穿隧道架桥机的运行情况，进行精准控制。

数控机床是装备制造业的高端领域，它也是制造许多设备的母机。但制造高级数控机床的技术过去由少数几个发达国家控制，中国不仅需要花巨资购买进口的数控机床，有时候交易还会被"卡脖子"，因为这些数控机床受出口管制。

近年来，中国在数控机床领域也取得了突破，尤其是重型数控机床的制造技术发展最快。今天，中国制造的重型数控龙门镗铣床、重型落地镗铣床，重型立、卧式车床的年产量和市场消费量均居世界第一。中国数控机床的产值几乎相当于德国和日本数控机床产值的总和，多年来稳居世界第一。

中国制造的巨型模锻液压机是象征重工业实力的国宝级战略装备，也是衡量一个国家工业实力和军工实力的重要标准。世界上有能力研制巨型模锻液压机的国家屈指可数，目前世界上拥有4万吨级以上模锻液压机的国家只有中国、美国、俄罗斯和法国。中国制造的8万吨级模锻液压机一举打破了苏联保持了51年的世界纪录，这也标志着中国生产大型锻件受制于外国的时代彻底结束。

另外，清华大学已经研发出16万吨级模锻液压机，但目前我国制造业还不需要用到这一量级的模锻液压机，所以还未付诸使用。俄罗斯在工业生产中使用的模锻液压机为 7.5 万吨级，美国为 4.5 万吨级。

中国生产的超重型机床的加工精度为 0.008 毫米，大概是一根头发的直径的 1/10。使用这种机床对提升我国能源发电能力和远洋船舶的制造水平有巨大作用。中国生产的"机床航母"高 15 米、宽 22 米、长 39 米、重 900 吨，可将篮球场大小的钢铁材料加工成任意形状。中国百万千瓦级核电机组的低压内缸和高压外缸就是用它加工成的。

海军潜艇的静音性能是衡量潜艇战斗力的核心指标。长期以来，中国海军曾一直因为潜艇的静音性能差而广受外界诟病。美军甚至扬言，只要中国潜艇一出港他们就能侦测出方位。而潜艇上主要产生噪音的部件是潜艇尾部的螺旋桨。近年来，中国成功克服了许多技术难题，制造出了七轴六联动螺旋桨加工机床，它的投产将极大提高中国潜艇的静音性能。

七轴六联动加工机床是目前世界上最大型、最复杂的机床。这种机床的研制成功标志着中国生产机床的企业已具备国际竞争力。

中信重工成功研制出了具有自主知识产权、全功能、高精度的数控重型曲轴复合加工机床，使中国掌握了重型船用曲轴加工机床制造技术，摆脱了大型船用曲轴严重依赖进口的局面。中国也成为继德国、日本之后第三个能够自主设计、制造曲轴加工设备的国家。齐重数控还自主研发了我国首台数控重型曲轴铣车复合加工机床（俗称"旋风车"），并成功制造出我国首套大型船用曲轴。

目前中国的中高端机床国产化率已超过70%。中国生产的五轴数控机床还成功出口到德国。这是中国企业首次向西方发达国家销售高级数控机床，打破了发达国家对这一技术的垄断，为中国的国防工业发展提供了强大的技术支持和装备保障。

中国装备制造业走向世界

随着中国经济的全球化发展，越来越多的中国装备制造业品牌走向了国际市场。

近年来，在中国出口的机械设备中，最受关注的有三种：机车、港口码头设备及高级数控机床。

中国为全球许多国家的铁路与地铁建设生产机车。中国机车制造业的两家龙头公司是中国南车与中国北车，它们合并为中国中车集团后，企业的竞争力变得更强了。中车集团不仅利用中国高铁发展的机遇不断开发新型机车与车厢产品，还在"一带一路"倡议的推动下，把产品推向全球。目前，中车集团生产的机车与车厢已经出口到全球105个国家和地区，全球83%拥有铁路的国家都在使用中车集团的产品。

中车集团在国际化的发展过程中，构建了产品、技术、服务、资本、管理的国际化战略平台。中车集团在南非建立了南半球最大的制造基地，实现了产品、技术、服务、材料的整体输出。中车集团利用高端装备制造领域的丰富经验，为客户提供定制化和一体化的解决方案，打造安全交通、绿色交通、智能交通、便捷交通、旅游交通、价值交通六大交通体系，让各国民众都可以享受到中车方案和中车智慧带来的便利出行。

据中车集团总经理孙永才介绍，中车集团在美国、澳大利亚、南非、马来西亚等国建立了先进的本地化基地，并积极实施本地化制造、本地化用工、本地化采购、本地化维护、本地化管理的工作模式，不断推动高端装备制造全球价值链、产业链、供应链的重新布局。中车集团在美国波士顿投资建设的地铁制造基地赢得了各界的广泛赞誉。

中车集团通过投资新建、实施并购、产能合作等形式，不断参与全球高端市场竞争。目前中车集团已在全球26个国家和地区设立了83家境外子公司和15家境外研发中心，形成了遍布全球的业务体系。中车集团的境外资产从2013年的30亿元递增到2018年的340多亿元，海外市场订单额从2013年的35亿美元递增到2018年的63亿美元，这些海外子公司不仅能够有效运营，还能真正融入当地社会，成为受当地人尊敬的企业。

中车集团非常尊重各国的文化传统。中车集团在马来西亚的子公司专门设计了一种女士专用车辆，适宜当地的文化风俗和宗教信仰，备受当地人欢迎。通过"请进来"与"走出去"的方法，中车集团为马来西亚的装备制造业培养了不少高端人才，夯实了人才基础。此外，通过扶持当地企业，推荐国内配套商到当地建厂等方式，中车集团也促进了马来西亚轨道交通产业的转型升级。当发生自然灾害时，中车集团员工还为马来西亚民众捐款赈灾、奉献爱心。也正因为如此，中车集团在马来西亚的订单额累计超过100亿元，堪称中马贸易合作的典范。

2018年5月，中车集团为波士顿橙线地铁量身定制的首批4节车辆在惠灵顿站进行线上试车。马萨诸塞州州长查理·贝克表示，这是波士顿橙线和红线地铁近40年来首次更新换代。马萨诸塞湾运输局向中车集团订购的152节橙线车辆和252节红线车辆将替代两条线路现有的老旧车辆，逐步投入使用。

波士顿地铁是美国第一个地铁系统，自1897年投入使用至今已有100多年历史。中车集团拥有新投入使用的这批地铁车辆完全的自主知识产权，是中国首批按照美国标准生产的地铁车辆。这些地铁车辆不仅符合美国在技术、本地化、法律等方面的极高要求，还使用了更加人性化的设计，改善了乘客的出行体验。新橙线列车将以6节车厢编组运营，如果全部投入使用，将使高峰期行车间隔从现在的6~7分钟缩短至4分半钟，也就是说，每小时的客运量能增加40%左右。

中车集团在美国投资兴建的第一个制造基地——中车春田工厂已经投产。春田工厂将负责数百地铁车辆的装配，实现波士顿地铁后续车辆的本地化生产。目前春田工厂已有156名员工，中车集团承诺，到2021年，将再雇用当地员工150名左右。美国中车集团马萨诸塞州分公司副总裁贾波说："我们已提前实现承诺。到2021年，预计雇用人数将达260人。"

中车集团在美国承建的项目还包括洛杉矶地铁项目和费城双层客车项目。

中国为全球港口提供了 80% 的机械设备。这些年来，无论在欧洲、美洲还是在其他地方的港口眺望，人们会发现大多数港口都有近 10 米高的桥吊，并且大多数都标有振华重工的标志，从鹿特丹到汉堡，从旧金山到釜山，莫不如此。这些"钢铁巨人"见证了中国装备制造业的飞速发展。

1992 年，邓小平发表了著名的"南方谈话"，开启了中国改革开放的新高潮。当时，任交通部水运司副处长的管彤贤被这一轮改革的热情感染，萌生出创立一家港机制造企业的想法，当时的管彤贤已经 59 岁，他的初心是想用中国的海港重型机械向世界诠释什么是中国制造。

1992 年，管彤贤在浦东开始了艰难的创业，公司取名"振华"，寓意振兴中华。20 世纪 80 年代末，港口机械的核心技术掌握在西方国家和日本、韩国手里，它们控制着港口关键装备的大订单，占领了当时全世界 95% 的市场。作为"后进生"，管彤贤对港机产业的未来却有着敏锐的观察力，坚定地认为中国也有必要成立一家港机制造企业。

为了能让振华重工快速发展，管彤贤不拘一格用人才，设立了"振华功臣"奖，发百万奖金，实施激励型的管理机制，获奖者只看贡献，不问职务、学历、身份。这种激励机制不仅增强了员工的学习热情，更是让振华重工内部涌现出一大批英语纯熟、技术精湛的电焊工，使振华重工在进军海外时占据了语言优势，获得各国企业一致好评。直到今天，

◻ 发展新动能

振华重工近万名的电焊工依然构成了企业竞争力的基础，在全世界都找不着第二家。完善的人才激励机制维持了员工的工作热情。对创新的鼓励让振华重工拥有了数十项具有自主知识产权的世界顶尖技术，在产品创新上，管彤贤定下了"每年至少诞生一项世界第一"的目标，振华重工逐渐占据了港机制造技术的全球制高点。

1998年，美国发起6次港机国际招标，振华重工独中五元；2000年，振华重工凭借全自动港机，首次打开了有"世界起重机之乡"美誉的德国市场；2004年，全球最大航运公司与振华重工签下跨年大单；2008年，振华重工已掌控全球港机市场70%以上的份额，成为无可争议的"港机之王"。

短短数十年间，管彤贤拼下了76个国家和地区的港机订单，振华重工在国际市场竞争中所向披靡、屡战屡胜，是中国机械制造业的典范。管彤贤也终于实现了当年的豪言壮志："世界上凡是有集装箱港口的地方，就一定有上海振华生产的集装箱起重机在作业。"

据英国权威杂志《世界货运新闻》（*World Cargo News*）统计，在2015年6月至2016年6月间，全球共有271台岸桥订单，其中有222台岸桥订单是由振华重工签下的，占比82%。这是振华重工在全球港机市场连续第18年位居世界第一，2016年，振华重工的产值达到了自1992年成立以来的最高峰，振华重工的港机产品占全球市场份额达到80%以上。

振华重工成立时只有十几个员工，而今天有近4万员工，是世界上最大的大型起重机制造商之一。如今，振华重工的产品不仅覆盖了国内的主要集装箱港口,也进入了国外各大港口。全球约 78 个国家和地区的 150 余个港口都有振华港机的身影。如加拿大的温哥华,美国东、西海岸的迈阿密、长滩、奥克兰、塔科马、西雅图、纽约;南美洲的国家如巴西、委内瑞拉、哥伦比亚;亚洲的国家如新加坡、泰国、马来西亚、印度尼西亚、缅甸、阿曼、阿联酋等。

振华重工已拥有 20 多项领先世界的核心技术,28 项国家重点新产品,16 项上海市重点新产品;申请国内专利 223 项,其中发明专利 103 项、实用型专利 113 项、外观设计专利 7 项;申请有效国际专利 24 项,国际授权有效专利 10 项。

除了港口机械,中国制造机床的能力也取得了跨越性发展。中国制造的高精度数控机床已经出口到欧洲国家。

虽然从 20 世纪 50 年代起,中国就开始有计划地发展机床制造业,但在很长一段时间内,中国的机床制造业进步缓慢,无法满足中国经济的快速发展,中国制造业对进口机床的依赖很大。近些年,中国的国防、航空、高铁、汽车、模具等重工业产品的需求量大幅增加,带动了机床行业的快速发展。2010 年,中国数控机床的市场销量达 36 万台,2016 年增长到 62.7 万台。在国家振兴装备制造业计划和国际产业链转移的带动下,中国设备工具购置投资稳定增长,预计在未来 5~10 年内,年增长率仍将维持在 20% 左右,机床行业的需求仍将保持高速增长。随着中国经济结构调整的深化,数控机床和数控系统行业将继续保持快速发展。

中国生产的大部分数控机床具备初级智能化功能,但长

◌ 发展新动能

期以来，中国自主生产的数控机床主要以中低端产品为主，高端数控机床还是要依靠进口。2017年1月至9月，中国数控机床进口额为187亿元，全年数控机床进口额为220亿元，呈现持续下降趋势。在出口方面，根据伙伴产业研究院（PAISI）的统计数据，中国数控机床出口额在未来几年将保持快速增长趋势。2017年，中国数控机床出口额第一次超过进口额。数控机床出口额持续增长、进口额持续下降的背后是中国数控机床技术水平的稳定提升。

随着中国数控机床产业综合实力的不断提高，有越来越多的大型外国企业选择入驻中国市场。2016年10月，全球领先的金属加工解决方案供应商埃马克集团在重庆永川举行了开业庆典，正式宣布埃马克（重庆）机械有限公司成立。此前，埃马克集团在中国江苏已经投资建立了两个工厂，一个于2003年在太仓建立，另一个于2014年在金坛建立。

西方国家和日本、韩国过去一直占领着数控机床的高端市场。"中国制造2025"科技发展计划把数控机床和基础装备制造列为中国制造业的战略发展方向。最近几年，中国在数控机床的制造方面已经取得了一些令人瞩目的成绩。

2013年，大连科德数控有限公司制造的高精度五轴立式机床出口德国。这是中国机床制造业的里程碑。科德公司制造的自主创新设备不仅打破了西方国家的技术垄断，而且其加工效率比进口同类机床提高了一倍以上。

齐齐哈尔第一机床厂是中国在第一个五年计划时首批从苏联引进的项目之一，为中国的机床制造做出过巨大贡献。

2007年，齐齐哈尔第一机床厂改制后，改名齐重数控装备股份有限公司，其研发的SMVTM1600×30/250L-NC数控单柱移动立式车铣床和HT250×280/180Y-NC数控重型卧式车床分别通过了德国和意大利客户的验收，成功出口欧洲。这标志着齐重数控在高端重型装备制造中取得了巨大进步，成功进军欧美发达国家市场。

出口德国的数控单柱移动立式车铣床最大加工直径16米，最大加工高度3米，最大工件重量250吨，是中国机床企业出口国外的规格最大的机床产品之一。目前，欧美发达国家积极倡导用绿色能源替代传统能源，这台数控车铣床将被应用于风力发电领域的机械加工。出口意大利的数控机床将被用于大型水轮机主轴、电站转子、支承辊、电机发电机轴和转子的加工，其最大加工直径为2.5米，最大承载重量180吨，主轴精度达0.025毫米，机床总长度达38米，最大加工长度为28米，是齐重数控研制的最长的数控机床，也是我国首台加工长度超过28米的数控机床。

目前，中国生产的数控机床在一些细分领域已经达到了国际先进水平。随着国内制造业对数控机床需求的增长，生产数控机床的中国企业有更大的市场和发展前景，成为世界市场上重要的数控机床供应商。

中国装备制造业发展推动经济增长

中国经济发展面临最大的威胁即所谓"中等收入陷阱"。

中国会不会落入这个陷阱？答案的关键在于我们如何应对人口红利的消失。人口红利的消失将导致生产力下降，目前中国已有部分产业开始向外转移。中国沿海一些省份的制造业开始转移到海外，重要的原因之一就是中国劳动力价格在不断上涨。

随着低端制造业向外转移，中国制造业还能不能保持竞争力，很大程度上取决于装备制造业能否实现升级，变得更强大。现在有一些好的迹象，比如与工业制造有关的机器人技术在中国发展得很快。中国已经成为世界上最大的机器人使用国和生产国，虽然我们尚未完全掌握最先进的机器人技术，但这是一个发展的方向。在机器人的使用和研发上，中国还有很大的投资余地。特别是随着人工智能的发展，它与机器人技术结合，将形成更强的智能生产力，使中国制造业有更好的发展前景。如果这种势头继续保持下去，即使中国的人口红利消失，工业机器人也可以弥补这一损失，使中国经济在未来仍保持较强的竞争力。

第三章　中国金融体制的改革与发展

历史上的中国曾是一个金融大国，对全球金融体系的发展做出过重大贡献。比如，中国在宋朝时就发明了纸币，是世界上最早发行纸币的国家。纸币对解决财政短缺问题和促进经济发展都有重要作用。蒙古人占领中原后，元朝政府加强了对经济的管制，纸币成为流通的主要货币。从欧洲来到中国经商的马可·波罗也记述过威尼斯商人必须把金币换成纸币，才能到市场上采购的事。

然而，金融的过度扩张也曾给中国历代的政权带来灾难。西汉末年，王莽篡位，建立新朝并推行币制改革，但改革的失败导致新朝迅速崩塌。因对货币和金融事务管理不当而导致政权颠覆的例子不在少数。年代最近的一个例子就是20世纪40年代国民党政府在全国发行金圆券，导致金融、货币秩序混乱，物价飞涨，最终财政体系全面崩溃，国民党政府人心尽失。

新中国成立后，在计划经济体制下，金融体系是计划经济的一部分，由政府高度统筹，发展比较缓慢。改革开放后，中国的金融体制不得不进行改革，这也奠定了中国经济繁荣的基础。中国金融体制未来的改革与发展将对中国未来的经济发展有重大影响。

◻ 发展新动能

构建新金融体系

1953—1979年，中国实行的是由中国人民银行统揽一切金融业务的"大一统"金融体制。中国人民银行既行使中央银行职能，又办理所有具体银行业务；既是金融行政管理机关，又是经营金融业务的经济实体。中国人民银行按行政区划在全国各地设立分支机构，它们统一按总行的指令性计划办事，实行存贷分离、统存统贷。

1978年底，中国共产党十一届三中全会决定实行改革开放，把工作的重点转向经济建设。相应的金融体制改革从1979年末就开始了，核心是逐步发挥市场在宏观调控和资源配置中的作用。

1979—1992年，构建新金融体系，逐步开放金融市场，建立宏观金融调控体系是金融改革的三个方面。随着改革的推进，初步形成了以中国人民银行为领导（行使中央银行职能），四大国有专业银行为主体，其他银行和非银行金融机构并存的多形式、多功能、多层次的中国特色金融体系。同时，中国的金融市场（包括货币市场、证券市场、外汇市场）初步建成并实现了一定的发展。

1983年9月，国务院决定由中国人民银行行使中国国家中央银行职能。1986年1月，国务院颁布了《中华人民共和国银行管理暂行条例》，确定中国人民银行是由国务院领导的，管理全国金融事业的国家机关，是国家中央银行。中国政府积极探索多种手段，健全金融宏观调控体系。

随后，中国先后成立了具有经济实体性质的独立经营的四大国有专业银行，即工商银行、农业银行、建设银行、中国银行，其中中国银行原是专门经营外汇和对外贸易的银行。1986年，经国务院批准，组建了股份制的交通银行，此后还相继成立了中信实业银行、招商银行、光大银行、广东发展银行、深圳发展银行、福建兴业银行、华夏银行、上海浦东发展银行等一批全国性或区域性的商业银行。

1979年10月，由国务院组建的从事综合经营金融贸易技术服务的中国国际信托投资公司成立，中国光大国际信托投资公司、中国民族国际投资信托公司等也相继成立。与此同时，经国务院批准，中国人民保险公司、中国平安保险公司、中国太平洋保险公司相继成立。1987年，中国第一家证券公司——深圳经济特区证券公司成立，此后陆续成立了上海申银证券公司、上海万国证券公司、海通证券公司、华夏证券公司等。1990年11月，上海证券交易所成立，同年12月，深圳证券交易所成立。此外，企业集团财务公司、租赁公司、典当公司等也纷纷涌现。

同业拆借市场是中国货币市场中产生最早、发展最快、最具代表性的市场，它伴随着新金融体系的形成而发展。1986—1988年中国各地相继成立同业拆借的有形资金市场，拆借业务迅速发展。同时，商业票据开始代替挂账信用，国家大力推行商业票据，发展银行票据承兑贴现业务，把商业信用纳入银行信用的轨道。中国的票据贴现市场随之形成。此外，自1983年起，中国国内企业全部流动资金由银行贷款供给，由于对信贷规模的控制，这些贷款难以满足企业短期的融资需求，这就推动了企业短期速效证券市场的形成。

1988年4月，中国允许1985—1986年发行的国库券正式上市，此后交易十分活跃，从根本上改变了中国国债有行无市的局面。自1981年起，一部分中国企业开始通过发行股票筹集资金；1984—1985年，中国企业开始进行股份制改革，随着改革的范围逐渐扩大，中国的股票市场也逐步发展并完善。此后，证券登记公司等中介服务公司成立，较规范的二级市场在90年代初最终形成。此外，自1987年上海石油化工总厂发行3年期债券开始，中国企业中长期债券市场也开始形成。

1980年10月，中国开办外汇调剂和额度借贷业务，外汇市场初现雏形。1986年，外汇调剂业务开始由国家外汇管理局主管，外商投资企业间的外汇调剂业务和国内企业留成外汇的额度调剂业务开办。1988年起，各省市相继设立了外汇调剂中心，进一步扩大了外汇调剂范围。

改善金融市场

1992年初，邓小平发表"南方谈话"，同年10月，中国共产党第十四次全国代表大会明确将建立社会主义市场经济体制作为中国经济体制改革的目标。1993年12月，国务院发布《关于金融体制改革的决定》，开始新一轮金融体制改革。这次改革的内容涉及中央银行职能转变、国家专业银行向国有商业银行转化、组建政策性银行、组建城乡合作银行、货币政策体系（包括利率体系）改革、外汇体制改革等等。

首先，中央银行的职能越来越明确。我国货币政策的目标是"保持货币币值稳定，并以此促进经济增长"，这就使货币政策变得简单多了，目标就是要稳定货币。过去，货币政策有着双重目标——"稳定货币、发展经济"。同时，中央银行货币政策的中介目标和操作目标由控制信贷规模转向控制货币供应量、社会信用总量、同业拆借利率和银行准备金率。1995年通过的《中华人民共和国中国人民银行法》用法律形式确定了货币政策的工具为存款准备金、中央银行基准利率、再贴现、中央银行贷款、公开市场业务5种，其余都列入其他货币政策一类。

1996—1999年，中国人民银行连续7次下调利率，并在1998年对存款准备金制度做了重大改革，取消了信贷规模控制。这显示出中央银行的宏观金融调控已进入以间接调控为主的历史时期。自1998年底开始，中国人民银行按经济区在全国设置9大跨省市分行，彻底改变了中国几十年来按行政区划设置分支机构的框架。这对减少行政干预，推进区域经济和金融发展，加强中央银行的金融监管有着深远意义。

其次，四大国有银行也进行了商业化改革。新一轮改革的主要内容是把国有独资商业银行改建为现代商业银行。1995年颁布的《中华人民共和国商业银行法》明确了国有独资商业银行要以效益性、安全性、流动性为经营原则，实行自主经营、自担风险、自负盈亏、自我约束。为使四大国有独资

◻ 发展新动能

银行对未来的经营负责，在政府的指导下，这四大银行清理了过去由政策要求造成的部分坏账，进行财务重组。1998年，财政部定向发行2 700亿元特别国债，专门用于补充国有银行的资本金，使四大银行的资本充足率按1996年标准达到4%；1999年，四大银行有1.4万亿元资产（其中有9 800亿元为不良资产）剥离给新成立的4家资产管理公司。此外，四大银行进一步强化了一级法人体制，实行严格的授权授信制度；国家正式取消贷款规模控制，实行资产负债比例管理，并将经营效益和资产质量纳入对四大银行管理者的考核内容中，实现了由行政评议向经济评议的转变。除了上述改革外，四大银行内部也进行了多项改革，精简了机构和人员，从国外引入了一些先进的管理理念和方法。

在改革国有商业银行的同时，中国还组建一些政策性银行及城乡合作银行。1994年，国家开发银行、中国进出口银行、中国农业发展银行三家政策性银行先后成立，为国有独资银行剥离政策性业务创造了必要条件。同时，政策性贷款与基础货币的直接联系被割断，这确保了中国人民银行调控基础货币的主动权。自1996年9月开始，全国共有5万多个农村信用社和2 400多个县联社与中国农业银行脱钩，农村信用社的业务管理和金融监管分别由县联社和中国人民银行承担。各市的城市信用社也于1996年分别合并组成了城市合作银行，并在1998年更名为城市商业银行。

再次，1997年3月，中国人民银行成立了货币政策委员会，同年4月，《中国人民银行货币政策委员会条例》正式颁布，中国人民银行制定和实施货币政策的体制逐步完善。同年，银行间债券市场成立，货币政策的操作手段由过去的贷款规模直接控制为主转变为运用多种货币政策工具调控基础货币为主，中央银行的金融监管职能逐步强化。1998年，中国取消了贷款规模控制。

改革开放后，中国的金融机构经历过初级混业经营、严格分业经营和分合经营并存几个阶段。

从改革开放初期到1995年为初级混业经营阶段。除了四大银行外，其余的金融公司如交通银行、中信实业银行及其他非银行金融机构都属于混业经营。

从20世纪80年代末到90年代初，各专业银行不仅突破了专业分工的界限，而且开始突破行业分工的界限，向证券、保险、投资、信托、房地产等领域发展。1990年，上海证券交易所和深圳证券交易所相继成立，银行在证券市场的发展中起到了重要作用。商业银行参与证券业务的主要形式是建立全资或参股的证券公司或信托投资公司，主要业务是企业证券的发行、代理买卖和经营。

这些金融行为活跃了金融市场，但也导致了一些问题：一是违规经营严重、金融秩序混乱；二是金融监管制度不完善，存在很大风险；三是银行信贷资金大量转移引发了严重的通货膨胀，中国1993年和1994年的通货膨胀率分别高达13.2%和21.7%。

1992—1995年，中国调整了监管制度，《中华人民共和国商业银行法》规定：商业银行在境内不得从事信托投资和股票业务，不得投资非自用不动产；商业银行在境内不得向非银行金融机构和企业投资。随着中国保险监督委员会（保监会）的成立及1998年《中华人民共和国证券法》的颁布，中国金融业分业经营体制基本完善。

1995年，《中华人民共和国中国人民银行法》颁布，允许符合条件的证券商和基金管理公司进入银行间同业拆借市场。1999年10月，中国证券监督管理委员会（证监会）和保监会同意保险资金进入股票市场；2000年初，中国人民银行与中国证监会允许符合条件的证券公司以自营股票和证券投资基金作为抵押，向商业银行贷款。

最后，自1994年4月1日起，中国对外汇管理体制进行了重大改革。取消了外汇留成制、外汇上缴制和用汇计划审批制；对国内企业强制实行结售汇制，实现人民币在经常项目下的有条件可兑换；取消各省市外汇调剂中心，建立全国统一的银行间外汇交易市场。同时，人民币官方汇率和调剂市场汇率并轨，实现以银行间外汇交易市场供求关系为基础的单一的有管理的浮动汇率制。1996年1月，新的国际收支申报制度正式实行，同年6月，对外商投资企业实行意愿结售汇，外资银行同时成为外汇指定银行，同年12月实现人民币经营项目的可兑换。对外资银行，中国采取税收优惠和业务限制的双重政策，坚持谨慎开放的原则，1997年，中国先后在上海浦东和深圳两地批准少数外资银行试营人民币业务。1998年增加了试营人民币业务的外资银行数量，业务规模由原来的3 000万元增加到1亿元；1999年，取消外资银行在中国增设分支机构的地域限制。沪、深两地经营人民币业务的外资银行继续增多，业务规模也进一步扩大。

世界贸易组织与中国金融体制改革

2001年12月11日，中国加入WTO（世界贸易组织），正式参与世界经济的分工，国际资本在中国市场流动的速度加快，经济全球化的进程加快。这给中国金融业的改革与发展带来了巨大挑战。自中国加入WTO开始，中国金融业发生了巨大变化。

第一，中国金融的宏观调控部门与监管部门进行了改革，金融管理"一行三会"[①]的格局形成。1998年，国务院证券委员会与中国证监会合并为正部级的中国证券监督管理委员会。同年11月8日，中国保险监督管理委员会成立，统一监管保险市场。2003年4月，中国银行业监督管理委员会（银监会）正式成立，专门履行银行业监管职责。经过三次改革后，中国人民银行实现了货币政策与证券、保险、银行监管职能的分离，中国人民银行专注于"制定和执行货币政策、维护金融稳定、提供金融服务"这三大核心职能。同时，银监会与

---

① "一行三会"是对中国人民银行、中国银行业监督管理委员会、中国证券监督管理委员会、中国保险监督管理委员会这四家金融监管部门的简称。2018年3月，全国人大第十三届一次会议决议将中国银行业监督管理委员会、中国保险监督管理委员会合并为中国银行保险管理监督委员会。——编者注

证监会、保监会一起构筑了一个严密的监管体系，全方位覆盖银行、证券、保险三大市场。

第二，中国的金融中介机构进行了改革。2002年，第二次全国金融工作会议召开，明确国有独资商业银行改革是中国金融改革的重中之重，改革方向是按现代金融企业的属性进行股份制改造。随着加强金融监管与国有银行改革的思路进一步深化，中央决定组建中央汇金公司，主导中国银行业的重组上市。第二次全国金融工作会议还做出了改革农村信用社的决定，确立了"因地制宜，分类指导"的指导方针。

2003年12月16日，中央汇金公司成立，代表国家对中国银行和建设银行等重点金融企业行使出资人的权利和义务。党中央、国务院决定，选择中国银行、建设银行进行股份制改革试点，并于2003年12月30日通过中央汇金公司注资450亿美元，为两家试点银行股份制改革铺平了道路。

工商银行、中国银行、建设银行在上市前均决定引入境外战略投资者，其中工商银行引进高盛公司、运通公司和安联集团；中国银行引入瑞士银行、李嘉诚基金、苏格兰皇家银行；建设银行引入美国银行。引进境外战略投资者的主要目的是解决制约国有商业银行发展的体制和机制问题，通过股权的多元化和上市的公众持有，实现公司治理结构的完善和企业文化的转变。

建设银行2005年10月在香港主板市场上市，2007年9月25日在上海证券交易所上市。2006年6月1日，中国银行股份有限公司股票正式在香港联交所挂牌交易，中国银行成为中国第三家在香港成功上市的商业银行。2006年7月5日，中国银行A股上市。2006年10月27日，工商银行A+H股在上海证券交易所和香港联交所成功上市。农业银行A股和H股分别于2010年7月15日、16日上市，行使超额配售权后，农业银行募集221亿美元，成为当时全球最大的IPO（首次公开募股）。

2006年12月31日，经国务院同意，银监会批准中国邮政储蓄银行开业。

与此同时，中国的农村金融改革也取得了一定进展。银监会在2006年底放宽农村地区银行金融机构准入政策，2007年10月该政策由局部试点推向全国。在这一政策框架下，境内外银行资本、产业资本和民间资本都可以到中国农村地区投资、收购、设立各类银行业金融机构，如村镇银行社区性的信用合作组织，商业银行还可以成立"只贷不存"的贷款子公司。这一政策进一步打开了中国农村金融市场，增加了新型农村金融组织，从根本上改变了原来对农村金融体系存量改革的思路。截至2009年6月末，全国118家新型农村金融机构包括村镇银行100家、贷款公司7家、农村资金互助社11家。

加入WTO后，中国选择了逐步开放资本市场的做法。中国政府选择了一批境外机构投资者，让它们进入中国市场，并限定它们的投资规模。这些投资者即QFII（合格的境外机构投资者）。2003年5月，瑞士银行成为中国首家获得批准的QFII。目前QFII已经成为中国股市重要的机构投资者。QFII机制既可以优化资本市场的投资者结构和投资理念，还可以壮大资本市场，提高市场活力，同时促进中国资本市场与国际市场接轨，促进中国企业改善公司治理结构，提高经营管理水平，完善会计制度，增加透明度。

2006年9月8日，中国金融期货交易所在上海成立，这是中国内地首家金融衍生品交易所，也是首家采用公司制的交易所。中国金融期货交易所的成立对深化资本市场改革、完善资本市场体系、丰富资本市场产品、发挥资本市场功能、开辟更多投资渠道、满足广大投资者需求等具有重要的战略意义。2010年4月16日，中国的股指期货正式上市交易。股指期货在金融市场上出现的时间并不长，只有20年左右，但它已经成为主要的金融产品之一。经过20年的发展，股指期货已是国外证券公司、投资基金等机构不可缺少的避险工具，也是国际资本市场体系最重要的产品之一。股指期货的上市极大提高了中国资本市场的竞争力。

2009年10月23日，中国创业板市场正式启动。创业板市场为中国自主创新型企业和成长型企业提供了新的融资渠道，为民间投资创造了机会，能够进一步完善中国资本市场的结构。

此外，人民币汇率与利率的形成机制也出现了一些变化。2005年7月21日，中国实施人民币汇率形成机制改革，实行以市场供求为基础，参考一篮子货币进行调节，有管理的浮动汇率制度。截至2008年7月21日，人民币兑美元汇率累计升值21%。

利率作为金融市场最重要的资金价格指标，无论对金融资源的配置还是对实体经济资源的配置都有重要作用。近年来，我国利率市场化改革稳定推进。自1996年起，我国先后放开了银行间拆借市场利率、债券市场利率、银行间市场国债和政策性金融债的发行利率，放开了境内外货币存款和贷款利率，并尝试办理人民币长期大额协议存款，逐步扩大人民币贷款利率的浮动区间。目前，中国利率市场化实现了"贷款利率管下限、存款利率管上限"的阶段性目标。未来推进利率市场化的重点将是这两个限度的进一步放开。

未来中国金融体制改革的趋势

展望未来，中国的金融体系还会发生较大的变化。中国经济要继续发展，离不开金融业的支持，而金融业下一步的发展既面临着许多挑战，也有很多机遇。

首先，未来中国需要构建一种平衡发展的金融体系。国际经济学家按照各国金融体系的特点，把国家分成两类：银行主导型的国家与金融市场主导型的国家。英国和美国属于金融市场主导型国家，而欧洲大陆国家及日本属于银行主导型国家。许多中国学者，如陈雨露和马勇，都认为中国的金融体系也属于银行主导型，这是由中国的文化传统、法律体系和社会偏好等决定的。从法律体系来看，中国属于大陆法系国家，法律体系尚不完备且执行情况欠佳，因此中国建立银行主导型的金融体系会更有效率。从文化传统来看，在历史演进过程中形成的儒家伦理仍对中国人的社交关系产生影响，中国人重亲缘信用，轻契约信用，这种信用文化也更适合银行主导型的金融体系。从社会偏好来看，中国人较不愿承担投资风险，因此更支持银行主导型的金融体系。[5] 未来中国一定会构建一种银行与资本市场平衡发展的金融体系，但银行在一段时间内仍会在金融体系的发展中起主要促进作用。

其次，逐步推进金融机构的混业经营，建立统一的金融监管体制。中国当代的金融业发展经历过初级混业经营、严格分业经营和分合经营并存几个阶段。中国加入 WTO 后，中国的金融机构不仅需要对历史遗留问题进行改革，还要面对由跨国混业金融机构带来的激烈竞争。因此，稳步推进混业经营，加强中国金融企业的竞争力，是一种必要的选择。中国极有可能采取的方式是建立金融控制公司，实行"集团混业、子公司分业"的形式。这种形式能够兼顾混业经营和分业经营的优势，更好地保持效率与稳定之间的动态平衡。经营不同金融业务的子公司有相对的独立性，金融控股公司内部有不同的防火墙，个别公司的失败不会给整个集团带来毁灭性打击。

如果中国的金融机构未来要采取混业经营模式，中国的金融监管模式也需要进行相应的调整，因为现行的"一行三会"模式建立在金融机构分业经营的基础之上。分业经营和分业监管有利于控制风险。然而，随着金融全球化的发展，大型金融集团不断出现，金融业的竞争日趋激烈。在这种背景下，混业经营成了中国金融业的发展目标，统一金融业的监管也是大势所趋。未来的统一监管格局大概可以分为三道防线。第一道防线是金融机构的内部控制，通过强化自我监督和管理，实现风险的自我识别和控制。第二道防线是外部监管，这是整个监管体系的核心防线。中国金融机构的内部控制技术和经验不足，在市场化过程中同质化竞争严重，各金融机构往往把追求利润放在首位，实施内部控制的动力不足。金融机构在混业经营的过程中可能出现利益冲突和道德问题，这需要强有力的外部监管施加约束。第三道防线是社会中介机构与大众监督，社会中介机构包括会计师事务所、审计师事务所、评级机构、咨询机构等。大众媒体的曝光和报道也是非正式监督的重要组成部分。

最后，有序推进资本账户开放，实现人民币的国际化。21世纪以来，特别是在2002年以后，面对人民币的升值压力和外汇储备的迅速增长，中国明显加快了开放资本账户的步伐。设立QFII和QDII（合格境内机构投资者）也是为了让中国市场逐步适应资本账户开放的过程。按照国际货币基金组织的定义，资本项目分7大类40项，目前中国完全可兑换的有5项，基本可兑换的有8项，部分可兑换的有17项，完全不可兑换的有10项。也就是说，中国75%以上的资本项目处于完全或部分可兑换状态，资本账户的开放程度中等。

以美元为主导的国际货币体系有许多不公平之处。外围国家在这一体系中处于弱势地位，并且承担了大部分的成本。美国经济学家斯蒂格利茨认为，非储备货币国外汇资产的积累意味着世界上最富有的国家可以获得廉价的资金，而穷国不但得不到廉价资金，还要承担储备货币国的投资风险。

美国为了应对金融危机，刺激经济回升，推行了几轮量化宽松政策，导致国际市场流动性泛滥，石油、贵金属等大宗商品期货价格大幅上涨，全球通货膨胀水平不断升高，资产泡沫频频出现。这对新兴经济体的危害最大。

国际货币体系需要调整，未来会有多种货币在这一体系中起到更重要的作用。除了欧元与美元这两大货币，英镑、日元、人民币将会起到更大作用。因此，人民币的国际化是未来国际货币体系改革不可分割的一部分。

2015年11月，国际货币基金组织决定将人民币纳入特别提款权货币篮子，这一决定于2016年10月1日正式生效。人民币在特别提款权货币篮子里占的权重为10.92%，超过了日元（8.33%）和英镑（8.09%），排在美元（41.73%）和欧元（30.93%）之后。

在人民币被纳入特别提款权货币篮子后，人民币在国际市场上的使用范围也逐渐扩大。中国是全球130多个国家最大的贸易伙伴，因此许多中国的贸易伙伴选择使用人民币来结算部分双边贸易项目。这将使人民币很快成为仅次于美元与欧元的第三大国际贸易结算货币。随着离岸人民币市场的建立，海外发行的人民币债券也与日俱增，创造出新的人民币需求。中国提出的"一带一路"倡议得到了许多国家的积极响应，它们愿意与中国一起加大基础设施投资，加强各国间贸易与信息的互联互通，这些投资也有部分是用人民币结算的，促进了人民币的国际化。

人民币的国际化肯定会经历一个过程，从交易货币变为定价货币，从投资货币变为储备货币。要让其他国家储备人民币，一定要实现资本项目的开放，让其他国家可以在中国的资本市场投资并赢利。

从经常项目开放到资本项目开放，许多国家用了多年时间才实现。日本、英国和德国分别用了 16 年、18 年和 20 年。中国资本账户开放的次序为："先资本流入后资本流出；先直接投资后间接投资；先证券投资后银行信贷；先长期投资后短期投资；先机构后个人；先债权类工具后股权类工具和金融衍生品；先发行市场后交易市场；先放开有真实背景的交易，后开放无真实背景的交易。"[6]

2008 年的国际金融危机使美国、日本和欧洲的发达国家都背上了沉重的债务包袱。在经济发展缺少支点，技术创新趋缓，经济增长缓慢的背景下，这些国家的债务可能还会不断增长。走出债务危机有一个屡试不爽的方法，那就是依靠通货膨胀和货币贬值，冲销大部分的实际债务，未来这些发达国家似乎也难以脱离这个历史怪圈。这一方法虽然有效，却会严重影响这些国家的货币信誉。在走出这场国际金融危机的过程中，如果人民币能保持坚挺，一定会为中国的物价稳定和经济增长做出巨大贡献。那时，人民币也许就能比肩美元和欧元，成为一种受欢迎的国际储备货币。

第四章　如何更好地利用中国庞大的外汇储备

中国是全球最大的外汇储备国，按美元计算，在2014年7月，中国外汇储备最高曾达到3.99万亿美元，2016年跌至2.99万亿美元，2017年稳定在3万亿美元左右。全世界GDP能达到3万亿美元的国家并不多，中国外汇储备超过了许多国家的GDP，这种规模的确令人咋舌。

然而，巨额的外汇储备似乎也带来了一些问题。外汇储备是由外国货币组成的，如果外国货币贬值，中国外汇储备就要缩水。曾有人因中国外汇储备从近4万亿美元掉到少于3万亿美元质疑中国央行的管理能力。也有人质疑用外汇储备购买美国国债等金融产品是"肉包子打狗一去不回"。这些看法正确吗？我们应该如何理性认识中国庞大的外汇储备呢？

外汇储备过快增长与宏观经济面临的风险

中国外汇储备的增长速度在世界经济史上堪称奇迹。2001年，中国加入WTO时，外汇储备只有2 000多亿美元。2011年，中国外汇储备超过3.1万亿美元。10年之内，中国外汇储备增长了10倍以上。

外汇储备的快速增长，对中国这个在很长时间内一直面临外汇短缺问题的国家来说，确实带来了一些不适应。曾经，我们一直把"出口创汇"当作鼓励企业发展的目标，因为外汇短缺，中国曾经甚至无法购买急需的先进机器设备。

但外汇储备太多也会带来烦恼。这是中国人在10多年前无法想象的。近年来，随着发达国家债务的不断增长，国际金融市场可能会出现动荡，而中国出口增长及外汇储备不断增长的趋势短期内似乎也难有改变。在这种背景下，外汇储备增长过快可能会影响中国宏观经济的稳定性，需要加以注意。

1. 国际债券市场的不稳定会导致中国外汇储备的损失及企业的债务错配。

自2009年以来，国际市场上的美元债券、欧元债券、日元债券均不稳定，这主要是因为这些国家的债务增长太快，投资者怀疑购买它们国债的风险将加大。这导致美国、日本和欧洲国家的筹资成本迅速攀升，债务违约的风险也跟着加大。

2009年，日本新发行的国债突破50万亿日元，创历史最高纪录。2018年，日本政府债务占GDP的比重全球最高，达238%。2008年，光是债务利息就已经花掉了日本年度财政预算的1/5。随着日本人口老龄化加重，未来这种趋势将继续发展。日本政府的债务主要由日本民众购买，而日本的储蓄率极高，所以日本尚未爆发债务危机，但日元债务的前景不妙。

欧元区的债务在过去要低于日本和美国，因为《欧洲联盟条约》规定欧元区国家的财政赤字不能超过各国GDP的3%，各国政府债务占GDP的比例不能超过60%。但在2008

年金融危机爆发后，欧元区部分国家的银行坏账迅速增加，政府拿出财政的钱去救助银行，使得财政状况迅速恶化，在这些经济实力不够强大的国家，政府债务占 GDP 的比重一度超过 100%。过去，这些欧盟成员国的国债与德国 10 年期国债的利息差可以忽略不计，但在金融危机爆发后，它们的利息差迅速拉大。以希腊为例，希腊国债与德国国债的利息差增加到 274 个基点。

欧元区的非核心国家面临着一种结构性的衰退：为了防止债务危机恶化，它们不得不大量削减财政赤字。这些国家无法依靠增加公共开支去刺激经济，这只会使经济衰退更加严重，持续的时间更长。这些国家可能还会遭遇债务通缩：随着名义价格和工资不断降低，以欧元计价的实际债务负担将会加重。这可能会导致新一轮私营部门（甚至是公共部门）的违约潮。

作为欧元区的核心国，德国对欧元的发展方式也不满意。在欧元发行后的 10 年内，为了控制债务增长，德国一直限制本国工资的增长，甚至在削减福利。在希腊与爱尔兰的债务危机爆发后，欧洲舆论爆炒"希腊人可以提前退休"，"爱尔兰实行超低企业税"等言论。这使德国人感到愤慨，他们认为欧元区的其他国家占了德国的便宜，德国的税收被用去补贴那些国家政府的支出了。

在欧元区，西班牙和葡萄牙的金融体系也存在很多问题。西班牙银行在拉丁美洲，特别是巴西有很多投资。如果巴西的投资泡沫破灭，西班牙银行就会出现大量坏账。西班牙政府如果救助银行，主权债务就会迅速攀升。如果未来欧元区这些国家不断发生债务危机，影响到欧元区内的其他国家，德国人的信心就会动摇，它们会担心欧盟借给经济实力较弱的成员国的贷款将永远无法收回。因为这些"分裂的因素"，在欧元区找到财政进一步一体化的办法之前，欧元兑美元汇率会呈持续下跌趋势。

中国为了分散外汇储备风险，在金融危机爆发后仍购买了一些欧元债券及日元债券。但基于上述原因，短期内日元及欧元兑美元的汇率有可能下滑，因此中国外汇储备可能会出现账面上的缩水。

最麻烦的是企业的外汇债务。最近一些年来，中国企业"走出去"的趋势更加明显，许多企业在海外投资用的都是借贷的美元，这些年来美元的汇率走低及美国的低利率也有助于这些企业在海外的投资和扩张。然而，如果未来美元走强，这些企业的债务就会迅速增长。需要注意的是美元汇率与大宗商品期货价格间有一种负相关关系，美元如果走强，大宗商品期货价格就会下降。中国企业在海外开发原材料的投资规模很大，如果未来美元走势逆转，原材料的价格下跌，中国企业的美元债务就可能成为沉重的负担。

2. 从中长期来看，美元贬值在所难免，全球通货膨胀前景堪忧。

美元汇率短期内有可能上扬，中国的外汇储备不会迅速缩水。但美元贬值似乎是个大趋势，因为它是美国摆脱巨额债务的唯一办法。

根据美国国会预算局的报告，美国 2009 财年的赤字超过 1.4 万亿美元——大约是 GDP 的 11.2%，这创造了美国近 60 年来财政赤字的新高，其相对值比 1942 年的赤字水平还略高一点。2010 年，美国的政府债务占 GDP 的比重高达 98%，如果这笔信贷的利息是 5%，20 年后，政府需要支付的利息就与信贷额一样多了。40 年后，美国政府付的利息将相当于信贷额的两倍，60 年后，信贷额等于涨了三倍，而债务仍然未偿付。因此，美国国会预算局估计，到 2020 年，美国政府需支付的债务利息将从现在占财政收入的 9% 上升为 20%，到 2030 年这一数字将变成 36%，2040 年则为 58%。在这么高的债务压力下，美国将永无出头之日。

历史上，靠货币贬值来减轻政府债务的例子不胜枚举。比如，英镑曾经是国际货币体系中的霸权货币，英国也曾享受过美国这种"发钞特权"。19 世纪下半叶，由于可以随意印钞，英国政府花钱大手大脚，国家的债务负担也越来越重。当英国政府意识到债务的不可持续时，便采取了许多减少开支、控制债务规模的措施。然而，由于英镑实行的是金本位，不能随便贬值，因此尽管政府紧缩财政，民众叫苦不迭，英国的政府债务还是不断增加，占 GDP 的比重直逼 100%。直到二战结束后，美元代替了英镑的地位，英镑与黄金脱钩，连续 5 年贬值，英国的债务水平才逐渐下降，英镑贬值后，英国政府减轻了近 40% 的债务。

因此，美国最终的办法只可能是一种体面的"赖账"，也就是通过印钞引发通货膨胀，冲销部分债务。2010 年，美联储启动第二次量化宽松政策，发放了7 000亿美元的钞票，2009年第一次量化宽松已经发放1.7万亿美元的钞票，两次相加共发钞2.4万亿美元。美国的计划是发放4万亿美元钞票，所以未来还会继续发钞。而美国舆论散布消息说美国的核心物价指数（CPI）已达到近20年来的最低值。

在金融危机中，欧洲央行也购买了一些陷入危机的国家的问题债券，从某种程度上来说，这也是在印钞。此外，日本印钞的可能性也在增加，而且日本政府还干预汇率市场，它们会发放更多的钞票。

但是，通货膨胀与印钞之间有一个时间差。根据德国魏玛共和国时期因大量印钞导致恶性通货膨胀的历史来看，前后的时间差有3~4年。

其实，国际市场已经对未来的美元贬值预期产生了一定反应。以黄金、石油为代表的大宗商品期货价格不断走高。因为美元是大宗商品的定价货币，美元的贬值一定会引起大宗商品期货价格的上涨。

美国的宽松货币政策并没有推动美国本土投资的增长，因为在美国本土投资风险大、收益低。因此，美国的宽松货币政策使美元成了套利交易货币，而前些年承担这一角色的一直是日元。美国企业从美联储以低利息贷款，然后到其他市场上投资。美国企业成了在欧元区投机的主要力量，也成了新兴经济体产生经济泡沫的源头。

为了防范外汇储备风险，鼓励中国企业对外投资，用掉部分外汇是唯一的选择。但在对外投资时，中国企业也要避免只投资能源或资源。投资资源或能源虽然在通货膨胀时期是保值、增值的好办法，但未来如果美国改变货币政策就可能导致资源价格暴跌。20世纪80年代初拉丁美洲国家的危机就是由此引起的。中国企业应该适时地投资一些发达国家的销售网络，掌握消费者的脉络，保证未来中国出口可以实现利益最大化。

3. 中国要防止因热钱大量涌入造成的经济泡沫与通货膨胀。

美国及其他发达国家的宽松货币政策导致市场上流动性过剩，大量资本追逐汇率差与利息差，这些热钱流到哪里就会在哪里造成经济泡沫。

按照中国的规定，进入中国的外汇都会被外管局买下，同时增发等量的人民币。如果让这些人民币进入市场，就等于多发了钞票，通货膨胀压力就会加大。近年来，中国人民银行通过增发央行票据，加大冲销力度，没有使太多热钱转化成人民币进入市场。但此类活动增加了央行的运营成本，若长期持续将不利于央行的账面平衡。

美联储利息率低，若中国与其利息差太大会吸引更多的热钱流入中国，因此中国的利息率也只能维持在较低的水平。但这会引起经济过热的问题，同时，民众对通货膨胀的预期成了一大隐患，抢购房产成为趋势，房价的快速增长加剧了社会低收入群体的不满，增加了社会不稳定因素。

在美元贬值、欧元陷入危机、日元靠不住的时候，呼唤人民币国际化的声音变大，落实人民币国际化的冲动也会加大。但西方舆论认为人民币国际化必须以中国开放资本账户为前提，因此中国开放资本账户的压力非常大。这是非常危险的一步棋，因为西方资本释放出的流动性很大，它们都在寻找市场。一旦中国资本市场开放，大量外部资本流入，中国经济就会出现巨大的泡沫，当泡沫破灭时，将造成严重的经济衰退。

当前，应适当考虑利用汇率与利率政策来稳定物价。人民币升值是长期趋势，因为中国经济增长强劲，而且人民币升值可以提高购买力。考虑到未来可能会持续较长时间的通货膨胀，我们的政策选择应该首先考虑稳定物价。中国出口虽然有大幅顺差，但这主要是外资企业、合资企业等加工贸易的盈余。除去这部分，中国的一般性贸易存在逆差。也就是说，当名义汇率升值，进口物资价格降低时，人民币升值不会引起贸易失衡，反而对遏制输入型通货膨胀有利。因此，我们无须惧怕人民币升值，但升值的幅度要由中国自主控制，要避免暴涨暴跌，还要避免汇率升值后因担心影响经济增长而采取宽松的货币政策及慷慨的财政政策，这容易导致经济泡沫。物价稳定对民众有好处，但名义汇率升值会使企业承受更大的压力。这时，政府应该施行扶植企业的措施，如补贴企业研发项目，给企业出口退税，增加中小型技术企业的政策性贷款等。另外，在通货膨胀时期，补贴低收入群体也是维持经济与社会稳定的必要措施。

人民币汇率升值在全球通货膨胀的背景下有利于人民币的国际化。20 世纪 70 年代也是全球通货膨胀的时代。联邦德国的马克升值，但联邦德国的利率一直高于周边国家，因而通货膨胀率明显低于其他西欧国家。因此，联邦德国马克的购买力就强于其他西欧国家的货币。在没有开放资本账户的情况下，联邦德国马克已经成为西欧地区的参照货币，后来马克成了欧洲货币联盟的核心，欧元也是在马克的基础上建立的。如果未来中国能够利用汇率政策和利率政策稳定住物价，使中国的通货膨胀率低于其他国家，人民币购买力的优势会更加明显，即使中国不开放资本账户，人民币也会自然成为亚洲地区的参照货币。这样，在金融危机过后，人民币的国际化就可以水到渠成，中国便可以避开迅速开放资本账户或人民币无法国际化的两难选择。

中国外汇储备的增加与减少

2011年第一季度，中国的对外贸易略有逆差。按理说，在中国对外贸易连年顺差、人民币汇率升值压力巨大、外汇储备不断增加的情况下，对外贸易出现点逆差不是什么坏事。然而蹊跷的是，在对外贸易出现逆差时，中国的外汇储备却逆势上扬，增加了不少。简单地说，这些增加的外汇就可以被定义为热钱。当然，并不是所有外来直接投资都是热钱，但其中肯定有一部分是打着直接投资的旗号进入中国市场套利的热钱。热钱主要是通过三种途径进入中国的：一是打着直接投资旗号进来，二是随着私募基金的开放进来，三是中国企业在国外借贷廉价美元资本然后又回到国内投资。第三种方式积累的风险最多,未来的破坏力也最大。

随着通货膨胀率的上升,中国人民银行开始收紧货币政策,几次提高存款准备金率和利率以遏制流动性。从理论上讲,紧缩货币政策对那些低附加值的企业不利,因为继续生产将导致亏损。这些企业最后只能选择转型生产其他产品,这符合优化经济结构的目标。

然而,因为美国、日本和部分欧洲国家实行的宽松货币政策,国际市场上流动性充裕,许多中国企业到海外的中资金融机构去借贷,然后再以出口信贷的名义换成人民币,既满足了自己借贷投资的需求,又筹到了廉价资本。随着人民币升值,这些企业还贷时还能赚一笔汇率差。中资金融机构凭借强大的实力与信誉,可以在国际市场上借到利息非常低的美元资金,然后加上一道利息转贷给中国企业,它们每年也可赚得不少收益。这似乎是个对中国的企业与金融机构都有利的买卖。但从宏观经济的角度来看,各种有利因素加在一起却可能形成一种"合成谬误"。通过上述渠道进入中国的美元被换成人民币后就进入了外汇管理局,成为外汇储备的一部分。但我国的外汇储备已经太多,这些流入的热钱会增加外汇管理局的管理风险,且并不能给中国的发展带来更多益处。这些热钱从两个方面增加了中国经济的系统风险。第一,这些钱是从海外借来的,现在美联储利息低是因为美国要鼓励投资与消费,但如果过一阵子美联储认为通货膨胀是大敌,就会改变货币政策,提高利息。到那时,如果中国企业的贷款还未还清,就要为此付出巨额代价。第二,这些钱破坏了中国货币政策的效果，使得政府想促进经济转型的努力无法完全落实。而且我们许多产业都面临着产能过剩的问题，政府的政策本来是要限制这些产业的发展，甚至淘汰一些企业，但廉价资金源源不断地流入这些产业，就会让过剩的产能继续积累。等哪一天市场对过剩的产品产生了厌恶，它们的价格就会一落千丈，这将导致金融系统账面恶化，甚至引发金融危机和经济衰退。

中国过去不太注意产能过剩的问题，因为长期以来中国面对的问题一直都是供给不足。但随着经济和市场的发展，产能过剩应该引起我们的高度重视。我们不该忘记，马克思对经济危机最有力的分析即它是由生产过剩导致的。

那些想从经济基本面里找到根据来说明人民币汇率变化的人忽视了引起汇率变化的一个重要因素——货币的升值与贬值更多是由资本流的变化引起的。资本流的变化虽然受人们对经济基本面预期的影响，但也不尽如此。近年来，人民币汇率的变化并不是由经济基本面的变化引起的。

2008年国际金融危机爆发后，以美联储为首的发达国家中央银行纷纷向市场注入大量流动性，以防资本市场因恐慌而冻结甚至垮塌。那时，各国央行都实行了零利率，商业银行贷款的年息只有3%左右。金融危机导致美元汇率大幅下滑，人民币相对美元呈升值趋势。金融危机导致西方国家经济衰退，需求急剧下降，也使中国的出口出现了断崖式的下跌，出口加工企业哀鸿遍野。部分中国沿海省份的进出口企业在海外与中国的利息差中看到了生存的希望。进出口企业可以在海外融资，许多企业便在海外市场借入 3% 年息的美元贷款，以出口预付款等名义把这些钱引进中国，随意投资一些理财产品和房产就会有十几个百分点的收益，再加上人民币升值，每年可以获得 20% 左右的利差。根据国际清算银行的统计，2009—2014 年，大概有超过 1 万亿美元的一年期美元贷款就这样流入中国。大量流入中国的热钱拉高了人民币汇率，所以那几年人民币一直在升值。

然而，美联储在 2014 年底退出了量化宽松政策，舆论普遍预期美联储不久后将正式进入加息周期。未来美元贷款的利息将不断上涨，美元汇率也会随之上升。正是在这种预期的影响下，从 2015 年开始，由企业借贷的短期外债组成的热钱开始迅速撤离中国。如果企业不尽快偿还短期贷款，随着债务利息升高和美元升值，未来的债务负担会越来越重。

2015 年，大概有超过 8 000 亿美元的热钱撤离中国。大量资本外流对人民币汇率造成了极大的贬值压力，人民币的确也出现了小幅贬值。2016 年，人民币贬值的预期增加，许多人把人民币换成外汇，到海外去倒腾房地产。中国的储蓄如果大量外流，可能会引起金融危机。在这种背景下，中国人民银行开始加强资本管制，很快就遏制住了资本外逃的趋势。

2017 年，许多人认为人民币汇率变化的趋势会跟 2016 年一样，因此还准备用人民币换美元去套利。但美元升值的预期已经发生变化。自美联储改变货币政策以来，美元升值的力量已经释放出去了。美联储在升息问题上犹豫再三，而不是像以前那样很快就进入升息周期，说明美国经济的复苏并不如预期，而且升息过快还有可能引发新一轮的泡沫破裂。这些变化让国际投资者开始怀疑美元升值的前景，开始远离美元，美元汇率也开始下滑。相反，中国经济出现新的增长点，以"互联网+"为代表的商业活动开始发力，分享经济初露头角。这些趋势吸引了美国资本流向中国，促使人民币汇率上扬。未来几年，随着中国经济结构改革的深化，加上"一带一路"倡议带动的以人民币定价的对外投资不断增长，人民币汇率会变得更加坚挺。

美国不是中国外逃资本的避风港

2016 年以来，有些中国的有钱人想尽办法要把赚来的钱转移到美国去。一方面，大概是因为中国反腐风暴刮得越来越猛，有些人的钱见不得阳光，想一跑了之。另一方面，有些人盘算着，美联储进入了加息周期，美元未来会升值，现在把人民币资产转移出去，将来能利用汇率差赚取收益。然而，从历史经验来看，总有些人聪明反被聪明误，精打细算最终却落得血本无归。

把资产转移到美国去的人往往这样想：美国是全世界军事力量最强大的国家，而且美国信奉自由主义，个人财产神圣不可侵犯，因此把资产转移到美国，是最保险的选择。然而，纵观历史，这种想法是错误的。

美国是一个很讲政治正确的国家，如果它与哪个国家交恶，那个国家在美国的移民往往就会遭受不公平的待遇。日

◌ 发展新动能

本人很早就开始移民美国,二战前美国就有不少日本移民。二战期间,美国把日本移民全都关进了集中营,财产也全部没收充公。

朝鲜战争爆发后,中国派出志愿军抗美援朝,美国不分青红皂白就把中国人在美国的资产全部冻结了。欧洲人原来在美国也有许多资产,看到这种情形,他们开始担心自己在美资产的安全,担心美国以欧洲国家与苏联有贸易往来为由冻结欧洲人在美国的资产。于是,欧洲人开始把美元资产留在欧洲,创建了欧洲美元市场。

这些例子说明中国人把资产放在美国是不太安全的。美国有许多战略学家视中国为美国最大的潜在威胁,认为中美之间迟早会爆发战争。从某种程度上来说,"修昔底德陷阱"就是这些人把古希腊历史中的陈芝麻烂谷子翻出来,为中美之间的潜在冲突作铺垫的。在这种背景下,把资产转移到美国的人难道不怕哪天自己的资产被没收吗?

退一万步讲,即使中美之间不发生战争,中美之间的反腐败合作也给那些想将资产转移到美国的人泼了一头冷水。自特朗普上台以来,美国政府对那些逃到海外的资本加强了管制。在G20杭州峰会上,各国领导人达成一致,要加强反腐败的合作,并建立了反腐败合作机制。在对付资本外逃这件事上,各国政府有共同利益,那些以为把资产转移到美国就安全了的人恐怕打错了算盘。

想把人民币换成美元套利的人也许没看清世界经济发展的大趋势。美联储退出量化宽松政策,进入加息周期,美国债券收益率跟着上扬，美元的汇率也应该跟着上涨，这是一般的规律。然而，这一次美联储升息，美元汇率却没能上涨多久。只要认真研究美国经济数据，就能发现其中的蹊跷。自金融危机爆发以来，美国的股市一度大跌，现在却涨到了远高于危机前的水平。但从劳动生产率来看，美国经济这些年来没有取得多大进步，而且制造业等行业的就业率也没多大变化。那么，美国股市这么辉煌的成绩是否又是一轮金融泡沫呢？若美联储继续升息，是否会戳破新的泡沫呢？在这种背景下，国际投资者开始担心美联储升息的后果。所以，新一轮美联储升息并没有引起美元汇率的上涨，反而造成了汇率的下跌。而且美国政府可能也不希望美元过于坚挺。奥巴马执政8年，美国的政府债务翻了一番，增加到近20万亿美元。美联储升息，美国国债的利息率上涨，美国政府每年需要支付的利息就更多了，若美元升值太快，美国政府的债务负担会变得更重。在这种背景下，为了利益把人民币换成美元转移到美国，那不是南辕北辙吗？

如何辩证看待中国的外汇储备

2017年以来，中国外汇储备不断增多。根据中国人民银行公布的数据，截至2017年10月末，中国外汇储备为31 092.13亿美元，较2017年9月末增多7亿美元，连续9个月上升。这说明人民币贬值的压力迅速减小，资本流入中国的速度加快，出口贸易实现增长。

发展新动能

在诸多因素中，人民币贬值压力减小大概是中国民众最关心的问题。其实，中国外汇储备增长是相对于前两年外汇储备减少而言的，在这一问题上，中国国内的舆论形成了一个不正确的认知，似乎外汇储备减少就是中国的损失。事实上，外汇储备是不可能只增长不减少的，过多的外汇储备会让中国"捆住自己的手脚"。中国已经是全球外汇储备规模最大的国家，我们需要对这一事实有更清楚的认识。

2014年，中国外汇储备最高的时候曾达到3.99万亿美元，马上就要突破4万亿美元的大关。2015—2016年，中国的外汇储备迅速减少了近万亿美元。有人认为，外汇储备的减少，是因为管理不善。

事实上，2009年末，中国的外汇储备只有2万多亿美元，在不到5年的时间内几乎翻了一番。那时候，我们没有担心热钱的流入，从2015年起，我们却开始担心"资本外逃"了。

自2008年国际金融危机爆发后，诸多发达国家的中央银行用零利率和量化宽松的非常规货币政策给市场投入了大量流动性，以缓解市场恐慌。那时，在海外借一年期的商业贷款，利息只有3%。因为出口市场萎缩，许多中国的出口企业便开始在海外市场上融资，再转回国内以外贸预付款的形式套利。若经营得好，获利远不止10%，大大超过实体经济的收益。这些用于套利的资金的流入使中国的外汇储备迅速增长。2014年下半年，美联储退出了量化宽松政策。许多人预测美联储将很快进入加息周期，美元汇率会上升，也就是说这些企业需要偿还的债务将会增多。因此，许多企业大量还债，导致资本流出中国，外汇储备减少，人民币贬值压力上升。

2015年后，由于中国外汇储备迅速减少，有人认为人民币贬值会成为长期趋势，一些中国的储户也加入了资本外逃的行列。还有人以各种投资名义把资金挪到海外去炒房地产。2016年，中国的外汇管理机构担心外汇储备大幅减少会导致中国金融体系变得脆弱，便加强了资本管制，商务部也加强了对外投资的审查，人民币贬值的压力得到缓解。

2017年，资本流向反转，中国的外汇储备又连续上涨。这是由外部因素与内部因素共同导致的。

从外部看，美联储升息非常谨慎，每次升息幅度很小且间隔时间很长，这使美元升值的预期减弱。与此同时，中国经济的新兴领域发展势头强劲，吸引了一些外来资金，外汇储备也随之增长。另外，随着全球经济形势好转，中国出口贸易回暖，结汇增加，外汇储备也跟着增长。在中国的外汇储备中，美元资产占的比例最高，由于美联储回归正常货币政策的过程很缓慢，人们开始放松警惕，不再担心美国股市泡沫会破裂，美元资产表现良好，中国的外汇储备中用于投资美国金融市场的部分就会增长。

虽然外汇储备增长不是什么坏事，但舆论对外汇储备的高度关注却使管理外汇储备的机构进退两难。中国有一股强大的声音认为，外汇储备的减少就意味着损失。其实，外汇储备具有很强的流动性，因此外汇储备不适宜用来投资长线产品。从投资角度看，外汇储备太多说明我们使用资本不够精明，并不一定是好事。

计算外汇储备并不容易。如果只吊在美元一棵树上，肯定风险过大。如果要分散投资风险，就必须投资更多以其他货币计价的金融产品。但当我们计算外汇储备的规模时，又要将其他货币资产换算成美元或人民币。因此，当美元升值时，外汇储备的规模会缩小，因为其他货币资产贬值了。但美元贬值时，用美元计价的外汇储备反而可能会增加。美元资产在中国的外汇储备中仍然占比最大，所以当美元汇率不稳时，对外汇储备的统计就会存在很大的波动。在汇率波动时，我们对外汇储备缩水的估计不一定是准确的。

其实，外汇储备是主权国家在国际舞台上进行博弈的一种工具。但如果我们只允许外汇储备增长，不允许其减少，就等于"自废武功"，放弃了使用外汇储备作为工具的权力。美元仍是国际体系中的霸权货币，欧洲国家曾大量使用美元却深受其害。比如，前些年美国对法国、德国的银行处以大额罚单，一罚就是几十亿美元，理由是这些欧洲国家的银行与被美国制裁的国家进行了美元交易。于是，欧洲国家也开始推动外汇储备多样化，在中欧双边贸易结算中用人民币代替美元，并加大人民币储备。前两年，人民币汇率下滑，如果欧洲国家只关注外汇储备规模，这种战略岂非要自讨苦吃？

中国的外汇储备规模已经是全球最大，我们不应再抱着外汇储备只有不断增加才有益的看法。中国成了净资本输出国，在发达国家、新兴国家和"一带一路"沿线国家的投资不断上升。除了一些特定的项目可以用人民币结算外，海外投资仍然要消耗大量硬通货（也就是外汇储备）。在这种背景下，随着中国对外投资的增长，外汇储备自然会减少。但这种减少并不是什么坏事，因为它能带来更多的收益，不仅是金融收益，还有战略收益。

所以，我们要用更辩证的思维来看待中国外汇储备规模的变化。

增加对外投资并警惕投资陷阱

金融危机使美国政府债务迅速攀升，目前美国联邦政府的债务已经与美国的GDP持平，美国各州政府的债务都不少，未来美国的债务压力不会有很大缓解。日本的政府债务更重，占日本GDP比重超过230%，如果这些债务不是基本上由日本民众持有，而且日本民众对日本政府仍非常信任的话，按照国际经济的一般规律，日本早就发生债务危机了。欧盟成员国的政府债务占欧盟GDP的比重在80%左右，虽然比美国和日本好一些，但欧盟是一个主权国家的联合体，贸易顺差国与逆差国之间的债务水平差异巨大，贸易逆差国近两年来债务压力巨大，这影响了欧元的信誉。因此，我们不得不对这些硬通货国的债务形势做一个分析，以判断我们面临的外汇储备缩水的风险。就美国的债务情况来看，前景不容乐观。

根据美国彼得森国际经济研究所所长弗雷德·伯格斯坦的说法，如果任由这种趋势发展，美国经常账户赤字到2030年将会上升至GDP的13%，而美国对其他国家的净负债额将会达到 GDP 的 140%。在这种情况下，由于有巨额的外债，美国未来每年需要向其他国家支付的债款将占其 GDP 的 7%。

然而，解决债务危机的办法不多，一是勒紧裤腰带过日子，挤出钱来还债；二是发动战争，靠抢来的财富还债；三是通货膨胀，冲销债务。在纸币时代和所谓"主权货币"时代，第三种办法是最容易的，因为政府可以随意印钞票，这肯定会引发通货膨胀，实际债务便会被稀释。

美联储已经推行了第二次量化宽松政策，计划要购买 4 万亿美元的债券。美国舆论散布消息称美国的 CPI（居民消费价格指数）达到近 20 年来最低值。因此，美联储便可以继续实行量化宽松政策而不会引起通货膨胀。其实，无论从什么意义上讲，一国的中央银行购买本国的国库券就相当于印发钞票，美联储买入美国国库券就是为了引起通货膨胀，使美元贬值，最终减轻美国的债务负担。

与此同时，从 2012 年起，欧洲中央银行也给欧洲的商业银行注入了近 1 万亿欧元的三年期贷款。此外，欧洲中央银行还买入了大量陷入债务危机的国家的问题债券。这都相当于印发钞票。日本为干预汇率市场也多印发了许多日元。所以，目前国际资本市场上流动性过剩的趋势明显。

但是，由于经济衰退的阴影还在，过剩的流动性尚未引起大幅的通货膨胀，只是大宗商品期货市场已经有些反应，黄金、石油等原材料的价格开始上扬。通货膨胀与印发钞票之间有一个时间差，这些措施的影响需要几年时间才会显现出来。

美元是国际货币体系中的储备货币，又是石油、粮食等大宗商品期货的定价货币。美元贬值必然引起大宗商品期货价格的上涨，这两者之间有着一种机械的联系。而中国已经成为各种原材料的进口大国，国际市场上大宗商品期货价格的大幅攀升将造成输入型通货膨胀，给中国带来巨大影响。

最近一些年来，中国企业的对外投资不断增长，中国企业不仅在欧洲、美国、日本投资，也在非洲及拉丁美洲的一些发展中国家投资，这些投资成了一些发展中国家经济增长的重要动力之一。把大量的外汇储备转化为对外投资，既可以降低外汇储备缩水的风险，又可以利用对外投资获得更多中国急需的技术，还可以获得更多的投资回报。这可能是规避外汇储备风险的最好办法。

然而，对外投资也有许多风险，中国需要提早预防和布局，以防掉入投资陷阱。

从宏观经济层面来看，加强对外投资可以缓解许多问题。比如，中国企业加大对外投资可以用掉一部分外汇，缓解外汇流入造成的人民币升值压力，使中国央行摆脱被迫干预市场的包袱，也去除了导致宏观经济不稳定的一个因素。

从微观经济层面来看，企业向发达国家投资，可以获得新技术或者开辟新市场；向发展中国家投资，可以降低成本，对冲投资边际收益递减的风险。

目前，中国企业加大对外投资的时机很好。自金融危机爆发以来，欧美国家都需要新鲜资本。欧美国家的金融机构在危机爆发前使用了大量的"高杠杆"操作，危机爆发后

◠ 发展新动能

又都进入了一轮"去杠杆"过程,这就引起了银行等机构的"惜贷"现象。虽然美联储和欧洲央行都为市场注入了大量流动性,但欧美的工业企业要贷款却十分不易。欧洲许多工业企业很愿意向中国企业开放资本账户,让中国企业购买它们的股份,成为它们的股东。过去,中国资本想进入这些企业很困难,因为它们担心技术秘密外泄,但现在它们急需资本,愿意让中国企业参与。中国企业可以利用这一机会进入欧洲市场,学习更多中国急需的技术,改进自己的产品。

同样,许多发展中国家也急需中国资本。许多发展中国家过去靠发达国家的援助和投资来维持经济增长,但在金融危机爆发后,发达国家的资金流中断,许多发展中国家成了"被遗忘的角落",因此它们很希望获得中国企业的投资。中国国内的基础设施投资已经有些过剩,而到非洲、拉丁美洲等地区的发展中国家去投资基础设施,既可以改善当地的投资环境,给当地居民提供更加方便、舒适的生活环境,也可以消化掉中国的过剩产能。

另外,把某些生产线转移到其他发展中国家去也符合中国企业的利益。这可以使中国企业向欧美国家的出口不再受中国出口配额的限制,也可以让中国的设备投资有一个更长的回收期,并充分利用其他国家的市场与廉价劳动力。

但中国企业走出国门,在海外投资也需防范各种风险。

首先,在非洲、拉丁美洲的发展中国家投资,要考虑一定的政治风险。这些国家过去曾经是欧洲列强的殖民地,国家边界的划分都是非自然的,隐藏着许多矛盾。经过 20 世纪

60年代的民族独立潮流，在强人政治的统治下，这些矛盾被忽视和掩盖了。当中国企业参与这些国家的经济发展，特别是开发某些资源时，有些矛盾就会暴露出来，被各种势力利用来排挤中国企业。苏丹的分裂就是一个例子，虽然苏丹南北方的种族矛盾一直很尖锐，但导致双方分裂的直接诱因就是苏丹的石油开发。这对中国是一种新的考验，既考验我们传统的外交智慧（不干涉内政原则），又考验我们如何通过帮助当地发展换得当地居民对中国企业的支持，避免陷于各种势力纠葛的旋涡中。

其次，在欧美国家投资要避免发生文化冲突。中国企业在国内做生意讲究人际关系，而在欧美国家，人际关系固然也很重要，但符合各种手续（包括法律法规）更重要。过去，有些中国企业忽略了文化差异，在兼并一些欧洲企业后出现了文化适应问题，最后既没能充分利用原品牌的影响力，也没能利用外国企业的销售渠道把中国的产品输入欧洲市场。

再次，中国企业在海外投资还要预防价格风险。国际市场上许多商品的价格，特别是大宗商品期货的价格浮动很大，而且它们都是用美元定价的。因此，当美元的汇率在美国货币政策的影响下发生变化时，大宗商品期货的价格就会跟着变化。如果不注意这一点，当价格升降趋势突然转向时，投资就可能会变得得不偿失。比如，20世纪70年代发生了两次石油危机，引发了经济滞胀。一些拉丁美洲国家与非洲国家趁着美元汇率低、利息低，从国际资本市场上借入美元开发石油。但到了80年代，里根政府改变了美国的货币政策，大幅提高利率以遏制通货膨胀。结果，美元汇率坚挺、利息上升，石油价格大幅下跌。那些借入美元开发石油的国家一下子掉入了债务陷阱，损失巨大。再比如，日本在20世纪80年代中期日元大幅升值时，开放了资本账户，日本的企业与民众可以把日元换成各种货币到全世界投资。当日本本土的房地产泡沫太大时，日本企业便到美国去投资房地产。20世纪90年代初，美国的房地产泡沫破裂，日本企业损失巨大，日本的银行开始"惜贷"。日本企业不得不忍痛从美国撤回资金，日本经济也从此一蹶不振。

因此，在中国企业加大海外投资时，要警惕陷入类似的投资陷阱。

二战后，美国前国务卿马歇尔提出了著名的欧洲复兴计划，美国在给予西欧国家大笔援助的同时，也培养了西欧企业使用美元的习惯，为确立美元在西欧地区的霸权地位奠定了基础。在向海外投资的过程中，如果中国企业能鼓励外方接受人民币作为投资货币，将对人民币的国际化起到重要作用。

最后，中国政府需规范中国企业在海外的投资行为。2015年，中国的对外投资首次超过外来直接投资，此后中国企业在海外的投资一路高歌猛进。我们需要对这样的发展趋势有理性的认知。

国务院办公厅2017年曾转发国家发改委、商务部、中国人民银行和外交部《关于进一步引导和规范境外投资方向的指导意见》，其中明确指出，要限制中国境内企业对境外的房地产、酒店、影城、娱乐业、体育俱乐部等项目的投资。与此同时，法国、德国、意大利等欧洲国家担心中国企业通过兼并的形式投资欧洲企业，会掌握欧洲企业的最新技术。因此它们建议欧盟委员会加强对其他地区的企业兼并欧洲企业的审查与监控。

中国企业发展起来了，有能力对外投资，通过兼并等形式扩大海外市场，获取新技术。这些都是可喜的变化。但是我们也要防止"一窝蜂"的做法，避免出现中国企业为了对外投资而往外跑的现象。中国企业在发展的过程中曾吃过不少"大干快上""一哄而上"的亏。

通过总结这几年中国企业对外投资增长的情况，国家发改委指出，一些企业未能准确把握国家"走出去"的战略导向，开展境外投资缺乏系统规划和科学论证，盲目决策，造成后续经营困难，损失较大；一些企业将境外投资重点放在房地产等非实体经济领域，不仅未能带动国内经济发展，反而导致资金跨境流出大幅增加，影响中国的金融安全；一些企业忽视投资目的国环保、能耗、安全等标准和要求，引发矛盾和纠纷，既造成经济损失，也损害中国对外形象。

国务院办公厅转发的《关于进一步引导和规范境外投资方向的指导意见》并没有制止中国企业去海外投资，而是鼓励中国企业在一些领域更积极地开展境外投资：重点推进有利于"一带一路"沿线建设和周边基础设施互联互通的基础设施境外投资；稳步开展带动优势产能、优质装备和技术标准输出的境外投资；加强与境外高新技术和先进制造业企业的投资合作，鼓励在境外设立研发中心；在审慎评估经济效

◻ 发展新动能

益的基础上稳妥参与境外油气、矿产等能源资源勘探和开发；着力扩大农业对外合作，开展农林牧副渔等领域互利共赢的投资合作；有序推进商贸、文化、物流等服务领域的境外投资，支持符合条件的金融机构在境外建立分支机构和服务网络，依法合规开展业务。

中国企业在海外投资当然是好事，但如果不注意投资的细节，有时候好事也会变成坏事。比如，中国企业虽然是投资方，可以给其他国家带去更多的就业机会和税收，但如果我们沾沾自喜、颐指气使，不仅会引起接受中国投资的国家领导人与民众的反感，还会造成劳动生产效率低下，最终落个"赔本赚吆喝"的结果。要记住，我们是在别人的土地上经营，归他国管理，赚的是当地人民的钱，要照顾当地人的心理（面子）与利益。中国企业"有钱不能任性"，要注意尊重当地的文化，尊重当地的法律法规，善待当地的劳动人民和普通居民。只有这样，中国企业在海外的投资才能保证有回报，在海外市场实现长期发展。

当然，中国政府也要与中国企业联手打造中国的软实力，塑造良好的国际形象，让中国企业在海外的投资既能争得更多利润与市场，也能为中国的软实力建设添砖加瓦。中国政府近年来已经为"走出去"的中国企业做了不少工作。商务部还为中国企业在非洲的员工提供培训资金，让非洲员工有机会到中国来看一看，增加对中国的感性认识。中国企业也应更加积极地配合中国政府的工作，为树立正面的中国形象做出贡献。

第五章　中国的国际话语权

近年来，中国的 GDP 不断增长，经济发展质量持续提高，产业升级稳步前进，新经济业态层出不穷。同时，中国人均可支配收入的增长速度超过了中国 GDP 的增长速度，贫困人口数量逐步减少，到 2020 年，中国有可能成为一个没有绝对贫困人口的国家。这些成绩若是由一个人口不那么多的国家取得的，有可能是因为突然发现了具有巨大经济价值的地下资源，推动了经济发展。但对中国这个拥有超过 13 亿人口的大国来说，这实属世界经济史上的奇迹。

国内外舆论对中国的快速发展存在一些批评的声音。国外舆论对中国快速发展的忌惮还好理解，但国内部分人对这种观点的附和却让人费解。这里面有一个重要的因素就是话语权。评价中国发展的话语权还没有掌握在我们自己手里，而外国媒体对中国发展的评论却有很大的影响力。因此，我们有必要梳理一下一个国家的国际话语权是怎样建立的，只有建立起中国的国际话语权，才能使国内外舆论对中国的发展有一个清醒客观的认识。

话语权的概念

话语权的本义即说话的权利,在现代社会,话语权也指控制舆论和社会发展方向的能力。谁掌握话语权,谁就掌握了社会舆论的走向。葛兰西是意大利的一名思想家,也是意大利共产党的早期领袖,我们今天讲国际货币体系,讲霸权的逻辑、霸权的定义时,往往要引用葛兰西对话语权的定义。按照葛兰西的分析,社会集团通常使用两种权力维护其地位,一是对上层建筑即国家机器的支配权,二是对知识和道德的领导权。话语权就属于第二种权力。法国思想家福柯也给话语权下过定义,他认为权力是一种知识形式,权力和知识是一对共生体,人类的一切知识都是通过话语获得的。话语意味着一个社会团体依据成规向社会传播某些意义,以此确立其社会地位,并为其他社会团体所认识。我们以为不证自明的道理,其实都是被潜移默化地灌输的,这些道理未必就是正确的。福柯认为话语权就是这样,可以使一些价值和观点为人所接受并被当作真理。

另外,话语权与软实力也有一定关系,软实力可以解释为引导他人按自己的意志思考、行事的能力。软实力随着国家力量的变化而发生变化。18世纪的法国、19世纪的英国和20世纪的美国曾先后成为软实力大国。软实力与话语权的关系是这样的,当一个国家比较强盛时,它的软实力就大,软实力大,话语权就大,其他国家就会顺着它的价值观和思路去思考问题。在18世纪时,法国在国际上拥有很大的话语权。

当时法语是全世界的通用语言,我们今天读俄罗斯的小说,里面还有很多法语段落,托尔斯泰的小说《战争与和平》里就有大段的法语对话。后来英国开始了工业革命并逐渐崛起,在世界范围内到处殖民,成为"日不落帝国",英语也变成全球通用的语言。最后,随着美国的崛起,美国接过英国的班,掌握了国际话语权。软实力与硬实力有一定的关系,但也不一定完全相关。中国在硬实力很弱时,软实力相对来说更大一些,比如在20世纪50年代,民族解放运动蓬勃发展的时期,中国提出的和平共处五项原则成了规范亚洲和非洲国家关系的重要原则;20世纪70年代,中国提出的"三个世界理论"影响了世界格局的发展。从20世纪90年代开始,中国的硬实力逐渐增强,但软实力却未实现相应的发展。这有几个原因:中国是社会主义国家,从20世纪90年代后期开始,国际社会主义运动处于低潮期;中国提出的"三个世界理论"强调第三世界对全球的影响,但随着中国集中精力发展经济建设,在外交上韬光养晦,中国在国际舞台上的发声变少。

掌握了话语权的国家会努力构筑一个话语体系。但话语体系并不是一成不变的,它会与时俱进,也有一个继承的问题。我们今天讲的这些话语都是继承来的,也就是说人类的文明是有传承性的。

比如我们现在经常提的民主和专制。民主其实是一个很古老的词,历史语境中的民主和现在的民主并不是一回事,这个词的含义是有继承发展的。古希腊的民主是抽签,今天的民主则是民权、良政的代名词。

发展新动能

在18—19世纪,民主有时是多数人暴政的代名词。法国大革命高喊着民主口号,但法国大革命之后法国却经历了一段时间的白色恐怖和红色恐怖。18世纪下半叶,美国爆发独立战争,美国革命和法国大革命是在同一历史时期发生的,美国的那些开国元勋很担心多数人暴政会影响到美国的发展,所以设计了一种权力之间可以互相牵制的制度。在当时美国联邦党人的文集中,民主和多数人暴政几乎是画等号的,麦迪逊、富兰克林等人都是把民主等同于暴政来谈的。所以,美国在建国时,政治制度的制定者们为了防止多数人暴政或者说为了防止民主被滥用而设计了"三权分立"制度。但后来人们却视美国的"三权分立"制度为民主制度的典型形式。可见政治词汇的含义是不断变化的。

19世纪之后,民主才成为普选的代名词,也成了女性争取选举权,民众推动社会进步的口号。从那以后,民主慢慢变成了一个"好东西"。二战后,民主也曾经是社会主义国家的口号。在20世纪五六十年代,民主曾是第三世界国家反抗西方国家统治的口号。二战后,西方国家想恢复它们对前殖民地国家的统治。但亚非拉人民要求民族自决和国家独立,这都是通过民主运动实现的。那时候,社会主义国家积极支持前殖民地国家人民的民主运动,甚至支持它们的武装独立运动。直到20世纪60年代,西方国家在亚非拉国家的外交政策一直都是支持独裁政权,如在韩国支持李承晚,在伊朗支持巴列维国王,在尼加拉瓜支持索摩查家族等。

20世纪80年代后期,冷战中的意识形态斗争转移到了人权领域，许多人开始讨论人权高于主权还是主权高于人权的问题，民主当时还不是西方国家的外交武器。直到冷战结束后，西方国家才真正开始将民主当作自己的旗帜，并以推广民主的名义向其他地区实现扩张。民主自那时起变成了宪政的完美形式，实际上这个观点既不完整也不准确。总之，话语可以改造，也可以拼接，一种话语可以被改造成各种各样的新词汇，比如俄罗斯发明了"主权民主"的话语来应对"颜色革命"。

政治家有时会借用一些话语来唤起人民的感情，比如小布什提出的"邪恶轴心"，明显继承了里根"邪恶帝国"的话语，因为苏联解体被美国认为是外交战略的成功，所以小布什就继承并发展了这种话语，这会让公众认为他是"站在历史的正确一边"的。可见，话语权也是解释权，同样的话语，在不同的历史阶段，会有不同的解释。话语有一个转移的过程。

话语权的建立

话语权是大国国际战略的一部分，是靠国家来推动的。但是，国家基本只在背后起推动作用，我们能看到的大部分是一些媒体人、行业专家和科学家的活动。

当今世界的话语权是由美国主导的。美国主导国际话语权是通过专门的战略完成的，不是偶然的。比如，美国政府的责任之一是"精心运作的传播和接触"，也就是说，美国的国家战略传播是有目标、有规划、有步骤的系统化全球战略，是实现由其主导的国际秩序，维护并伸张其全球领导地位的重要手段之一。这一战略的实施对美国来说具有三重意义：促进国内团结，并以此作为对外扩张的动员要素；强化与盟国的关系；削弱非盟国的政府力量，分化其政治和社会制度。这些战略目标在美国政府文件中都是公开的。奥巴马也有一套战略，他有自己的重点，第一，使外国民众认可他们的国家与美国之间的利益关系；第二，使外国民众相信美国在全球事务中发挥着建设性作用；第三，使外国民众视美国为应对全球挑战的令人尊敬的伙伴。

电影是美国的重要产业之一，它是美国战略传播体系的一部分，是美国软实力的重要组成部分，也是美国传播主流价值观的工具。美国经常拍一些全球性的电影，比如《2012》。在电影里，当世界面临灾难，最后总是美国人拯救了全人类。好莱坞在这方面起了巨大的作用，潜移默化地让全世界观众认同美国是应对全球挑战最可靠、最令人尊敬的伙伴。用这一视角去看美国的娱乐节目，就会明白其实娱乐节目也是精心策划的，它们在潜移默化地把美国的价值观灌输给观众。

美国国防部《战略传播联动集成概念》的核心内容是增进美国的信誉和合法性，引导有利于美国的态度和行为；贬损对手的信誉和合法性，比如诋毁对手的意识形态或政策，揭露对手的错误和谎言；说服特定受众采取特定行动来支持美国的目标；引导对手采取或放弃采取特定的行动。美国人的这个工作做得很细致，他们会观察其他国家的知识分子，有目标地采取行动使其支持美国的目标，引导对手采取或放弃特定的行动。若美国发现一些国家的作者写了不利于美国的文章，他们甚至会把这些人请到美国，对他们施加一定的影响。美国是靠信息运作来施行这些策略的，即"有控的信息散布"。方式包括"白色宣传"，即通过政府的公开活动开展渗透性宣传，美国国务院主导的公众外交以及以"美国之音"为代表的政府媒体即属此列；"黑色宣传"，即隐秘开展的宣传活动，美国国防部、中央情报局等机构开展的宣传活动多属此类，包括秘密控制国内外媒体、收买政治家等大量渗透性活动；"灰色宣传"，即通过收买、利诱等手段诱使其他国家的"意见领袖"或媒体从业者充当其代言人，从而达到张扬美国利益诉求，影响相关国家政府决策的目的。"灰色宣传"的对象不仅包括美国的对手，也包括美国的盟友。

英国作家弗朗西斯·斯托纳·桑德斯曾写过一本书叫《文化冷战与中央情报局》，内容讲的是冷战时期美国如何通过"灰色宣传"一方面影响苏联的领导人和知识分子，另一方面又影响西欧国家的盟友。读者在读了这本书之后会很吃惊，因为有很多非常有名的人物都在美国中央情报局的名单上，而且他们都受过美国的恩惠，其中还有很多著名的西欧知识分子，许多故事和细节都令人回味无穷。当然在这三种国家战略传播活动中，"黑色宣传"和"灰色宣传"基本由美国国防部、中央情报局等机构负责，行动极其隐秘，活动预算非常大，通常有几百亿美元。

在这个问题上，我们要明白的是，这些事件都不是偶然

◊ 发展新动能

发生的。中国学者王绍光曾给桑德斯的这本书写过一个书评。他认为看完这本书，可以得出一个结论，中央情报局实际上就是美国的隐性"宣传部"。提出遏制战略的乔治·凯南曾说过，"美国没有文化部，中央情报局有责任来填补这个空白"。

全世界有许多媒体和出版社背后都有美国的资助，美国资本进入后会影响它们的立场。中国现在的舆论环境也比较复杂，观点比较多元。因此，当我们在阅读媒体发布的内容时，要有独立思考和判断的能力。李普曼是美国传播学界的大人物，也是美国政府负责宣传工作的关键人物之一。在二战时期，李普曼对大众心理就有大量研究，这些研究成果深刻影响了美国的新闻工作者。新闻工作者会把一些价值观融入新闻报道中，达到他们想要的宣传效果。民众在阅读或者收听新闻时就会受到影响，被动接受他们的逻辑。桑德斯在《文化冷战与中央情报局》这本书中也提到，一般我们认为美国政府宣传工作的对象是自由派，他们比较好掌握，也容易引起回应。但通过对现有资料的研究，也不见得如此。在二战后的欧洲，美国真正下功夫去做宣传工作的对象是那些有幻灭感、挫折感的非共产党的左翼知识分子，而非自由派。比如美国曾试图去影响一些参加过共产主义运动的人，如法国作家马尔罗、英国作家奥威尔等。

除了这些公开的战略外，桑德斯在书中还描述了美国中央情报局是如何落实战略目标的。美国中央情报局在盟国和敌对国家培养了一批代理人，这些人能够不停地替美国说话，他们还塑造了一种价值体系，例如美国是全球制度中不可或缺的一部分，美国的领导有利于全球发展等。

美国前助理国防部长、哈佛大学肯尼迪政府学院教授约瑟夫·奈是软实力概念的提出者。在他的理论中，他故意把软实力说成是自然产生的。奈认为任何具有一定吸引力的文化都具有一定的软实力。他举了很多美国和英国的例子，也谈到在中国强大的时候，西方人特别羡慕中国人，这也是软实力的一种表现。在 18 世纪，欧洲的经济实力没有中国强大，民众生活水平也存在差距，当时，中国人的生活方式是西方人的模仿对象，比如西方人喝下午茶的习惯就来自中国。

奈故意忽略了美国军事部门和情报机构的大量隐秘活动的作用，仅以一句"那并不意味着中央情报局在生成软实力方面毫无作用"轻松带过。实际上，美国政府非常重视美国软实力的发展，而且奈曾经担任过助理国防部长，是美国软实力建设的核心人物之一。我们要清楚，我们对很多事情的看法并不是天然产生的，而是被舆论引导的。

中国如何构建国际话语权

在中国的各种社交媒体上，我们可以看到许多西方媒体（尤其是美国媒体）故意散布的信息，这些信息有不少是刻意编造出来的。面对这些虚假信息，我们应该怎么办？中国要如何建立国际话语权？

中国在构建国际话语权方面还存在一些困难。

首先，中国没有世界承认的独立话语体系。在中国发展的过程中,有很多事情我们都还在探索,这就是"摸着石头过河",没有具体的参照物。无论是和平崛起、和平发展还是其他概念,我们都还缺少一个完整的理论体系来支撑我们的论述。加拿大社会学家贝淡宁曾提出了一个理论体系,即"新儒学+社会主义"。中国人需要对自己的制度有更系统的研究。

其次,以美国为首的西方国家仍掌握着国际话语霸权,仍然在散布有关中国的偏见,并掌握着有关中国的国际议题的话语权。比如前文谈到的汇率问题、外汇储备问题、贸易问题,西方国家总在试图制造舆论,让所有人觉得只有它们的解释才是正义的,但实际上,问题的本质可能与它们的解释没什么关系,它们只是希望控制舆论,引导人们对中国的看法。中国的解释可能没人听,或者没人听得懂,因为话语权是个先入为主的东西。当西方媒体把舆论引入某种思维定式以后,民众便只会顺着这种定式思考问题。这种刻板印象和在话语霸权下建立起来的思维定式是很难打破的。

再次,与西方媒体相比,中国的媒体仍不发达,中国媒体对很多问题的分析基本上还是"拿来主义",很少有独立的思考和判断。当中国的媒体拿国外的信息组建自己的分析框架的时候,就会受到西方话语权的影响,因为这个分析框架正是西方人希望输出的一种价值观。

最后,中国管理媒体的方法与掌握话语权的技巧都大大落后于西方国家。以美国为例,美国虽然没有专门的宣传部,但美国的中央情报局、国防部都在做对外宣传工作。它们制定传播战略,构建国际话语权,对其他国家施加影响。中国虽然有专门负责宣传的部门，但在宣传技巧上却大大落后于美国。

我们都知道宣传工作很重要，枪杆子和笔杆子是中国共产党成功的基础。但是，今天中国的宣传工作却变得有些程式化。中国实行社会主义市场经济制度，政府不是命令而是引导市场上的行为。其实宣传工作也是一样的道理。美国政府在引导媒体的时候，就做得非常隐蔽。美国人非常强调新闻自由，但是在美国媒体工作过的人都知道，美国其实没有所谓的新闻自由。美国在对外宣传的工作中讲究"有控的信息散布"，也就是说政府对信息的传播是有控制的。在当今世界，美国政府的决策非常重要，美国所有的媒体工作者都希望能够获得政府的优待，优先得到某些信息。这样可以赚得更多的眼球，获得更多的收益。因此，美国的媒体从业者都希望能与政府官员保持较好的关系，否则他们什么信息都得不到。美国政府就是用这种方法来控制舆论的。

美国政府在推行其战略规划的时候需要多方面的配合，包括媒体、非政府组织、基金会等，与各种团体和组织的沟通协调需要许多工作技巧。中国负责监管宣传工作的机构也需要学习这些技巧，促进思想的传播，构建中国的话语权。

美国的对外宣传还会通过政府扶植和资助的大量非政府组织来实现，它们在全世界扶植代理人和亲美势力。若美国的对外宣传完全靠政府机构宣讲，效果就完全不一样。在中国，政府习惯派许多宣讲团到各地去宣讲党代会的精神，但这种方法很难让外国民众接受。西方人对政府的宣传往往抱有成见,因此政府宣讲团经常会引起国外民众的反感,他们认为政府说的话是靠不住的。

我们要学会在市场经济的环境下做好宣传工作,这涉及话语权的问题,需要政府更加巧妙地进行引导。

中国现在面临的任务之一就是构建一个有说服力和内在一致性的话语体系,让其他国家理解为什么中国走自己的路是对的,是有利于中国发展的。

中国许多问题的根源都是因为我们没有一个完备的话语体系。因此尽管中国做得比其他国家都好,在网络上,也还有许多人对中国的发展无法做出客观的分析与评价,总有人认为外国的月亮比较圆。实际上,全世界没有几个国家在近几年发展得比中国好。这是一个奇怪的反差,现在这样的话语氛围是不正常的。

还有人喜欢割断我们的历史。2009年,在我们庆祝中华人民共和国成立60周年的时候,有部分媒体喜欢提前30年和后30年,这种看待历史的视角是比较荒唐的,中国建国后的60年,虽然有起伏,但这60年是有连贯性的,中国现代化、工业化的进程如果没有前30年打下的基础,后30年也不可能有这么大成就。若没有前30年重工业发展的底子,后30年轻工业的发展就是空中楼阁。要讲清楚中国为什么能成功,就要讲清楚这60年发展的崎岖路程,这也需要有一个话语体系。中国用60年走完了西方国家200年的发展道路。中国为什么能这么快走完了这么长的发展道路?如何理解这背后的逻辑?中国发展得这么快,中国的制度不可能没有任何优越性。在西方人的话语中，西方国家的制度是民主的，而中国不是，西方人并不认可中国的制度。但无论是社会发展还是经济发展，中国在近几十年来取得的成绩都比西方国家更加突出，那么我们还能说西方国家的制度更优越吗？社会科学工作者需要去研究和说明这些现象。

中国的崛起在人类历史上堪称奇迹，在近200年的世界史中找不出其他相似的例子。许多研究者都在尝试对此做出解释，中国人自己也在探索，但还没有形成能够令人信服的话语体系。著名中国问题专家乔舒亚·库珀·雷默曾提出"北京共识"，尝试系统阐述中国独特的发展道路，但也没有说清楚。

奈斯比特在20世纪80年代是全球风云人物，他的《大趋势》被翻译成二十几种语言，全球畅销。20世纪90年代，他来到中国，在天津建了一个研究所，观察并研究了中国十几年，写了一本书名为《中国大趋势》，试图解释中国高速发展的奇迹，总结出了支持中国社会发展的八大支柱。但奈斯比特毕竟是西方人，他并未从根本上挑战西方制度，只是说中国的民主与西方不同，西方是横向民主，中国是纵向民主。横向民主即每个人的权利都是平等的，投票的时候每个人是一样的，但是最后投票做出的决策不一定能贯彻执行。纵向民主的优势是民众的诉求可以直接反馈到上层，然后由上层又反馈下去，贯彻执行。他列举了很多中国改革开放以来的事件，包括土地承包责任制等关键的改革都存在一种上下互动。这都是外国人在帮中国人梳理经验，而我们自己仍然缺乏一套话语体系，很难讲清中国故事。

在与其他国家的对话中，中国尝试用自己的话语去解释问题，但在目前的情况下，中国的话语很难被其他国家接受。在国际对话中，我们要善于用西方人听得懂的话语去说服他们。话语可以继承和转移，西方的话语体系我们也可以借用，但需要加上全新的解释。如果我们创造的是一个与西方话语完全没有联系和继承的话语体系，他们是很难接受的。

只有构建一个合适的话语体系，西方人才能接受中国的逻辑。比如，中国人与西方人在民主的问题上存在争议。西方人无法接受我们的话语，他们认为只有西方的制度才是民主制度，其他国家如果跟他们不一样就一定是专制。这种两分法是一个圈套，这是一个很大的话语误区。人类的政治制度绝不只有民主与专制这两种。既然西方人认为他们的文化是从古希腊、古罗马时代继承下来的，我们就可以从古希腊讲起。亚里士多德是第一个给政治制度分类的思想家，他将政体分为两种六类，西方国家现在的政治制度只是其中一类。亚里士多德把每一类政治制度的合法性、基础、群众支持、制度的崛起和衰落全都讲了一遍。几千年前的希腊人已经认识到了政治制度有那么多类，今天的西方人怎么会认为政治制度只有两类呢？

另外，西方国家的民主实际上在退化。美国政治学家福山认为，美国式的"否决政治"会毁掉美国的民主。亚里士多德也曾指出，任何政治制度都有上升期和衰落期，他还分析了各种政治制度在衰落期的表现形式。

当我们的知识体系更加完善时，我们就不会轻易陷入他人的话语体系。当我们跳出他人的话语体系，就能找到自己的话语逻辑。我们需要用西方人听得懂的话语去解释中国道路，让他们多问一个为什么。只有这样，才能让西方人更客观地看待中国，理解中国的行为。

中国国力的上升与中国的国际地位

近年来，中国发展得很快，经济总量迅速增长，政府主导的社会福利制度建设和国防现代化建设等都取得了很大进展。在全球经济危机的背景下，中国仍能维持快速的经济增长，这种发展趋势引起了全世界的关注，对中国国力及中国国际地位的评论不断涌现。人们非常关切中国何时能超过美国，成为全球最大的经济体。美国的一些研究人员则更加关注如果中国的经济实力超过美国，中国将怎样在国际舞台上使用这种实力。激进派认为中国的崛起将挑战美国的霸权地位，美国必须联合亚洲的一切力量遏制中国的崛起；而温和派则认为中国从现行国际体系中获得了巨大利益，不会破坏这种国际体系，欧美发达国家也可以从中国的迅速发展中受益。

中国的国力的确在迅速上升，但如何计算中国的国力却是个难题。

高盛公司自 2003 年以来陆续发表了关于中国、俄罗斯、印度、巴西发展的系列研究报告（2001 年，高盛公司首席经济师吉姆·奥尼尔首次提出"金砖四国"概念）。报告称，若继续保持当前的发展态势，未来几十年内，世界经济版图将发生惊人的变化；其中，中国的经济规模将迅速扩张，中国的GDP将先后在2005年超过英国,在2007年超过德国,在2016年超过日本,并最终在2041年超过美国。

高盛公司的这一结论虽然是按各国经济增长的不同速度得出的,但没有考虑汇率升值的因素。如果一些世界经济强国的货币大幅贬值,或者人民币大幅升值,高盛公司关于GDP增长的预测会与现实相差很远。其实,按汇率计算经济实力并不十分合适,因为各国经济结构不同,有些经济部门不是竞争领域,这些部门因为汇率不同可能被低估或被高估。以美国为例,在美国经济结构中,服务业占的比重很大,而服务业很大程度上是不受外部竞争威胁的,所以这些部门的工资高、福利高。美国许多城市的公共交通、出租车、餐馆、理发店的服务价格与中国的价格相差无几(只是要把美元换成人民币),美元与人民币的汇率差在这里根本体现不出来。如此看来,不是美国的服务业价值被严重高估了,就是我们的服务业价值被严重低估了。

经济合作与发展组织的经济史专家安格斯·麦迪森不认同用现行汇率来衡量各国的经济规模,他更偏向用购买力平价法跨年度地衡量世界各国的经济实力。若依照麦迪森的购买力平价法计算,中国在1992年就已经超过日本,成为世界第二大经济体了。麦迪森一再强调他所做的预测是"保守的估计",他曾预测2015年中国经济总量将超过美国,是美国的1.07倍,而到2030年,中国经济总量将是美国的1.5倍。按照麦迪森的计算,美国经济总量并不像公布的那么多,而中国经济总量却比官方公布的数据要多。

越来越多的国际经济组织用购买力平价法计算各国的经济总量。比如，世界银行1997年发表了题为《2020年的中国》的报告，假设中国GDP的年均增长率在1997年后从8.4%逐步减缓到5%。到2020年，中国的GDP将超过美国，而人均GDP则是美国人均GDP的一半。1997年，亚洲开发银行发表了《崛起的亚洲》报告，对中国经济发展趋势做了三种可能的估计：一是乐观方案，1995—2025年，中国人均GDP增长率为6.6%；二是悲观方案，1995—2025年，中国人均GDP增长率为4.4%；三是基本方案，1995—2025年间，中国人均GDP增长率6.05%。按第三种方案推算，到2025年，中国人均GDP将相当于美国人均GDP的38.2%，而中国的人口数量将是美国人口的4倍以上。也就是说，2025年，中国的GDP将达到美国的1.5倍。这些预测都是按购买力平价法计算的。

按购买力平价法计算GDP虽然比按汇率计算更合理，但也有许多不尽如人意的地方。比如，购买力平价法把同类的消费都算成相同价格，但实际上同类消费也存在差异。比如，不同牌子的汽车质量不同，价格差异很大；同样，住房的质量与价格差异也都很大。但在购买力平价法的计算中，这些差别都被忽略不计。这样就会造成其结果与实际情况的差距。在柏林墙倒塌前，民主德国的GDP按购买力平价法计算是很高的。但是，在德国统一后，原属民主德国的地区GDP却一落千丈。这里面有政治原因，但民主德国产品的质量确实不如联邦德国。

因此，我们在计算中国经济总量时，既要防止妄自尊大，

◯ 发展新动能

也要防止妄自菲薄。无论是按购买力平价法计算，还是按汇率计算，中国的经济总量在未来十几年内超过美国是完全有可能的。因为中国的经济增长速度比美国快，中国的人口数量是美国的好几倍，而且人民币在未来还将不断升值。

高盛公司似乎还是低估了中国的发展潜力。中国经济在"十一五"和"十二五"（2006—2015年）期间快速增长，中国的GDP先后超过了世界上多个强国，坐上了世界第二大经济体的宝座。2015年，中国的GDP是日本的两倍多，并且比德国、法国、英国三个国家的GDP总量还多。

尽管中国的经济实力有可能在未来若干年内赶超美国，但发展的过程未必会是一片坦途。我们现在只能根据已知的信息预测未来，但在发展过程中可能会出现许多我们没有预料到的因素，包括经济结构的变化、外部环境的变化、政策的变化等。未来，什么因素会在什么时候起作用，会起多大作用，现在是很难预测的。

20世纪50年代，苏联发展迅速，率先向太空发射了人造卫星。一时间，人们认为苏联很快就会成为全世界最大的经济体。然而，一系列的国际政治、经济事件打乱了苏联发展的轨迹，苏联最后反而解体了。

20世纪80年代，日本发展迅速。但在《广场协议》[1]签署

---

[1] 1985年9月22日，美国、日本、联邦德国、法国、英国的财政部长和央行行长在纽约广场饭店举行会议。会议达成联合干预外汇市场，诱导美元贬值的目标。而后日元大幅升值，日本国内经济泡沫急剧增加，最后泡沫破灭造成了日本经济发展的长期停滞。——编者注

后日元大幅升值，日本央行的货币政策瞄准了汇率，千方百计要阻止日元继续升值。结果过度宽松的货币政策造成了巨大的经济泡沫，日本房地产市场与股市的规模迅速膨胀，日本的 GDP 也迅速增长。一时间，国际舆论都在谈论日本何时超过美国。日本企业向美国大量投资，吹大了美国的房地产市场的泡沫，但当美国的经济泡沫破灭时，日本企业也成了最大的受害者。日本经济自此一蹶不振。

相似的例子还有很多。比如直到 2008 年国际金融危机爆发前，冰岛还是全球人均 GDP 最高的国家之一，被视为发达国家的经济奇迹。但在金融危机爆发后，冰岛却陷入了破产的困境。

未来十几年，中国的发展也会碰到许多困难，我们能否以史为鉴，避免重蹈覆辙呢？

第一，中国经济对外依赖的程度很高，近些年的高速发展与出口贸易的急速增长紧密相关。然而，国际金融危机可能会使外部市场的需求无法很快恢复到危机前的水平，中国的经济结构若不能做出调整，就会面临产能过剩的威胁。中国需要寻找新的外部市场，或者刺激内需以应对产能过剩。

第二，中国的发展不够均衡，地区差距、城乡差距、不同社会群体间的贫富差距较大，构成了社会内部的不稳定因素。国际经济危机对中国经济各层面的影响不同，有些行业和社会群体受影响很大。中国政府正在积极构建城乡统一的社会保障体系，为全民提供基础保障。这对缓解社会矛盾、保持社会稳定、保证未来发展有重要作用。

□ 发展新动能

第三，中国的快速发展仍是一种粗放式的发展，对资源、能源消耗严重，工业生产也造成了严重的环境污染问题。由环境污染引发的疾病影响了人们的身体健康，加重了社会成本。此外，中国的二氧化碳排放成了一个国际关系问题。欧美发达国家以碳排放是气候变暖的元凶为由，威胁要对中国出口的产品征收"碳关税"。如果中国因为减排问题被发达国家排挤，未来的发展也会受到一定影响。

第四，中国的人口红利逐渐消失。2012年，中国劳动年龄人口数量首次下降，随即而来的是人口老龄化浪潮。如果中国不积极准备应对老龄化，不迅速提高劳动力素质，当中国"未富先老"时，经济发展速度就会大大放慢。

第五，中国周边地区存在不稳定因素。比如，美国在阿富汗和巴基斯坦打"反恐"战争，又不断与印度进行军事演习。如果中国的邻国出现大的动荡，中国也会受到干扰。因此，中国的发展既取决于内部的稳定，也受到国际形势的影响。

中国若能妥善处理上述问题，解决好这些矛盾，中国经济就可以继续保持增长势头，更上一个台阶，走上更加健康的发展道路。

随着中国经济规模的增大和中国综合国力的增强，国际舆论对中国的国际地位也有了不同的评价。

中国经济增长对全球经济的贡献是有目共睹的，而且中国经济对未来全球经济发展的作用将越来越大。从这一角度来看，中国当然是个负责任的大国，不仅在东亚地区起到了重要作用，并且在全球也发挥着重要作用。

美国有些保守派认为，中国的国家实力虽然有很大提升，但仍难称中国为一个负责任的大国，因为中国的许多"朋友"都是美国的"敌人"，是美国人眼中的"失败"的国家。他们认为，在伊朗核问题和朝鲜核问题上，中国没有配合美国对这些国家进行制裁，并且中国无条件地援助非洲国家，这破坏了西方国家在非洲推行民主化的努力。

但问题的关键是，中国对国际社会的贡献是否应该由美国人评价？中国对国际社会负责任的标准是否应该由美国人来设定？

中国为亚非拉的发展中国家提供了大量的援助和直接投资，为这些国家的发展做出了重要贡献。从20世纪90年代起，欧美国家将对非洲国家的援助与民主化挂钩，结果造成这些国家内战不断、发展停滞。非洲国家的边界都是由欧洲殖民者划分的，并不符合非洲各族群和文化的分布。20世纪90年代开始的民主化加速了这些非洲国家的分化，激化了族群之间的矛盾与冲突，甚至造成种族仇杀。这种不分青红皂白的民主化符合非洲人民的利益吗？欧美国家的行为是负责任的吗？有分析人士指出，欧洲国家在它们的前殖民地推行民主化是为了更好地控制这些国家。在殖民时期，欧洲国家在划分殖民地界线时故意掺杂了许多宗教、文化、种族的矛盾与对立因素，以方便分而治之。在这些殖民地脱离殖民统治后，这些宗教、种族的矛盾又成了欧洲国家的工具。许多非洲国家资源丰富，欧洲国家便利用民主化分化非洲国家的

◯ 发展新动能

政治精英，若有政治集团胆敢阻止它们瓜分非洲的自然资源，就会被"颜色革命"颠覆。中国不支持欧美国家推行的这种民主化，中国积极帮助非洲国家发展经济，却反被诬蔑。

在东亚地区，中国也是地区合作的积极推动者。中国政府积极参与东亚的"10+1"、"10+3"①合作，推动东盟成员国与中国建立自由贸易区，推动东盟与中日韩三国的货币、金融合作。中国政府积极推动上海合作组织成员国在反对国际恐怖主义、分裂主义和宗教极端主义方面的合作，并积极促进成员国间的经济合作与发展，以铲除滋生这三股势力的社会根源。

中国在争取朝鲜半岛无核化问题上也做出了巨大贡献，中国积极组织"朝核六方会谈"，为解决问题提供了谈判的平台。

中国在积极改善环境，坚持走可持续发展的道路。面对经济危机，中国刺激经济回升的计划包括许多支持新技术与新能源的项目，这为中国的可持续发展奠定了坚实基础。但是，中国的可持续发展不仅取决于中国经济的转型，还需要有稳定的外部环境。中国希望发达国家在反对国际恐怖主义的合作上能一心一意，不搞双重标准；中国希望面对经济危机，各国反对贸易保守主义的立场是真诚的，希望不要有国家利用环保标准设置无形壁垒；中国希望面对国际争端，各

---

① "10+1"即东盟10国加中国，"10+3"即东盟10国加中日韩三国。——编者注

方能通过谈判解决问题，而不是威胁、制裁，甚至采取军事行动。

中国政府强调和平发展、和谐发展，强调协调各种利益关系。中国愿意维护现存的国际体系，但是，国际关系是一种互动的关系，如果有些国家坚持认为中国的发展是对它们的挑战，想利用现存的国际体系来遏制和孤立中国，势必将引起矛盾。随着中国国力的增长，中国有能力通过更大的地区合作创造一个比较稳定的周边环境。未来中国与其他国家间的关系是互利共生的。

第六章　中国的制度优势

改革开放以来，中国的经济迅速发展，社会和谐稳定，不仅经济规模令世界瞩目，人均收入、社会福利等各个方面也取得了巨大发展。但是，仍然有人对中国前进的方向和方法提出各种各样的疑问。许多人认为，中国没有西方式的民主和自由选举，也没有多党轮流执政。我们未来的发展还将遇到许多问题，有些人都将其归结为制度问题。

但如果我们仔细梳理一下西方的民主制度，就会发现，西方人引以为傲的民主制度其实也有不少缺陷。

民主的迷思

关于民主的几个固定思维

民主是个好东西

这种说法似乎很时髦，但我们在说这句话的同时，也掉进了一个定式思维的陷阱里。人们根据政治体制的差异把世界政体分为两种——民主和专制。在这种两分法的思维定式里，因为没有人认同专制，民主自然就成了"好东西"。但是，如果民主与专制并非截然对立，那我们说"民主是个好东西"还有意义吗？

2016年，英国公投脱欧，没有任何政治经验的房地产大亨特朗普当选美国总统，这两个"黑天鹅"政治事件的出现，让人们开始怀疑民主制度是否会失灵。其实，早在前几年，美国政治中这种民主制度失灵的现象就已经显现。比如，由于美国国会与美国政府在债务水平问题上发生严重争执，美国政府好几次面临关门危机。即使像福山这样提出了历史终结论，认为人类历史会终结于民主加市场模式的政治学家，也开始怀疑自己的理论，认为美国式民主可能最终会因为这种否决式的决策过程而衰败。

有关民主的辩论，实际上是一个说不清楚的问题。在古希腊的政治理论中，民主和专制并不是一对反义词。亚里士多德并没有把政体分为民主与专制，而是按照执政人数的多少分成六类。第一类是由一个人执政的政体，被称为君主制。如果执政的君主是一个有道德、体恤臣民、做事遵守规则的人，那么，君主制可能是个不错的政体形式。第二类是少数人执政的政体，被称为贵族制。如果当权贵族以荣誉为底线、以重信守诺为行事标准，那么，贵族制也可以是一个受人喜欢的政体形式。第三类是多数人执政的政体，在古希腊被称为共和制。在共和制下，由多数人制定的规则和法律如果能被全体人民执行，社会就能政通人和。

古希腊的政治理论认为，任何形式的政体都有变质的可能。如果以上三种政体变质，就会出现另外三种政体形式：君主制变成暴君制，贵族制变成寡头制，共和制变成毫无秩序、规则和道德可言的"民主社会"。"民主社会"在古希腊不是一个褒义词。另外,无论是暴君制、寡头制还是"民主社会",都需要依靠一定程度的专制来维持。所以,专制无关执政人数的多寡,它可以是一个人的、少数人的,也可以是多数人的。在古希腊,多数人的暴政被称为"民主"。

实际上,民主只是一种决策形式,是一种通过投票进行决策的制度。然而,多数人的决策就一定正确吗?西方人谈到民主时总会追溯到古希腊的雅典,当时雅典实行的制度被认为是典型的民主制度。但在历史上很长一段时间里,民主被哲学家们认为是一种不理智的政体形式。比如苏格拉底曾经说过,至于国家的形式,没有什么制度比一个为盲众所操纵、为冲动所指挥的民主更滑稽的了,没有什么比让一群争论不休的人组成政府更可笑的了,没有什么比匆忙选举、让头脑简单的农民与商人掌握国家权力更可笑的了!苏格拉底不相信民主,他是被民主的审判程序判处死刑的,这一审判过程非常荒唐,审判者给苏格拉底扣上了一项莫名其妙的罪名,说他误导青年人。

许多人羡慕以欧美国家为代表的西方文明,而西方文明又以古希腊为源头,但在古希腊,哲学家们却不认为民主是个好东西。相反,在很长一段时间里,民主一直是多数人暴政的代名词。

在民主国家一定有自由民主

在施行民主制度的国家,人民享有一定的自由,因此,

◻ 发展新动能

有人给民主打上了一个标签,认为在民主国家就一定有自由民主。

从哲学角度来看,自由和民主是相互矛盾的。美国著名政治评论家扎卡里亚曾撰文表示,他很担心美国自由民主的政治传统将要分裂,并最终把自由这个价值维度从政治制度中排斥出去,只剩下民主。其实,美国的建国者也非常担心民主制度里多数人暴政的那一方面,因此在民主制度中设置了一系列抗衡多数人暴政的机制,比如最高法院法官实行终身制。伊拉克战争以来,美国不仅在国际上到处宣扬民主,还把自己打扮成一个民主国家,在国内处处以民主和多数民意行事。最后的结果是什么?美国国会通过了《爱国者法》,用《爱国者法》的名义时刻监督美国公民的活动,严重侵犯了公民的隐私权和自由权。当斯诺登发现这个秘密时,他作为个人根本无法反抗强大的压力,只能出逃国外,把事情公之于众,使人们进一步认识到美国政府借民主之名践踏自由的行为。

从根本上讲,民主要求平等,自由要求无拘无束。按照这个逻辑,如果让无拘无束的自由任意发展,就一定会导致某种程度上的不平等,进而破坏民主的基础。"占领华尔街"等社会运动表明近些年来西方发达国家出现了严重的社会分配不均现象,这也表现出了自由和民主之间的矛盾。这个时候,民众就开始以民主的原则质疑自由,于是社会就出现了严重的分裂。

许多西方研究者认为,类似"阿拉伯之春"等阿拉伯国家的社会运动就是美国策划的"离岸革命"。阿拉伯国家民主化的结果是极端主义力量大增。在所谓民主革命获得成功的阿拉伯国家里，上台执政的大多数都是伊斯兰党，他们号召以伊斯兰法来统治国家，使社会陷入了严重的不自由状态。从伊斯兰革命到"阿拉伯之春"，欧美国家的理论家们开始怀疑以民主的名义推行社会革命能否真正达到自由民主的目的。现在，越来越多的西方人开始怀疑自由民主这个立论是否站得住脚。

"三权分立"是民主的典型形式

还有人认为，民主就是权力的相互制衡，因此，"三权分立"是民主的典型形式。实际上，如果追溯到美国建国时期，就会发现"三权分立"的设立很大程度上是为了限制民主，限制多数人的暴政。

为美国制定宪法的那些政治精英没有经过任何选举程序，也没有任何人证明他们作为代表的合法性。他们非常担心未来的美国被多数人的暴政控制。所以，他们精心设计了一种使权力之间相互制衡的政治制度。所以说，"三权分立"并不是民主的典型形式，而是美国为了限制多数人的暴政而设立的一种特殊的贵族政治框架。可以说，当时设立"三权分立"政治框架的政治精英们，都是某种程度上的"反民主派"。

民主制度不犯大错误

经常会有人说，虽然民主制度也有缺陷，但民主制度最大的好处在于不犯大错误，因为在民主制度下，很小的错误都能够被发现、被纠正。这其实也是一个以讹传讹的说法。因为在历史上不乏民主国家犯大错误的例子。比如发动伊拉

◻ 发展新动能

克战争，就是美国以民主的形式决定的。

当小布什政府决定发动伊拉克战争时，美国国会的多数议员都投票支持，包括当时还是民主党参议员的希拉里·克林顿。小布什政府是共和党政府，大部分议员都投票支持伊拉克战争，但这最终被证明是一个严重的错误。一方面，战争发动后，全世界都发现伊拉克并没有大规模杀伤性武器。另一方面，过去在阿拉伯国家控制极端伊斯兰势力发展的那些年轻军官，都是以现代化的名义在搞民族和国家建设的，他们认为宗教是落后的表现。萨达姆政权被推翻后，极端伊斯兰势力迅速膨胀，演化为今天威胁欧美社会稳定的重要因素。这难道不是民主制度犯的一个巨大错误吗？

另外，2008年金融危机爆发的一个重要原因是美国国会放松了对金融业的管制。而美国国会之所以放松对金融业的管制，是民主机制中各种各样的利益集团，特别是金融集团游说的结果。通过大力游说，这些金融集团推动美国国会以多数人的名义修改了监督金融市场的一些法律。这些法律被抛弃后，金融活动一发不可收拾，最终演化成一场巨大的危机。

这些都是民主决策机制不完善造成的后果，可见民主制度不犯大错也是一个站不住脚的思维定式。

自由选举的悖论

有人认为，民主就是自由选举，即给予人民自由选举的权利。这种观点中隐含了一个很大的悖论。

有些人在比较中西方的政治制度时，总认为西方民众能自由选举领导人，说明西方的民主制度更加先进。他们没有意识到西方的自由选举也存在缺陷。

2016年的美国总统大选很能说明问题，选举虽然很自由，但可供选择的选项并不多。美国的选民值得同情，因为他们只能在一个"骗子"和一个"疯子"间做选择。这反映出今天西方国家的自由选举面临一个巨大困境。在自由选举的过程中，有几个问题是非常难控制的。

在自由选举的悖论中，一方面，人们认为民主传统可以追溯到古希腊时期，另一方面，人们又认为民主制度最大的原则就是自由选举。这包含着巨大的矛盾，因为在古希腊时期，领导人不是通过选举产生的，而是通过抽签产生的。古希腊人意识到选举是一个不靠谱的事情，因为这个过程可以被操纵。所以，他们认为只有抽签才是上苍的意志，如果要让每个人都有平等的机会掌握权力，最好的办法就是通过抽签来决定谁担任什么职务。

民主的前提是所有候选人一律平等，因此抽签是最公平的方法。在古代的雅典，有一些公职并不被认为是"肥缺"，反而被认为是负担。但所有公民必须承担责任，如果抽签决定这一职位由某人担任，他大概也只好自认倒霉。在某种程度上，抽签是比选举更公平的方法，因为这一过程排除了所有人为因素。

在欧洲，用抽签决定公职人员职位的做法持续了很长时间，直到中世纪威尼斯共和国时期，抽签的方法还在被使用。

◇ 发展新动能

后来，欧洲城邦国家都被统一成了民族国家，面积和人口都大幅增加，抽签也就难以实行了。因此，各个地方需要派代表参与国家决策，后来，这些代表变成由选举产生，并最终发展为代议制。但有选举资格的人一开始极少，只占全部人口的百分之几，所以被称为贵族制。直到后来，超过一定岁数的男性公民都可以参加普选，代议制才被称为代议制民主。

在代议制国家，普通公民不是在一开始就拥有投票权与选举权的。欧洲国家在18世纪末进入代议制时期，但议会议员对民众的代表性并不高，因为政府对参加投票的公民的限制非常多，大多数公民是没有选举权的。

在美国建国初期，国会议员的代表性也不高，参加选举的公民数量非常有限。那个时候，代议制并不等于民主。

英国这种国家给自己制度的定义就是贵族制，英国虽然有君主，但君主是个没有实权的元首，国家权力主要掌握在议会手中，而议会议员主要是贵族的代表。到1832年，英国选民占人口的比重才增至4%。

在这种背景下，西方国家民众不断组织社会运动，要求普选。美国后来居上，在放宽选举权上比欧洲国家更进了一步。1860年，美国在形式上普及了白人男性的普选权，成为当时西方世界唯一一个全体白人男性都有普选权的国家。

德国男性获得普选权是在1871年，这是普法战争胜利，德意志帝国建立后的事。法国到1848年二月革命后才废除了对选民的高额财产资格限制，此后普通公民才获得了普选权。北欧国家直到19世纪末20世纪初才实现了男性的普选权。这些国家的女性为争取普选权而发起的民主运动持续了许多年,而且女性获得选举权与被选举权的时间也不一样。通常是先获得选举权,很多年之后,才获得被选举权。

美国各州授予女性普选权的时间各不相同。直到1920年,美国国会才通过法律,正式承认白人女性的普选权与白人男性一样。

美国黑人获得普选权的时间要晚许多。1865年南北战争结束,但到1870年美国宪法第15条修正案颁布,美国黑人才在名义上有了选举权,有的州也实现了白人与黑人的混合政府。

1877年,由于对总统选举结果存在分歧,共和党与民主党进行了一场政治交易:民主党支持共和党人海斯当选总统,但联邦政府必须撤出在南方的军队,把南方交给南方的白人治理。这使南方黑人的选举权徒有其名,虽然北方黑人有名义上的选举权,但他们实际上很少能获得与白人一样的机会,被视为二等公民。

直到20世纪50年代,在马丁·路德·金的领导下,美国黑人开始了大规模的非暴力抗议。美国黑人运动代表还到中国来寻求支持,20世纪60年代,毛泽东公开发表声明,支持美国黑人的民主斗争,并在天安门接见过美国黑人运动的代表。[①]直到1964年,美国国会通过《民权法案》,美国黑人的

---

① 1963年,毛泽东发表《支持美国黑人反对美帝国主义种族歧视的正义斗争的声明》;1968年,毛泽东发表《中国共产党中央委员会主席毛泽东同志支持美国黑人抗暴斗争的声明》;1966年,毛泽东在天安门接见美国黑人运动领袖罗伯特·威廉。——编者注

选举权才正式得到承认。

但美国黑人争取民权的运动仍持续了许多年，长期的种族隔离制度使1964年颁布的《民权法案》很难落实。后来，美国最高法院促进了《民权法案》的落实，几次有重大意义的判决都支持黑人维护自己的权利。经过几十年的持续努力，美国黑人才真正获得了选举权和被选举权。2008年奥巴马当选美国总统，他是美国历史上第一位黑人总统。

美国民众虽然通过斗争获得了普选权，但政治精英还是可以通过初选、超级代表、竞选筹资等机制把民众排除在权力游戏之外。政治精英实际上仍然掌握着影响国家和民众命运的权力。2016年美国总统大选，民主党候选人希拉里·克林顿在竞选中将支持特朗普的选民称为"可怜虫"。虽然舆论也指责她的说法政治不正确，但她确实在无意中透露了美国政治精英对民众的看法。

无论如何，代议制在今天被认为是民主制度的典型特征。就是说，国家大了，人口多了，不可能任何问题都让老百姓投票决定，于是需要选出代表，让他们代替人民去执政。怎样选出代表呢？其实有很多理论家早就论证过，在实际的选举过程中，人们是无法选出最优代表的。因为在选举的过程中，存在几个问题。

第一，随机选举会陷入一种自我循环的过程。如果选出的代表不同，就会出现有些人觉得A比B和C好，而另一些人却觉得B比C和A好的情况，选来选去都选不出最优结果。18世纪，法国启蒙运动时期的思想家孔多塞曾提出"投票悖论"①，说明了民主选举潜在的问题。最终，就像狗追自己的尾巴一样，选举过程循环往复，无法得出最终结果。

第二，在选举过程中，候选人需要竞选产生，但选民并不知道这些候选人到底怎么样。在这种信息严重不对称的情况下，往往最后的结果是选民不乐意看到的。在欧美国家，我们经常可以看到一个现象，高票当选的领导人在就职后没多久，民众支持率就开始迅速下滑，与竞选时形成强烈反差。其中很大一个原因就是信息不对称。选民在投票时，并不知道这些候选人未来会怎样执政。候选人竞选时透露的信息都是友好的、善意的，但在上台执政后，一旦其施行的政策与原来许诺的不一样，选民就会很失望，形成巨大的民意反差。因此，政治选举与在资本市场投资一样，普通选民和股民都只能根据一些片面的、零散的信息去投票或投资，而最后往往会感到失望。

第三，从最近几年西方国家的竞选活动可以看出来，选举与财富直接相关。砸钱越多的人，被选上的可能性就越大。美国前副总统戈尔曾经写过一本书，透露了美国总统选举过程中的一些事实。当时，他竞选团队的成员曾向他建议，在某些地区和某些环节砸钱，那个地区的选票就会出现不同的情况。戈尔开始不信，后来发现按照竞选团队的话去做，效

---

① 投票悖论可以这样理解，假设有甲、乙、丙三个选民，面对 A、B、C 三种方案投票，甲认为 A>B>C，乙认为 B>C>A，丙认为 C>A>B；甲乙都认为 B>C，乙丙认为 C>A，因此可以推动大多数人认为 B>A，但与此同时，甲丙却认为 A>B，这就出现了矛盾。——编者注

果非常明显。他感到很吃惊，选举怎么变成这样了呢？如果砸钱就能获得优势，选举还有什么意义呢？

第四，自由选举的前提是每个候选人都拿出他们的执政纲领，让选民们依据自己对这些执政纲领的判断去投票，但事实上，候选人为了赢得选举经常相互抹黑，不惜造谣生事，用各种各样的手段让选民卷入他们营造的那种政治氛围中，这影响了选民的理性判断。这样的候选人，能在多大程度上执行对人民有利的政策呢？

第五，如果人们只注意选举问题，而忽视了民主制度中的决策问题，社会还可能会陷入"民主的专制"陷阱。"民主的专制"是法国政治社会学家托克维尔提出的。他是第一个从民主的视角分析美国政治体制的人。托克维尔没有局限于对意识形态的分析，而是深入细致地分析了美国民主的深层问题。比如，他发现那个时代的美国民众只关心眼前的一些利益分配问题，缺乏长远的眼光。他认为长此以往，美国的民众会陷入"民主的专制"陷阱，即除了选举过程外，并不关心政治，把一切都交给选举出来的执政者决定。民众变成了羊群，执政者则是牧羊人。虽然执政者不会像专制君主那么蛮横，但这仍然是某种程度上的专制。[7]

托克维尔的担心是，如果民主只流于选举的形式，那么在选举领导人这一过程之外，民众会变成"温顺的奴隶"。很长时间以来，除了在选举过程中，美国民众很难对政府的政策发表意见，政府也不再考虑民众的意愿。这恰恰证实了托克维尔的担心。

似是而非的谎言：一党制无法保证政治清廉

有关民主，还有一个似是而非的谎言，就是一党制无法保证政治清廉，只有多党制才能互相监督。比如有些西方人认为我国实行的中国共产党领导的多党合作与政治协商制度是不完善的，他们认为只有多党制才能互相监督，保证政治清明。这种认识是十分片面的。

从历史的角度看，这种说法根本站不住脚。无论是英美的两党制，还是欧洲大陆国家的多党制，这些政治制度都是特定历史环境下的产物。

英国议会原本没有党派，17 世纪时，因围绕国王继承权的问题分成了辉格和托利两派，后来就形成了两党。

17 世纪，英国斯图亚特王朝的国王查理二世没有子嗣，他弟弟约克公爵成为王位的继承人。但有一批议员认为约克公爵可能是天主教徒，反对他继承王位，这一派就形成了辉格党，而支持约克公爵的就形成了托利党。约克公爵最后还是当上了国王，史称詹姆斯二世。19 世纪，辉格党变成了自由党，而托利党变成了保守党。

美国两党制的出现也是历史的偶然。在独立战争中，美国的建国者对政党政治深恶痛绝。他们认为那是欧洲腐败、堕落的根源。因此，在制宪会议中，各州代表都意气风发，心往一处想，劲往一处使，是典型的"一党制"。

后来，因为汉密尔顿和杰斐逊两个人都特别有个性，对许多问题的看法都发生了严重分歧，最后各州代表分裂为两个阵营，分别围绕汉密尔顿和杰斐逊形成了两个相互竞争的政党。

在第一任美国总统华盛顿卸任时，他已经感到两党争斗给美国政治带来的危害。华盛顿在卸任时发表了一篇著名的演说，警告美国政界的代表，如果美国政治陷入党派争斗的旋涡，将会造成美国社会的分裂，给外国干预美国政治提供可乘之机。

今天，我们可以看到美国总统选举过程中出现了候选人相互构陷的怪现象，而美国三大情报机构却将美国选举中出现的种种丑闻归咎于外国的干预。

多党制是法国大革命的产物，法国各地的代表在革命后按地区形成了不同党派。我们耳熟能详的雅各宾派，就是布列塔尼地区的代表。而比较保守的吉伦特派来自法国西南部被称为吉伦特省的地方。多党制比两党制更不稳定，因为中间的党派容易改变主意、改换阵营。在议会制之下，由议会的多数派组成政府，如果中间党派不断改换阵营，谁是多数派会很不稳定，就会造成政府频频倒阁。

为了改变这种局面，法国等欧洲国家在20世纪50年代修改了选举法，实行多数两轮投票制。第一轮投票时，选民可以根据自己的政治偏好随意投哪个党的票；第二轮投票时，选民只能投票给在第一轮中胜出的两个政党的候选人中的一位。

但按照这种做法，选民的选择其实受到了很大限制，因为第二轮投票时，如果第一轮胜出的两位候选人都不是他们青睐的人选，他们就只能选择一个他认为不那么坏的候选人。而且这种选举程序迫使多党向两极靠拢，形成左翼和右翼两大阵营，中间党派在选举中必须向左翼或右翼的最大党派看齐。

久而久之，多党制国家的党派基本也都两极化了。两极化虽然解决了政局不稳的问题，但没有解决民众关心的问题。因此，由于财富分配不均，社会分化加剧，民众对传统政党的不满情绪迅速增加。这时候，一些原本被这种多数两轮投票制压制的政党却异军突起，在选举中获得了不错的成绩。

比如，法国极右翼政党"国民阵线"[①]就经历了这种情况。与美国不同，法国对赞助竞选经费的数额有限制，不能太高，但政府会给获得选票超过5%的政党提供一定的财政补贴。"国民阵线"过去在法国左翼和右翼两大阵营中的生存空间很小，有时候获得的选票刚刚够选举法规定的5%的下限，能够获得一点政府竞选经费的补贴，但更多时候"国民阵线"获得的选票不够规定的5%，被迫自己支付庞大的竞选经费。

但在2014年的欧洲议会选举中，"国民阵线"一反常态，成为法国最大的胜利者，获得的欧洲议会席位最多。"国民阵线"是典型的反欧洲一体化政党，它在选举中的胜利不得不说是一种极大的讽刺，这说明法国民众已经极度不信任欧洲一体化事业了。

2016年的美国总统大选也出现了这种现象。特朗普是一匹黑马，他顶着共和党大佬们的反对，一路杀出重围，在初选中胜出，成为共和党候选人。特朗普不是典型的共和党人，

[①] 2018年6月1日，"国民阵线"正式更名为"国民联盟"。——编者注

他过去曾支持过民主党，他是嗅到了政治竞选中的"血腥味"而被激发出热情的"政治动物"。某种程度上，特朗普是凭一己之力在竞选中与两大传统政党机器斗争并最终获胜的。这一结果说明，美国民众对传统的两大政党已经失去了信任。

从最近一些年欧美国家出现的政治反叛现象来看，多党制与两党制都不一定能反映民众的愿望，也就是说并不一定会被民众认为"很民主"。多党或两党轮流执政的有效性现在受到了民众的质疑。

多党制可以遏制腐败，但也有其局限性。无论是历史还是现实，西方的多党制并未能使腐败的现象销声匿迹，相反西方国家还曾出现了一些允许公开腐败的制度设计。

自19世纪起，欧美国家普遍开始实行代议制，在此后很长一段时间里，欧美国家的公共治理又被称为政党分肥制（又称政党分赃制）。就是说，在竞选中获胜的政党可以把政府资源分给对竞选胜利有贡献的人，大家可以随便"分赃"。这种制度对公共治理造成了恶劣的影响，没有人对国家治理效果负责任。因此，那时的多党制其实是一种非常腐败的制度。1883年，美国国会通过《彭德尔顿法案》，规范了对美国公务人员的管理，使政党分肥制受到一定限制，保证了国家机器的正常运转，使公共治理逐步走向稳定。

各党派轮流执政容易出现对公共财政不负责任的问题。在这个问题上，美国经济学家、诺贝尔经济学奖获得者布坎南有一个观点，他认为民主国家的公共财政政策之所以混乱，债务不断攀升，就是因为多党轮流执政。为了能够得到选民的支持，延长执政时间，执政党利用扩大公共财政支出来使支持自己的选民获益。但如果每一届政府都这么做，就会使政府在公共财政方面大手大脚，造成债务不断增长，最后导致通货膨胀。在这方面，中国古代有一个说法，叫"政贵有恒、治须有常"。也就是说，政治治理是一个长期的事务，公共政策要有一定的稳定性，要给民众一种预期，不能随意换来换去。多党轮流执政恰恰打破了这种秩序。中国传统的政治观念认为，民众对公共秩序需要有一个可靠的预期，这样老百姓才好根据预期进行其他社会活动。从这个角度讲，轮流执政会影响社会和经济的稳定发展，并影响政策的执行。

另外，多党制也可能会影响政治稳定。在议会中，政党代表可以随时更换立场、交换利益，因此在多党制国家里，政府倒阁是经常发生的事，一个党派即使已经是执政党，其政党代表有时候也会和其他党派有利益关联，如果在野党给他的许诺比现在的更好，这些政党代表就可能会反戈一击，议会里的非执政党联盟就会推翻现有政府，重组内阁。

法兰西第四共和国时期就是一个典型的多党政治时期。在多党政治时期，党派联盟变化非常快，政府特别不稳定。当时的法国政府有一个名字叫"季度政府"，也就是说，差不多每一个季度都会出现政党联盟反水、政府更迭的现象。如果每个政府执政的时间不超过一个季度，那公共政策怎么能够保持稳定呢？后来，法国面临严重的政治危机，政治家们不得不推选出二战时的英雄戴高乐将军，请他来整顿法国政治。戴高乐以有权修改宪法为条件接受了任命。随后,他在选举过程中实施了多数两轮投票制度,这也是法国现行的选举制度。在第一轮投票中,所有党派都可以参加,但只有在第一轮中获得票数最多的两个政党才有资格参加第二轮投票,其他小党派自然就淘汰出局。通过修改选举法,法国逐渐从多党制向两极化政党制度过渡,最后成立了法兰西第五共和国。法国现行的制度改变了多党制导致的政府严重不稳定现象。从法国的实践可以看出,并不是政党越多,政府就越能表达选民意愿。

游说集团在西方多党制中有着重要作用,但有许多游说集团代表的是其出资者的利益。谁会给游说集团提供资金?当然是那些富人。游说集团为政治家、国会议员提供竞选支持并不是无条件的。那些靠游说集团进入议会的政治家当然要投桃报李,在投票时支持游说集团的立场。连当过美国政治学协会主席的沙茨奈德教授都曾开玩笑说:"这个多党制天堂的缺点是,在天堂般的大合唱中有一种强烈的上层阶级的口音。"

美国的政治学家们不断兜售一种观点,即只有多党(两党)制才能遏制腐败,因为从制度上来看,有反对派在监督执政党。然而,这种似是而非的观点却经不住现实和历史的检验。2015年,美国的一本畅销书《克林顿现金》,剑锋直指克林顿基金会,揭露了该基金会的各种不合理活动。该书作者彼得·施魏策尔是个深度调查记者,也是美国政府问责研究所创始人之一。他指出,比尔·克林顿执政时,因为丑闻缠身，打官司花掉了不少钱，他卸任时几乎没什么钱了。但2001—2012年，克林顿的财产很快增长到1.365亿美元。除了克林顿到处做讲座活动所得的报酬，这很大程度上与外国对克林顿基金会的捐助有关。当然，这种捐助不会是不要回报的，无论是作为参议员的希拉里还是后来作为国务卿的希拉里，她参与游说的许多涉外案子都有些蹊跷。

维基解密透露，克林顿基金会参与了一些商业公司的行贿活动，它帮助某些美国公司在国外开办教育公司，那些公司投桃报李，给克林顿一个荣誉董事职位，他就可以轻松拿到1 650万美元的年薪，这些公司还会经常性地向克林顿基金会捐款数百万美元。同时，美国国际开发署的许多捐款项目也被证明有克林顿基金会参与，也就是说，作为国务卿的希拉里有时会批准把政府的钱拿出来放进自己的腰包。

还有一些美国公司拥有海外资源，但这些资源的交易需要美国政府的批准。希拉里在担任国务卿期间也推动了许多相关项目的批准。因此，维基解密称希拉里的某些邮件往来只能用私人邮箱而不敢用国务院的官方邮箱，大概就是担心会被人发现邮件里的奥秘。

其实，美国政治家利用权力与金钱建立不正当关系，从而中饱私囊的事情并不少见。但克林顿基金会如此快速地到处敛财，在美国历史上并不多见。不过，做这种事情的也绝非只有民主党一家。《克林顿现金》的作者施魏策尔就指出，美国国会中的两党议员都会"敲诈"商人和企业。流入政界的金钱还会被用来"购买"某些政治岗位。比如，一个议员

发展新动能

要想得到国会某些专门委员会的位置，必须给本党交钱。某些委员会可以审批项目，权利较大，要进这些委员会就要多付些钱。政客们把这些交易当作投资，在获得职位后，审批项目时就能从企业或商人那儿获得更多的钱。

近年来，美国共和党与民主党间纠葛不断，政府与国会成员分属不同党派，双方经常各执一词，腐败的现象也不断发生。克林顿基金会及美国政客与境外势力之间的金钱关系说明，美国的多党制未能遏制腐败，西方所谓的民主政治在某种程度上只是金钱政治的同义词。

中国与西方国家的政治体制完全不同。虽然辛亥革命后，中国出现过政党林立的状况，但很快政党政治就被军阀割据代替了，随后日本的入侵则引发了全民抗战。从孙中山当政的后期起，国民党就致力于在中国建立政党与国家相统一的党国体制。后来，国民党虽在抗日战争中与共产党形成了统一战线，但抗战胜利后又意图消灭共产党。

中国共产党在获得解放战争的胜利后，真正建立起了适合中国国情的政治体制。中国共产党与西方的政党不同，与苏联、东欧国家的共产党也不太一样，中国共产党的政治活动目的不是竞选，而是动员民众。先是动员民众为了建立新中国而奋斗，后来则是为了社会主义现代化建设而奋斗。中国的现代化还有很长的路要走，中国共产党的历史使命还需要持续奋斗才能完成。

纵观世界历史，多党制并不能保证政治清廉，多数多党制国家的政治也并不清廉，相反，一党制的新加坡为我们提供了另一种政治模式的参考。

在多党制问题上，美国第一任总统华盛顿在其著名的离职演说中就曾告诫美国的政治精英，要警惕美国政治出现政党政治的倾向。他认为，如果任凭政党政治发展下去，不仅会造成美国民众的严重分裂，还会给外国干涉美国政治提供土壤。但美国政治最后还是演化成了两党轮流执政的模式。从2016年美国总统大选来看，华盛顿当年的担心不无道理，这给我们提供了另一种思考多党政治的视角。

美国经济学家、《纽约时报》专栏作家托马斯·弗里德曼在2008年曾来到中国，他认为，中国能够快速发展不是偶然的，这背后有深层的政治体制背景。他认为中国今天的政治体制对历史上的儒家执政集团传统有某种继承和延续，这与代表不同利益群体、互相竞争的西方政党完全不同。西方不少人只认同由多党竞争产生的政权，这是十分浅薄的政治观念。

为何人们会陷入"民主的迷思"

那么，为什么有不少人会陷入"民主的迷思"呢？对西方发达国家的羡慕可能是这一情况发生的心理基础，而这种心态已经成为西方国家利用民主运动干预他国政治的重要杠杆。

从推翻清朝开始，民主观念在中国广泛传播。在多数中国人看来，民主是人民当家做主的意思，即政治清明，执政者能听进不同意见，考虑民众的利益与立场，但这与多党制并没有直接的关系。但西方人认为民主就是多党竞争、自由选举、舆论自由，如果缺乏这些要素就是专制。

在西方舆论的影响下，西方式的民主观念具有很强的渗透力，许多人认为西方的政治制度更"发达"，只有按照西方的标准实行民主化，中国才能进入现代国家行列，成为发达国家。

甚至有人自以为是地贬低中国和中国人，看不起中国的政治制度和传统文化，这是一种典型的殖民地心态。在中国不断发展的过程中，认可这种观点的人未来会越来越少。当然，持有这种观点的还包括许多外国人，甚至一些社会主义国家集团领导人也有这样的偏见。他们认为只有按照西方的道路发展才可能成功。

还有人认为，发达国家都是民主国家，这是国际发展的大趋势，中国也应该顺应潮流。事实果真如此吗？这种说法很大程度上来自一种政治宣传。西方国家搞的所谓的民主国家联盟，其实是一场政治运动，我们要警惕不自觉地陷入西方的政治宣传中。如果我们按照别人设定的思维定式走，就有可能陷入严重的分裂状态。

我们可以想一想南斯拉夫。东欧剧变前，按照西方的标准来看，无论是政治宽容度还是其他方面，南斯拉夫在东欧国家里是最合适进行民主化的。但是，在实行了自由选举后，南斯拉夫立马陷入了严重的分裂，并最终导致联邦解体，直到今天仍然没有摆脱内战的阴影。我们只有认清西方政治话语中所谓的民主的本质，才会对改善和发展中国特色社会主义的政治制度有帮助，才能让世界"向东看"，认同中国的发展模式。

社会主义民主与中国的制度优势

中国这些年的经济发展和社会进步有目共睹，为什么中国能取得如此成就？有人将其归因于中国特色社会主义制度。但这并不被那些掌握国际话语权的西方国家接受。中国政治学家史天健，曾任美国杜克大学政治学系副教授，20世纪80年代以来，他一直在做关于中国民主的阶段性调研，他发现每过10年，中国人就会认为中国的民主有了很大进步。史天健根据调研结果撰写了一篇文章，准备在美国的政治学杂志上发表，虽然他的调研完全是按美国政治学的科学标准做的，但是文章还是被杂志拒绝了，他的研究成果不被美国政治学界接受。[8]

中国人讲的民主，即社会主义民主是一种协商性民主。也就是说，政府在决策过程中要充分听取群众意见，反映老百姓的利益诉求。在这方面，我们还需要进一步加强，要更多地考虑基层群众的利益和想法。

另外，中国共产党领导的多党合作和政治协商制度也是中国式民主的一大创新。西方舆论总喜欢炒作中国的一党制，殊不知还有许多民主党派积极为中国政府的公共政策提建议。中国共产党领导的多党合作和政治协商制度是中国共产党与其他民主党派、无党派人士的伟大政治创造，是从中国社会的土壤中生长出来的。

◻ 发展新动能

在推翻清朝后,政治协商制度在中华民国政府就一直被实践,国民党执政时期也曾搞过政治协商,但其他民主党派实际上并没有参政议政的权力。新中国成立后,中国共产党领导的多党合作和政治协商制度让民主党派真正参与国家政治生活和政府决策。中国共产党领导的多党合作和政治协商制度能够真实、广泛、持久代表和实现最广大人民的根本利益,以及全国各族各界的根本利益,还能够有效避免旧式政党制度代表少数人、少数利益集团的弊端。它的创新之处在于能够把各个政党和无党派人士紧密团结起来,为共同目标奋斗,既可以避免一党执政缺乏监督的弊端,也可以避免多党轮流执政、恶性竞争的弊端。政治协商制度的制度化、程序化、规范化可以集中各种意见和建议,推动理性决策,避免因党派利益、阶级利益、区域和集团利益导致的社会撕裂,避免决策陷入僵局。这一制度既符合当代中国社会的实际情况,又符合中华民族一贯倡导的天下为公、兼容并蓄、求同存异等优秀传统文化,是对人类政治文明的重大贡献。

同时,中国有较为系统的官员培养和选拔体系。按照现行的干部选拔制度,中国的国家领导人都是在基层岗位上历练过的,积累了大量的公共管理经验,同时,这些领导人还要在党校系统学习过政治、经济、管理理论。他们既有理论基础,又有实践经验。这与西方国家的官僚制度完全不同。就拿美国这两届政府来举例,他们一个是新科参议员,一个是从未涉足政治的房地产大亨,都没有充足的社会治理经验。

此外,中国人认为,改革是一个过程,政治体制需要不断调整以适应新的形势，只有与时俱进才能不落后。历届中国领导人都强调中国要学习其他国家成功经验。在中国的制度建设过程中，我们借鉴了许多西方发达国家的社会管理经验。若西方国家陶醉于其民主制度的优越性，不与时俱进，政治制度就可能成为社会进步的阻碍，或是利益集团阻碍改革的借口。

广泛征求民意是社会主义民主的重要环节。但是如果只重视听取民意，却无法形成统一的决策，就可能陷入议而不决、效率低下的困境。因此，民主集中制就体现了它的优越性。乔布斯有一句名言：消费者不知道他们要什么，其潜台词就是，消费者的需求需要由企业家们去引导。这句话在政治领域也是适用的，民众有时候并不清楚他们希望社会朝哪个方向发展，需要有领导人指明方向，引领社会朝着正确的方向发展。所以，民主集中制非常重要。

最后，在政治制度建设方面，中国有两个成语非常适用。首先，我们不能妄自菲薄。中国有着悠久的历史文化和丰富的传统政治经验，英国经济学家安格斯·麦迪森曾写过一本书叫《中国经济的长期表现》，用大量数据证明，在1 000多年的文明发展史上，中国大部分时间都是一个社会安定、人均收入在全世界名列前茅的国家，中国的经济总量在某些时期占世界经济总量的比例超过1/3。经济发展需要社会制度的支撑，这绝不是用封建专制就可以概括得了的。因此，中国要实现复兴，就必须认真总结历史经验。这些历史经验曾给世界带来了巨大变化，在未来也势必会继续产生巨大影响。

◻ 发展新动能

其次，我们不能妄自尊大。1949年以后，中国在很短的时间里，从一个一穷二白的国家变成了一个现代化的工业大国。按照联合国分类标准，中国是全球工业体系最完善的经济体之一。并且，中国的经济总量还在不断增长，正在向世界第一的方向迈进。尽管中国取得了这么大的进步，但在发展的道路上，需要解决的问题仍然很多，比如环境污染，医疗和教育资源分配不均，地区发展存在差距，官员监督机制不完善，贪污腐败仍时有发生。所以，我们仍然需要虚心学习和吸取其他国家的经验与教训，不断改革制度中阻碍经济发展和社会进步的因素，如此才能让人民更加幸福，让社会更加和谐。

从意识形态挂帅到职业文官回归

从中华人民共和国成立到改革开放，中国曾尝试过许多治理模式，包括学习苏联模式。在积累了诸多经验后，中国已经从那种意识形态挂帅，干什么事情都要看是不是符合"马克思主义、社会主义原则"的教条主义模式，转向经过改良的传统治理模式。

改革开放后，中国的治理模式开始强调职业文官的作用，非常重视对政府公务员的执政能力的培养。"先天下之忧而忧，后天下之乐而乐"的传统儒家精神又被提了出来，要求公务员既要讲效率又要讲道德。中国公务员的晋升取决于他们的政绩，对官员政绩的评估原来更偏重于GDP增长率，现在又加上了社会发展标准（如减贫）和环境保护标准等。这营造了各级政府、各部门官员之间良性竞争的氛围。中国的公共治理靠的就是这批职业文官。

事实上，以科举考试为基础的职业文官制度一直是古代中国公共治理制度的基础，这种制度也曾给过欧洲人启迪。

从古希腊时代起，西方人一直在寻找治国良方。柏拉图认为让哲学王统治社会是最好的办法。但古希腊人一直没有实践这种方法。意大利传教士利玛窦在16世纪末来到中国，观察了明朝后期的政治制度。他认为，中国与欧洲的一大差别是，中国是由文人（利玛窦认为这些文人相当于柏拉图所说的哲学家）治理的。在利玛窦笔下，明朝时期的中国被管理得井然有序，国家管理完全是通过职业文官实现的。

后来，欧洲国家在发展过程中也先后改革了它们的官僚制度，构建了系统的官僚体系，有了专业的国家管理人员和实现现代化的机制。相比之下，古代中国的文官选拔制度和现代中国的干部选拔制度虽然不完全靠自由选举，但其机制都更贴近柏拉图的主张，也就是从职业的公共治理人才中去选拔官员。现代中国领导人的产生依靠的是一套选贤任能的制度，选拔标准不仅包括管理能力，还需要有顾全大局的胸怀。所谓"不谋万世者，不足谋一时；不谋全局者，不足谋一域"，这就是中国选拔官员的最高境界。

原联邦德国总理施密特曾经多次访问中国，拜访过包括毛泽东在内的许多中国领导人。他不认同中国的一党制是专制的说法。他认为，共产党的一党制在中国历史上有一个榜样，那就是科举制。通过科举选拔的官员与共产党官员有某

□ 发展新动能

种共同点，他们都不是从贵族阶级或其他封闭性的统治阶级中选举产生的，而是必须通过考核，通过政绩证明自己的能力，并慢慢向上晋升。无论什么出身的人都有可能通过这套体系成为国家的领导人。当施密特谈起中国领导人的能力时，他钦佩地说："他们中的一些人对经济政策掌握的程度让我佩服。在这方面，世界上的政府领导人当中，几乎没有人能与他们并驾齐驱。"

环视全球，职业文官制度无疑是中国对人类社会的公共治理所做的最大贡献。但是，文官势力太强也会出问题。因此，吏治一直是中国传统政治体制中的重要问题。

利玛窦曾记录过明朝政府定期清理官员的做法。在他的记录中，明朝政府每3年会对所有地方的高级官员进行一次严格审查。在1607年的审查后，朝廷审判了4 000多名官员。其中有贪污受贿的，有玩忽职守的，有对犯人量刑过重的，有执政过于草率、考虑不周的，等等。对这些官员的惩罚措施各有不同，有永不续公职的，有削职为民的，有降职的，还有被放到外地任闲差的。明朝中央的官员也要每5年审查一次，程序同样严格，惩处同样认真。

中华人民共和国成立以来，每隔几年也会有一次对公职人员的审查和清理活动，以保持公务员队伍的纯洁。通过定期的整顿和清理，把不称职和有不轨行为的官员淘汰出局，这是具有中国特色的官员管理制度。它既能培养官员成为中国公共治理的中坚力量，又能防止部分官员势力过于强大，难以约束。

实事求是与中国人的政治文化传统

中国共产党的成功经验

执政后的中国共产党也犯过错误，但共产党人总能认真总结经验，改正错误。中国共产党党内从不缺秉公直言之人，这也是中国儒家士大夫阶层对自身的普遍要求。孟子曾提出："民为贵，社稷次之，君为轻。"这强调了中国社会的主次关系，古代中国的统治者都要学习孟子的这句名言。

中国共产党以马克思主义为指导思想，但在具体实践过程中，绝非只奉马克思主义为唯一原则。陈云同志曾提出："不唯上，不唯书，只唯实。"也就是说，马克思主义并不是一成不变的教条。

马克思、恩格斯只经历过第一次工业革命，他们设想了未来社会的发展阶段，但并未说明未来社会的具体运行方式。列宁推行过"新经济政策"等发展模式，但后来苏联的发展模式显然有许多问题。中国在建国初期模仿过苏联模式，有成功也有失败，但最终还是放弃了苏联模式。中国共产党的老一辈领导人也没有实践过社会主义发展模式，他们曾做过一些尝试，有一些经验，但没有形成系统的理论和发展模式。

中国还处于社会主义初级阶段，有必要突破一些思想上的桎梏。在1992年的南方谈话中，邓小平提出了"计划经济不等于社会主义，资本主义也有计划；市场经济不等于资本主义，社会主义也有市场"的论断，突破了社会主义国家不

◇ 发展新动能

能发展市场经济的认知误区,社会主义市场经济体制是中国迅速发展的基础。

市场机制有利于竞争,大大促进了中国的经济发展,但是市场不会自动校正经济中的供给失衡,这可能会导致经济危机。因此,中国并没有把市场决定资源分配的理论当作教条,当中国的发展遇到外部冲击时,政府每次都果断出手干预经济,有效减小了国际经济危机对中国经济发展的影响。中国政府在支持产业发展方面也起着不可或缺的作用,中国目前在量子通信、无线互联网、高铁、基础设施建设等方面都处于世界领先地位。

可以说中国用几十年的时间便走完了西方国家 200 多年的发展道路。但我们的制度还不完善,还需要不断调整。对中国的发展来说,制度性障碍还不少。比如,官员中还存在腐败现象,这些问题都需要通过改革解决,以完善监察制度,预防腐败。

中国将坚持改革开放,不断改革和完善社会主义制度。改革开放的初衷就是要突破制度的桎梏,实现发展。改革的目的就是要扫除那些不适应时代变化的旧制度,代之以新制度。

在改革过程中,我们要警惕诱惑,防止误入歧途。我们必须保持谦虚谨慎,坚持实事求是的精神,防止冒进,搞"跨越性"的改革。

习近平在接受俄罗斯电视台专访时曾谈道:"在中国这样一个拥有 13 亿多人口的国家深化改革,绝非易事。中国改革经过 30 多年,已进入深水区,可以说,容易的、皆大欢喜的改革已经完成了，好吃的肉都吃掉了，剩下的都是难啃的硬骨头。这就要求我们胆子要大、步子要稳。胆子要大，就是改革再难也要向前推进，敢于担当，敢于啃硬骨头，敢于涉险滩。步子要稳，就是方向一定要准，行驶一定要稳，尤其是不能犯颠覆性错误。"[9]

中国的改革一定要照顾到中国的传统，考虑到中国的现实，循序渐进。当抓到一个具体问题的改革时，要做到一鼓作气、一气呵成，不留任何尾巴。

中国人的政治文化信仰

从苏东剧变开始，苏东集团的共产主义信仰似乎垮台了。苏东集团坚定信仰的通过社会主义道路实现共产主义的理想遇到了巨大的挑战，国际共产主义运动遭遇重大挫折，因此在改革开放后，中国政府更强调社会主义初级阶段的发展理念。在这一背景下，国际社会的意识形态斗争形势也渐趋缓和。

那时，基督教、佛教、伊斯兰教等宗教势力开始在中国社会迅速传播，对基层社会造成了很大影响。在中国的市场开放以后，社会上出现了不少违背道德规则的行为，有些人便推而广之，全面否定中国人的信仰，把一切不守规矩、唯利是图的行为都归结为"中国人没有信仰"。

其实，"中国人没有信仰"的说法，很大程度上是某些宗教势力为了在中国扩张而制造的舆论攻势。从实际情况来看，这种说法是站不住脚的。

◯ 发展新动能

　　中国是四大文明古国之一,也是其中唯一文明发展没有间断的国家,中国独特的象形文字使我们仍能与两三千年前的思想家对话,读懂他们的哲学思想,从他们那里汲取丰富的思想资源。除了一脉相承的文字与文化体系,中华文明的另一个特点就是中国人深入骨髓的国家情怀。从某种程度上讲,这种家国情怀就是中国人的信仰。

　　当我们讲起信仰,总有一些人认为只有信奉基督教、伊斯兰教等一神教才算有信仰。事实上,几乎所有一神论都是由犹太教发展来的。如果细读《圣经·旧约》的故事你就会发现,那是一部犹太人的受难史。古犹太王国处于中东地区的十字路口,不论哪个民族从那里过,几乎都会侵掠犹太人,把他们当奴隶,卖到其他国家去干苦力。摩西带领犹太人走出埃及的故事,讲的就是他如何把一群被卖到埃及的犹太人带回了巴勒斯坦。《圣经·旧约》认为犹太人之所以受苦是因为信仰不坚定,犹太人之所以被其他民族踩躏,是因为他们内部出现了分裂,有些人受外来宗教的诱惑,不再信仰犹太人的上帝。只要犹太人内部出现分裂,其他民族就会利用这种分裂来骚扰犹太人,占领巴勒斯坦,把犹太人变成奴隶。但只要犹太人团结一致,上帝就会祝福犹太人,还会出现像大卫王那样的英明领袖,使国家繁荣昌盛。

　　中国人没有《圣经》,也没有一部经典集中记述中国人遭受过的苦难,中国人也没有把历史上的不幸都简单归咎于某种外来宗教。但是,中华民族在历史上遭受的苦难与不幸强化了中国人的爱国情怀。每当中华民族遭遇外族入侵时,总会有英雄人物站出来抵抗顽敌，拯救人民。这些英雄就是中国人心目中的圣人和榜样。这与犹太人的经历有很多相近之处，即一旦民族分裂，外族就会入侵，中华民族就会遭受荼毒。因此，忠于祖国、保卫国家，为国家的统一做贡献，这就是中华民族的信仰，只有国家不分裂，中华民族才能不受外族的欺辱。国家统一、民族团结是社会及个人兴旺繁荣的前提。因此，在近代中国遭受西方列强的侵略后，中国出现了许多仁人志士，众多科学家、企业家为中国的崛起而奋斗。

中国人有着人定胜天的精神。中国人崇拜祖先，但不太相信鬼神，从女娲补天到大禹治水，再到愚公移山，中国的传说故事无一不体现着中国人与自然斗争的精神。要改变自然环境，人与人之间的团结互助是必不可少的。中国人推崇集体的力量，中华文明就是建立在这种团结与和谐的基础之上的，这就是中国人的家国情怀。

中国人认为家和国是统一的，家和天下是统一的。所以中国文人士大夫历来就有修身、齐家、治国、平天下的抱负。

中国人推崇的经典是具有家国情怀的经典，是岳飞的精忠报国，是文天祥的"人生自古谁无死，留取丹心照汗青"。正是因为这种家国情怀，中国人对国家非常忠实，其中非常有名的例子就是清末林则徐虎门销烟的故事。林则徐当众销毁了237万多斤鸦片，沉重打击了英国人在中国的掠夺行为。虎门销烟成了英国对中国发动侵略战争的借口，清朝战败后，林则徐遭投降派诬陷，被道光皇帝革职，发配新疆。即使如此，他还写下了"苟利国家生死以，岂因福祸避趋之"的诗句。

◻ 发展新动能

在中国人的家国情怀中，家与国是一体的。若没有这种家国情怀，在新中国建国初期，怎会有如钱学森、郭永怀、邓稼先等一批在国外已经功成名就的科学家回来建设祖国呢？他们都为中国的"两弹一星"做出了巨大贡献。中国"天眼之父"南仁东，回国时一年的工资仅相当于他在国外一天的工资。但即使如此，他仍义不容辞地回到祖国，千辛万苦地寻找安装射电天文望远镜的地点，最终实现了自己的愿望，让中国成为拥有全球最大射电天文望远镜的国家。

习近平在第一届全国文明家庭表彰大会上强调："家庭是社会的细胞，家庭和睦则社会安定，家庭幸福则社会祥和，家庭文明则社会文明。我们要认识到，千家万户都好，国家才能好，民族才能好。"[10]这正是对中国文化中家国情怀的现代版解释。

冷战之后，俄罗斯经济凋敝，人民生活水平一落千丈；南斯拉夫解体后，各民族矛盾激化，战乱不断；"阿拉伯之春"似燎原烈火，摧毁了利比亚和叙利亚，造成了巨大的难民潮。这一切让中国人想起了中国近代史上的百年屈辱。"覆巢之下，安有完卵？"这些国际事件让中国人更加坚信，只有国家强盛，人民才能安居乐业。

马克思主义只有中国化才能成功

中国走的是有中国特色的社会主义道路，遵循的是马克思主义的基本原理。

在马克思主义传入中国后，有些人要求绝对执行马克思的思想，并自诩为真正的马克思主义者。但是，马克思所处的欧洲与中国的实际情况千差万别，历史经验表明，照搬欧洲无产阶级城市起义式的革命在中国行不通，直到毛泽东提出"农村包围城市"的革命道路后，中国革命才走上了正轨。

毛泽东写的《矛盾论》与《实践论》是中国革命重要的理论基础，是马克思主义中国化的重要成果，是马克思主义与中国实践相结合的产物。只有沿着这条道路走下去，马克思主义才能真正成为指导中国实践的思想基础。

中国文化不是一种排他性的文化。从佛教到马克思主义，外国文化对中国产生了巨大影响，但它们最后都经历了中国化的过程。佛教从印度传入中国后，与中国文化相结合发展出了禅宗等宗派。禅宗后来又传到日本和朝鲜，影响了整个东亚地区的文化。伊斯兰教传入中国后，也经历过"以儒诠经"的过程，许多伊斯兰教的经典与教义在中国化后，才被中国的信徒接受。

我们近代也犯过错误，曾把中国的传统文化当作"封建糟粕"进行批判，但后来我们发现，如果丢弃传统文化，中国就会失去发展方向。中国没有了传统文化，就会像无源之水、无本之木，难以实现长久的发展。对传统文化我们必须抱着去粗取精、去伪存真的态度，将它发扬光大，并结合中国文化来阐释马克思主义，让中国人民更好地理解和接受马克思主义。用中国化的马克思主义引导中国人民，一定能实现中华文明的伟大复兴。

第二部分

全球化危机与中国的解决方案

第七章　全球化危机与新型全球化

在 2008 年全球金融危机爆发后,欧美国家的各种抗议活动此起彼伏。"占领华尔街"等社会运动开始将矛头转向以金融自由化为核心的全球化,认为这是造成金融危机的元凶。与此同时,一些批评中国的声音开始出现在西方舆论界,他们声称中国是全球化唯一的受益者,企图重新定义全球化,并针对中国采取措施。

如何看待由经济危机引发的西方制度危机,如何看待下一步经济全球化的发展,将深刻影响中国未来的发展战略,我们必须认真对待这些问题。

放松管制与经济全球化

追逐利润是资本的本性。如果各国不给资本设置障碍,实行完全自由的市场经济制度,使资本可以在全球自由流动,到处追逐利润,就会推动经济全球化的发展。然而,从历史经验来看,一个国家总是要给资本流动设置一定的障碍,这不是出于地缘政治方面的担心,就是出于对本国资本外流的担心。

二战后,美国实行了帮助西欧国家恢复经济的马歇尔计划，美国企业得以进入西欧市场。但在很长一段时间里，西欧各国政府都对资本流动实行管制，跨国企业的发展受到一定限制。20世纪70年代爆发的两场石油危机引发了西方经济"滞胀"，特点是经济增长停滞与通货膨胀这两个在凯恩斯经济学中几乎不可能同时出现的现象同时出现了。美国的通货膨胀率在1960年时为1.4%，1979年达到了13.3%，美国的失业率在1982年底达到了10.8%。经济滞胀使凯恩斯主义在西方世界失宠，而反对凯恩斯主义的几种理论成了欧美国家政府制定经济政策的理论基础，主要包括以奥地利经济学家哈耶克为代表的新自由主义，以美国芝加哥大学教授弗里德曼为代表的货币主义及以美国斯坦福大学教授拉弗为代表的供给学派。20世纪80年代初，里根当选美国总统，撒切尔夫人成为英国首相，这两个标志性事件宣告了新自由主义在西方世界成为主导，开启了经济全球化的进程。

从20世纪80年代开始的这场经济全球化经历了几个阶段，有几个明显的特点。

1. 欧美发达国家的政府开始放松管制，让市场调节经济发展。

解除金融管制是新自由主义运动的一个重要步骤。新自由主义希望民族国家服从经济主体——这是企业家对经济自由的要求，它们反对政府对市场的任何管制，主张公共服务私有化，减少公共支出和社会开支。市场的权利在经济效率的名义下被神圣化，信奉新自由主义的西方政府开始清除市场上的各种行政障碍或政治障碍，给追求个人利润最大化的资本家提供便利。追求个人利益最大化成了一种理性的行为模式。

新自由主义如日中天，西方各经济学派也呈现出一边倒的趋势。货币主义和供给学派统治了经济学界，它们将金融业地位的攀升及其高利润归结为4项政策的作用：（1）持续解除经济管制；（2）依赖于负债的兼并、收购及杠杆收购；（3）投机的经济效用；（4）衍生工具对市场的有益促进作用。[11] 华尔街开始录用大量数学、物理、化学专业的毕业生，用大量的数学模型来处理连金融专业人员都看不太懂的金融衍生品，美其名曰这些模型可以成为金融衍生品可靠的基本风险管理工具。

在这种背景下，美国及欧洲的股票市场被大量的并购、重组及杠杆收购活动影响，市场行情不断更新，吸引了越来越多的私人投资者加入。同时，政府也开始减少企业税赋，鼓励投资和金融创新。这场由政府发起的运动很快变成了由大型跨国企业推动的运动。

2. 在发达国家的影响下，发展中国家开始转变发展战略，也在某种程度上促进了经济全球化。

从20世纪50年代到70年代，西方的发展学说认为发展中国家要真正走上发展之路，必须打破发达国家在工业制成品方面的垄断，改变发展中国家一直为发达国家提供廉价原材料的经济模式。于是，"进口替代"成为大多数后发国家的发展战略。具体地说，即由政府扶植一些国有企业，生产急需的制成品，逐步摆脱对进口制成品的依赖。但在20世纪80年代后，随着欧美国家对凯恩斯主义的批判，"进口替代"战略不再受到鼓励。相反，西方国家开始不断批评发展中国家

◻ 发展新动能

的"进口替代"战略，认为这种战略需要政府用高关税扶植"幼稚产业"，还造成了"寻租"等腐败行为，浪费了公共财政支出，供养了一批效率不高的国有企业。与此同时，欧美国家还说服发展中国家采用引进外国企业，鼓励出口的增长模式。"亚洲四小龙"就是以出口带动增长，实现产业升级并提高经济竞争力的典型。

20世纪70年代末，中国实行改革开放，加入了国际劳动分工体系。中国参与国际市场推动了全球化的迅速发展。

3. 国际经济组织在全球推行自由化。

20世纪80年代末至90年代初，美国财政部、世界银行和国际货币基金组织的一批经济学家开始鼓吹在发展中国家，特别是在技术交流国家推行新自由主义政策，全面开放金融市场，全面推行私有化。这些措施后来被总结为"华盛顿共识"。金融自由化造成资本流动加快，亚洲及拉丁美洲的许多国家因为开放市场吸引了大量外来资本，但它们无法控制对资本的使用，外来资本制造出大量经济泡沫，随着泡沫的破裂，这些国家在20世纪90年代先后陷入了金融危机。为了给这些陷入危机的国家提供救援贷款，代表欧美国家利益的国际货币基金组织提出了许多条件，要求这些国家进一步开放市场，把一些国家资产私有化，卖给欧美企业。20世纪90年代初，苏联解体、东欧剧变，许多国家采取了"休克疗法"，将大批国有企业私有化，引进西方资本，这也加快了经济全球化的发展。

4. 欧美国家的宏观经济政策客观上推动了经济全球化。

20世纪80年代，美国为了抑制通货膨胀不断提高利率，银行业的收益明显提高，这吸引了大量外国资本流入美国，推动了美元升值。当时的美国总统里根非常乐见这种趋势，并在国情咨文中宣称美国将成为"全球资本投资的乐园"。但这一切都伴随着对制造业的严重打击，美国制造业日益凋敝。1985年，里根政府不得不与西欧国家及日本商量对策，最后在纽约的广场饭店达成了《广场协议》，而后美元贬值、日元升值。美元贬值，美国企业到其他地方投资就会占便宜，美国企业便把一部分生产环节转移到亚洲国家，企业外包（即把生产部分包给其他企业，自己只负责组装或销售）成为大趋势。

《广场协议》签署后，美元长期贬值推动了美国制造业的复苏，东亚其他国家与地区的通货因与美元挂钩也间接受益。日元升值造成了日本制造业的衰退，因此日本制造业转而生产高附加值产品并扩大海外投资，东南亚一些国家就吸收了日本企业的投资。亚洲经济增长速度加快。

向发展中国家转移低附加值的生产过程使西方企业利润大增，金融自由化也使企业在资本市场上筹资更加容易，降低了融资成本，企业扩张变得更快。在这一过程中，跨国公司成了最大的赢家。

美国经济的表面繁荣与美国政治的合法性危机

随着美国企业生产过程的转移，美国社会发生了很大变化，贫富差距扩大，而美国政府的政策更拉大了这种差距。

◠ 发展新动能

1. 美国劳工谈判的能力下降。

美国企业向发展中国家转移生产过程，使美国国内的劳资谈判向资方严重倾斜。当劳工提出提高工资的要求时，资方总是会以转移生产线相威胁。劳工失去了谈判的筹码，美国劳动力的平均工资多年未有增长。

事实上，按通货膨胀率计算，普通美国人的工资收入与20世纪70年代相比并没有提高，有些行业甚至还降低了。2000年12月，美国企业每小时的平均工资与1968年9月的水平相当，比1979年的最高点还要低5%。美国中产阶级家庭的收入在1989—1995年也有少许下降。1998年，美国中产阶级的收入水平只比1989年高4%，只比1979年高8%。20世纪90年代美国的财富分配状况更令人咂舌，1990—1992年，占总人口数量20%的上层阶级拥有的财富占比从59.6%上升到62.9%，而其余80%的人口拥有的财富所占的比例则相应下降。1993—1999年，美国的贫困率仅下降了3.3%。而在1960—1973年，美国贫困率下降了11.1%。1999年，美国的贫困率高于1979年。

2. 美国政府的政策扩大了社会贫富差距。

从里根政府开始，美国政府依据供给学派的观点，在政策上不断给富人减税。根据这种理论，减税后富人会更倾向于消费和投资，能够刺激生产、创造就业，最终政府也能因经济增长而获得更多税收。

然而，为了保持预算的平衡，从里根政府开始，美国不断削减社会福利项目的支出，以减少政府赤字。当社会出现抗议活动时，里根政府不惜动用军队来对付工人，以打击和瓦解工会。结果，随着制造业的萎缩，工会的势力不断被削弱，美国的贫富差距迅速扩大。

在投资制造业越来越难获利时，自20世纪80年代起，美国资本开始大规模转向服务业。服务业没有工会组织，更容易得到资本的青睐，因此非制造业部门开始迅速扩张。批发和零售业是20世纪90年代美国最有活力的部门。美国媒体对此的解释是，这个产业大量使用了电脑、互联网等新技术，提高了劳动生产率。但美国媒体很少提到，这两个行业的劳动力成本在很长时间内一直保持在极低的水平。1993年，一线生产工人和非管理工人的实际工资（不包括津贴）比1973年工人的实际工资（二战后最高水平）低17%。1993—1999年，美国的批发和零售业凭借投资的高增长达到了税率增长的顶峰，并相应提高了利润水平（批发业的利润率提高了50%，零售业的利润率则提高了33%）。[12]

3. 美国的货币政策导致金融泡沫不断腾起又破裂。

从发展中国家进口的产品价格低廉，压低了通货膨胀率。欧美国家的央行下调利率，进一步刺激金融市场的发展。金融市场的繁荣推动了消费增长，这种繁荣掩盖了债务的快速增长。

美国的税法规定，对资本收益的征税率要低于对股息红利的征税率，而且允许公司完全注销利息支付。美国企业充分利用了这种规定。1994—1998年，美国非金融公司回购股票的年价值翻了3倍；1997—2000年，美国非金融公司回购股票的年价值总额分别达2 202亿美元、2 995亿美元、2 613

◻ 发展新动能

亿美元和 2 464 亿美元。[13] 公司购买股票的做法符合公司高管的利益，因为随着股价的上涨，他们持有的企业优先股也跟着增值。技术公司里的一些高级雇员也很高兴，因为他们也分得了一些优先股。

由于美联储提供了宽松的信用供给环境，非金融公司的金融活动也开始增长。这些公司不仅回购自己的股票，还购买其他公司的股票，不断增值的股票增加了企业的账面资产，反过来又提升了企业的贷款能力。这样金融泡沫便拥有了自我膨胀的力量。

当金融泡沫腾起时，各种投资机构纷纷允诺更高的投资回报率，人们就容易忽视投资的风险。而且，投资机构弄出的投资组合又那么复杂，一般人根本看不懂。在这种"非理性的狂热"中，隐藏了各种金融欺诈。危机爆发后，美国揭露了各种金融欺诈案，包括赫赫有名的纳斯达克前总裁麦道夫的巨额诈骗案。

当股市面值不断上涨，美国政府从股市得到的税收也不断增长，1998 年，克林顿政府甚至实现了政府预算的盈余。但与此同时，私营经济部门赤字的增幅却更大了（这一数据可以说明家庭和公司使用贷款来支付消费的程度）。在 20 世纪 90 年代初，美国私营部门的收支盈余占 GDP 的 5% 左右，但到 2000 年，该部门的收支状况发生了逆转，其赤字占美国 GDP 的 6%，也就是说，10 年内，该部门的消费借贷上升了 11 个百分点。可以说，从那时起，美国经济增长对私人负债规模的依赖程度不断增加。[14]

第七章 全球化危机与新型全球化

在 2001 年互联网泡沫破裂后，美国经济一度陷入衰退。但在美联储主席格林斯潘数次猛降利率后，美国的房地产泡沫再度腾起。银行开始给那些没有购买能力的人提供贷款，让他们买房。这些保险系数不高的贷款被称为"次级贷款"，并因为风险高被银行打包成金融资产卖到市场上去。格林斯潘当时非常推崇"次级贷款"，称其为重要的金融创新。

法国经济学家皮凯蒂的研究证明，近三四十年来，美国的下层和中产阶级的购买力没有明显增长，家庭负债率大幅攀升，然而那些银行家和证券商还趁着金融管制自由化的东风不断向低收入家庭推销各种贷款。因为这些金融家总要想办法把那些极富裕阶层放在他们那儿的大笔储蓄找个地方放贷出去赢利。换句话说，美国的财富分配严重不均，富人们把大笔储蓄存进银行，而银行为了赢利，把这些储蓄以各种各样形式的贷款借贷给低收入人群。这就造成了畸形的贷款形式和畸形的金融体系。最终，因为低收入人群的收入增长太慢，他们无法按时还清债务，债务违约导致了整个金融体系的危机。[15]

进入 20 世纪 90 年代后半期后，从表面看，美国经济似乎很繁荣，但美国社会的严重分配不均给这种繁荣埋下了危机。在房地产泡沫破裂后，美国政府面临着政策失灵与政治合法性的双重危机。

1. **美国房地产泡沫的破裂是压垮骆驼的最后一根稻草。**

20 世纪 90 年代后期，美国的银行与金融机构把对盈利的预期都押宝在私人债务的不断增长上，用各种方法让个人借钱消费，再把个人债务打包，通过市场卖给其他机构。这种债务交易构成了 20 世纪 90 年代后期美国债务市场上的主要交易，并被戴上了"金融创新"的桂冠。

银行的创新就是扩大债务规模，债务的花样不断翻新，其规模相对于它们拥有的可支配现金来说不断扩大。控股公司的创新就是想出办法来增发更多的债券和优先股，用收回来的现金再去购买其他公司的股票。20 世纪 80 年代兴起的企业兼并潮更是典型的金融创新，当有些企业收益不好、股票卖不动时，金融公司就把它们包装成高风险、高回报的垃圾债券，放风说有些大公司要收购它们，投资者闻风而动，赌的就是这些企业未来会被人以更高的价格买走。

然而，2006—2007 年，当美联储提高利率以防止通货膨胀时，那些借了"次级贷款"购买房屋的人一下子落入了债务陷阱。在美联储提高基础利率后，这些贷款的利率迅速上升，许多收入不高的购房者当然就还不起贷款了。由于违约，银行收回了抵押品，房产在银行与客户之间换手导致了房地产泡沫的破灭，房产的价值随即大幅缩水。银行与其他信贷机构坏账迭出，公司股价大跌，流动性短缺，但在市场上再也借不到可以周转的资金了。于是，银行惜贷导致了全面的经济衰退。

2. 政府的债务危机引发了政治与经济危机。

金融机构的大量坏账需要政府出钱弥补。一方面，美国财政部拿出了几千亿美元救急；另一方面，美联储施行量化宽松政策，增发上万亿美元的新货币，把银行系统中的坏账置换到自己手中。这些措施拯救了美国的银行，却使政府债务不断增加。同时，这种做法也引起了美国社会的极大反弹。

20世纪90年代以来，美国家庭获得的80%的金融资产收益，以及几乎全部的"私人收支赤字"，都发生在最富有的阶层内部，而且主要是金融界内部。因此，在危机爆发后，美国舆论指责金融界的声音很大。然而，因为有政府的救济，金融界不但没什么损失，有些机构还乘机发了财。因此，美国政府的合法性就受到了质疑。2011年9月中旬，"占领华尔街"运动从纽约扩大到华盛顿，得到诸多美国城市响应，充分表现出美国民众对政府政策的不满。正是在这种背景下，美国共和党、民主党开始走向极端化，议会坚决反对政府提案。政府执行政策的效率下降，两党僵持不下，美国的经济危机因政治因素显得遥遥无期。

3. 美国经济复苏乏力，财政负担越来越重，债务便成了定时炸弹。

美国仍未走出衰退的阴影，失业率居高不下，投资率却没有增长。在这种背景下，美国政府的公共开支对维持经济增长起着不可或缺的作用，但根据两党达成的协议，政府却被迫大幅削减公共开支，因此在可预见的未来，美国经济不会快速恢复。哥伦比亚大学经济学教授、诺贝尔经济学奖得主斯蒂格利茨指出，现在讨论美国经济是否符合经济学定义上的衰退（即连续两个季度的负增长）已经没有意义，美国经济已经陷入了一种高失业、低增长困境，而由此造成的财政收入减少和债务增长将会成为常态。

4. 虽然削减政府开支也涉及减少军事开支，但削减得最

◻ 发展新动能

多的还是社会福利开支。

这满足了一些右翼共和党人的要求,却增加了社会的不公平。2011年奥巴马政府与国会达成的提高债务上限的谈判,是以降低未来穷人享受的社会福利水平,特别是缩减老年人的养老金及其他福利为前提的。在经济危机中,削减社会福利会加剧民众的不公感,引发社会动荡,在英国发生的事情很有可能在美国重演,这将可能导致经济损失、投资下降及经济衰退。

5. 统计证明,一个社会中最大的消费群体其实不是上层阶级,而是中产阶级。

美国的中产阶级在金融危机中已经遭受重大打击,如果未来他们的社会福利一再降低,中产阶级的消费能力会进一步下降。美国经济的动力主要来自消费,如果消费持续疲软,美国经济将很难找到新的增长点。由于经济增长缓慢,通货膨胀压力将逐渐加大,美国政府的财政收入还将持续下降,最终只有靠扩大债务来维持政府运行。但若继续增加债务,这种做法会遭到外国投资者的怀疑。

6. 美联储施行了三次量化宽松政策,但第二次和第三次的效果要明显弱于第一次。

而且,从美国投资的情况来看,大量增加流动性并未促使投资大增。这不由得使人想到经济学家凯恩斯当年提出的流动性陷阱假说。由于名义利率不可能为负,因此当利率已经降到最低时,其刺激经济的功能就没有了。由于流动性偏好,人们在经济衰退时仍然喜欢手握现金,不会马上投资,所以当经济陷入流动性陷阱时,货币政策是失效的。在经济全球化的背景下，对流动性陷阱应该有新的解释，那就是，当欧美发达国家的经济增长前景不好时，这些国家的中央银行释放出的大量流动性没有流向本国的投资市场，因为这些国家的企业并不看好本国市场。统计证明，流向发达国家的直接投资并没有随着货币政策的放松而增加，更多投资流向了新兴国家市场，加大了新兴国家市场的通货膨胀压力。

全球化的坎坷前景

西方舆论想把全球经济危机栽赃到中国头上

随着经济危机的演化，美国舆论开始指责中国，认为是以中国为中心的全球化造成了西方的制度性危机。比如，美国国会中国经济与安全审查委员会的首席经济学家托马斯·帕利撰文指出，以中国为中心的全球化对美国经济与地缘政治安全构成了全面挑战，使美国处于极度不利的国际地位。

帕利承认，全球化是美国及欧洲的发达国家发起的，并吸引了一些发展中国家参与。但是，他认为中国的参与使全球化偏离了西方国家设计的轨道。根据帕利的研究，2001—2007年，美国对华贸易逆差导致了大量劳动岗位的转移，美国失去了230万个就业机会。这一现象在美国50个州均有不同的表现，涉及各行各业，美国工人每年平均失去8 146美元收入。[16]

帕利认为，把中国卷入全球化加快了中国工业化的进程，加强了中国的军事、工业实力。然而，美国长期依赖从中国进

◯ 发展新动能

口的制成品，而且美国的工厂设备都不在运行状态。如果爆发大规模、长期的战争，美国的工业将无法应对这种局面。此外，帕利认为中国参与全球化获得了大量的贸易盈余，获得了大量的外汇储备，购买了许多美国国库券。2014年，中国拥有的美国国库券估计有1.27万亿美元，约占公众持有的国库券的11.8%，这构成了美国金融的软肋。当然，帕利也承认美国已经采取了预防措施，监督市场上抛售美国国库券的行为，必要时可以"冻结"中国的资产，像美国对付伊拉克、利比亚或伊朗一样。帕利还提醒美国当政者，中国掌握的美国政府资产越多，对美国政府决策的影响力就越大。他引用了1956年英法联手干预苏伊士运河的例子，时任美国总统艾森豪威尔就曾利用美国掌握的大量英国债券对英国政府施加压力，逼迫英国军队撤出了苏伊士运河，并把运河的经营权交还给埃及。

传统西方经济学家都是把全球化当作一种双赢游戏来分析的，认为全球化会使发达国家（投资方）和新兴国家（劳动力提供方）都获利。而帕利是把中国参与的全球化当作一种零和游戏来分析的，认为中国的崛起潜在地或实质性地损害了美国的地缘政治利益与经济利益。他认为，中国乘全球化之风迅速崛起，制造业实力大幅增长，财政能力迅速加强，这从三方面加强了中国的吸引力。

其一，中国的制造业实力加强，对其他国家的吸引力就会增加，中国的地缘经济力量便得到了强化。比如，中国从海外进口大量的能源与原材料，使一些原材料生产国对中国的依赖大增。反过来，这些国家又从中国进口大量的制成品，成为中国的出口市场。

其二，全球化使中国成为世界工厂，成为制成品的组装基地，也成为世界产业链上不可缺少的一环。这种格局导致的结果是，如果中国的利益受损，就会导致上游零部件供给国的利益受损，也会导致下游消费国的利益受损。

其三，随着中国加工能力的加强，中国的财政能力也在增加，这使中国在关键时刻可以援助一些国家，获得一些国家的支持，制造金融上的依赖关系。

相反，帕利认为，全球化从两个方面削弱了美国在全球，特别是在亚洲地缘政治格局中的地位。一方面，中国企业成为许多产品的唯一生产商，这减少了美国从其他地区进口产品的可能性，使美国更加依赖中国，若中国的供给出现中断，美国将不堪一击。另一方面，全球化使东亚地区形成了一个生产链——东南亚国家生产的零部件被运到中国组装，再运往欧美市场。这使东南亚国家在经济上更加依赖中国，增强了中国的地缘经济实力。由于东南亚特殊的地缘政治地位，这些经济活动肯定会削弱美国在东南亚的影响力。

帕利的分析虽然有许多漏洞，但欧美国家把全球化引起的危机归咎于中国是未来的一种趋势，这一判断可能会导致各种后果，对此我们现在就应开始警觉。

全球化发展的前途坎坷

经济全球化带来的是财富的重新分配，欧美发达国家的

△ 发展新动能

企业是全球化的最大受益者，因为它们获得的利润最大，大企业的高管们更是积累了许多财富。但是，在欧美企业向海外扩张的同时，欧美国家内部却出现了产业空洞化和非工业化等趋势，就业形势严峻。随着金融危机的深化，欧美国家政府调控主权债务的能力下降，未来欧美国家出现社会危机与政治危机的可能性将会增加。

1. 欧美跨国企业的利润和经营日益与本国经济脱钩。

欧美国家虽然陷入了债务危机，经济复苏前景暗淡，但欧美大型跨国企业的日子却不难过。事实上，自从2008年经济危机爆发以来，美国企业的利润增长得很快。2011年第一季度，美国企业总体年化净利润为1.45万亿美元，是历史上利润最高的一个季度。2010年，美国企业净利润已经从2008年的历史低点1.05万亿美元增加到1.41万亿美元，涨幅为34.29%。[17]

其实，美国企业的收益这么好，很大程度上要归功于美国企业在海外的投资，特别是在新兴市场的投资。以美国对华投资为例，2008年，美国企业对华投资的平均收益率为33%，远高于它们在其他市场的投资。欧洲一些企业的利润增长也来自新兴市场，尤其是中国市场。比如，奥迪公司的利润有1/3来自中国市场，奥迪公司在中国市场获得的利润比在德国市场获得的利润多50%。

随着全球化的发展，欧美企业在海外市场的盈利均超过了在其国内市场的盈利。以美国为例，2007年，美国企业在海外盈利8 840亿美元，在国内盈利7 140亿美元。2008年，美国企业在海外盈利9 563亿美元，在国内盈利5 320亿美元，海外盈利是国内盈利的 1.8 倍。1999—2008 年，美国企业海外盈利的年增长速度为 18%，2008 年美国企业在海外盈利 9 563 亿美元，相比 1999 年的 1 819 亿美元增长了 4 倍多。[18]

许多欧美大型跨国企业的投资与盈利都发生在海外市场，由于产地的原因，税收也向海外政府倾斜。这就造成了国家资本市场与国家经济的进一步脱钩。股市反映的是企业的经营业绩，业绩好的企业股票价格就上扬。如果上扬的企业股票占多数，市场环境就会造成股价整体上扬。但许多欧美大型企业的业绩主要来自海外市场，所以当欧美国家经济不景气时，企业的业绩并不会太受影响，因此欧美股市的表现要好于欧美整体经济的表现。

2. 欧美国家缺少国际合作的意愿，并且滥发钞票似乎成了主流趋势，通货膨胀及由此引起的政治与社会动荡会成为欧美国家下一阶段的主题。

2008 年金融危机爆发时，G20 成员曾协调政策，共同防止经济衰退。但面对未来的债务危机，G20 在协调各成员的宏观经济政策上可能会遇到越来越多的困难。

许多国家都意识到，因为美元在国际货币体系中的霸权地位，美国在应对危机的过程中可以把部分负担转嫁到其他债权国头上。这些国家希望美国能负起责任，执行更加负责的货币政策。但美国认为，危机的根本原因是全球经济失衡，为了恢复平衡，新兴经济体必须承担更大的责任，特别是贸易顺差大国中国，不仅应该让人民币加快升值，还应该扩大进口。事实上，从 2008 年金融危机爆发以来，中国已经扩大进口，这已成为许多国家经济回升的重要引擎。但中国不可能像美国希望的那样去处理人民币的汇率并迅速开放资本市场，中美在这些问题上不可能迅速达成一致。

欧洲大陆国家呼吁对跨境金融活动征税，这是美国经济学家托宾在很久以前提出的一种假设，他认为这可以遏制短期金融投机行为，但不会影响长期投资。但英美等国家并不会同意这一措施，因为跨境金融活动是它们经济的主要组成部分，也是它们利润与税收的主要来源。如果实行"托宾税"，吓跑了国际投资者，伦敦和纽约这两个国际金融中心将是最大的受害者。

如果未来世界主要经济体间无法达成国际合作，世界各大经济体很有可能各自为政。其实，历史上许多国家的政府都有借助通货膨胀解决主权债务问题的经历，特别是国际体系中的霸权货币拥有国，很容易借此来摆脱债务困境。两次世界大战中的英国如此，美国在20世纪70年代也是如此。当西欧国家抱怨美元贬值给它们带来的问题时，尼克松政府的财政部长康纳利是这样回答的："美元是我们的货币，是你们的问题。"因此，未来美国使美元贬值并借此来摆脱债务困境是必然的趋势。

一些欧盟成员国的债务受到金融投机的影响，违约的概率加大。于是市场上这些债券的收益率不断攀升，加大了这些经济体的筹资成本，经济衰退似乎已成定局。为了缓解压力，欧洲央行开始购买问题国家的债券。虽然市场在欧洲央行的干预下暂时维持了稳定，但这种行为与美联储的行为一样，实际上也是在"印钞票"。

日元的升值压力巨大，日本政府已经表示要采取一切手段来防止日元升值。仅通过日本财政部借债出售日元来压低日元汇率解决不了问题，最终日本也会采取让日本央行"印钞票"的方式来压低日元汇率。

发达国家如果都采取"印钞票"的方法来应对危机，全球经济重现 20 世纪 70 年代高通胀、低增长局势的可能性将大增。在这种背景下，未来世界的不确定性将大大增加：发达国家领导人的合法性受到质疑；意识形态缺失（民主加市场逻辑破产）；各国反对政府的力量大增，同时反对派分歧巨大，也无法形成引领未来世界发展的主流力量。低增长、高通胀、高失业率、低效的政治体制、躁动不安的社会群体，这都可能成为未来世界的发展趋势。

3. 中国等新兴经济体在经济全球化的过程中迅速发展，但也面临许多挑战。

中国要避免落入"中等收入"陷阱，必须在未来的发展中注意以下几个问题。

（1）继续保持经济的整体增长，减少对发达国家市场的依赖。欧美国家的债务情况短期内不会好转，发达国家注定要过一段"苦日子"，只有通过紧缩财政、增加储蓄、提高竞争力，才能最终走出危机。新兴国家这些年的快速发展与不断增加向发达国家的出口紧密相关。出口市场的萎缩势必会影响新兴国家未来的发展。因此，扩大内需与转变发展方式是保持经济持续发展的唯一道路。过去，有许多国家已经成为中等收入国家，但由于对外部市场的依赖太大，受到外部冲击时无法迅速调整经济结构，结果陷入危机而无法自救，最后失去了发展的机会。

中国正在迅速实现工业化，城市化速度也在加快。作为"世界工厂"，中国承受的输入型通货膨胀压力肯定要超过发达国家，因为发达国家的非工业化经济主要以服务业为主，原材料和能源价格的上涨对其造成的影响要小于以制造业为主的国家。美国及一些国际经济组织的经济学家公开主张美联储放宽通货膨胀目标，把年均核心通胀指数定在4%~6%之间，而不是现在的2%。中国等新兴经济体的通货膨胀目标也应该有相应的变化，政府应花更大力气去解决通货膨胀带来的社会后果，扶助弱势群体，补贴某些领域的供给等。

（2）中国应该继续推动贸易与投资自由化，构建国际话语权。我们应鼓励大型跨国企业把更多的研发项目也转移到中国，进一步扩大它们在中国市场的份额，这也将加强中国的经济实力。中国市场现在是许多大型跨国企业最大或增长最快的市场，随着中国经济的转型，中国市场对这些企业的吸引力将变得更大。我们应该把这些"利益攸关方"变成我们的"游说集团"，鼓励它们在国际舞台上传播中国的成功之道，阐述中国经济增长对世界经济增长的贡献。总之，这些企业在中国市场上赚了大钱，可以让它们为中国的软实力发展做出一点贡献。

（3）中国要稳步改革金融体系，逐步开放资本市场，绝不能让国际投机资本随意进出中国市场。人民币国际化要有步骤地进行，不能为了国际化而放弃屏蔽投机资本的防火墙。

给人民币升值施加压力似乎成了美国迫使中国开放资本账户的一张牌，而历史经验证明，过早地开放资本账户会导致资本的大进大出，破坏汇率稳定，影响实体经济的平稳发展。欧美发达国家目前都在维持宽松的货币政策，以解决因金融危机导致的债务问题，如果中国过早开放资本账户，大量的投机资本会乘虚而入，在中国制造巨大的资产泡沫，然后迅速撤出，将泡沫破裂带来的经济问题留给中国。

（4）要处理好扩大内需与保持中国经济竞争力之间的关系。扩大内需要重新调整劳动与资本分配的比例，要使分配适当向劳动者倾斜。不过把握好调整的程度也非常重要。中国已经进入中等收入国家行列，生产成本迅速提高，劳动力也不如以前那么充裕，沿海来料加工产业集中的省份已经出现了招工难的现象。欧洲国家在债务危机中痛定思痛，决定要"节衣缩食"，缩减社会福利开支和名义工资，以提高出口竞争力。过去，人们无法理解为什么有的国家工资成本比中国更低，却不能像中国一样吸引大量的外来直接投资。那是因为这些国家虽然工资成本低，但缺乏技术工人与工程师，基础设施建设也不完善。但是欧洲国家有技术工人与工程师，也有完善的基础设施，如果它们能提高工作效率、降低工资成本，对中国来说就会形成巨大的挑战。中国要保持竞争力和吸引力，必须提高各部门间的配合能力，持续提高劳动力的技能和效率。只有使中国的劳动生产率不断提高，才能保持中国在世界经济中的竞争力。

（5）中国企业在海外的投资迅速增长，在鼓励中国企业

◇发展新动能

"走出去"的过程中，也要注意防范投资国的政治风险和国际市场上的价格风险，要建立自己的销售网络，创造自己的品牌，扩大利润链条上的增值部分。中国企业在海外的直接投资以开发资源、能源，或是一些重要的原材料为主。这些投资既有政治风险，也有价格风险，但有些中国企业未能充分考虑这些风险。比如，一些中国企业在海外投资可能没有考虑到当地的法律规定，就以"投资换资源"的方式签署了一些合作项目。实际上，一些国家的宪法明确规定，资源是不可以作为抵押的。还有些"投资换资源"的合同期限有几十年，若政权更迭，这些合同可能就得不到承认。最近一些年来，国际市场上资源的价格居高不下，这些资源往往是以美元定价的，而美元汇率与资源价格间又有一种负相关关系。美元疲软，资源的价格便会很高，但如果未来美国改变货币政策，美元重新变得坚挺，国际市场上资源的价格就会大幅下滑。20世纪70年代发生石油危机时，大量发展中国家借贷美元开发石油，80年代美元汇率回升，石油价格暴跌，那些借贷美元开发石油的国家先后陷入了债务危机。我们应以史为鉴。

目前，全球化使发达国家陷入了两难选择：不支持全球化就无法受益于新兴经济体的快速发展，但进一步参与全球化会更难改变"穷政府+富企业"的格局。中国受益于全球化，但也要避免陷入新的陷阱，比如因过多投资发达国家的主权债务而被其拖累，既丢失了货币主权又损失了财富。只要中国坚持并完善自己的制度，不盲目追随，中国经济就能够在危机过去后获得更好的发展。

逆全球化的发展趋势

英国脱欧，特朗普当选美国总统，这些"黑天鹅事件"说明了什么？

在表面的"政治危机"下，隐藏的是一股发达国家"反全球化"的怨气。这些怨气开始传播到政治领域，还会迅速地传播至经济及贸易领域。经济全球化正面临着巨大的威胁。中国被认为是全球化的最大受益者，这些年中国经济的快速发展与全球化的发展息息相关。全球化逆转的可能性有多大？对中国会产生多大的影响？中国该如何引领新一轮全球化呢？

最近一些年来，无论从国际贸易的发展指数来看，还是从跨国投资的指数来看，全球化都在退步。1990—2007年，全球的货物贸易总额从3.45万亿美元增长到14.24万亿美元，全球GDP也从22.6万亿美元增长到57.97万亿美元。全球贸易增长速度是经济增长速度的两倍多。但自经济危机以来，全球贸易增长速度却长期落后于经济增长速度。同样，在经济危机爆发前，跨境私人投资增长很快，但最近一些年，跨境投资的速度一路下滑。

在这种情况下，全球化成了众矢之的。欧美各国的政治新秀都喜欢拿全球化说事，全球化成了经济衰退的替罪羊。2016年当选美国总统的特朗普，在竞选过程中不断把贸易自由化当作攻击的对象，声称美国经济停滞不前的根源就在于国际贸易自由化。

◯ 发展新动能

美国、日本和欧洲发达国家自经济危机以来，一直没有找到新的增长点。经济增长乏力，政府不断使用财政政策和货币政策刺激经济，但收效甚微，宏观经济政策效益递减明显。

美联储已经施行了几轮量化宽松政策，利率一直维持在零左右。欧洲中央银行及没有加入欧元区的欧洲国家，如英国、瑞士、丹麦等国的央行都在推行负利率。日本央行在施行多轮量化宽松政策后，也开始实行负利率。发达国家的债务在经济危机后迅速攀升，这些国家继续使用财政政策刺激经济的余地不大，货币政策成了唯一可以利用的工具。然而，从欧洲和日本的情况来看，使用负利率刺激经济回升的作用不大，货币政策已经黔驴技穷了。

在这种背景下，欧美各国政府越来越寄希望于贸易保护主义和重振制造业，希望抓住最后一根救命稻草。比如，奥巴马政府就曾想利用刺激经济计划重振制造业，改变美国制造业衰落的现状。美国加入了《跨太平洋伙伴关系协定》与《跨大西洋贸易与投资伙伴协定》，想重树美国在世界经济中的领导地位，而且想把新兴经济体排除在新的国际贸易体系之外。这种具有排他性的体系明显是逆全球化潮流的。

2017年，特朗普在就职总统后宣布退出《跨太平洋伙伴关系协定》，他在竞选中提出的退出北美自由贸易区和世界贸易组织的想法更加激进。退出《跨太平洋伙伴关系协定》是否意味着美国向贸易保守主义的回归，我们还不得而知。

发达国家厌恶全球化的原因

2016年，英国全民公投脱欧与特朗普当选美国总统这两个事件凸显了欧美社会极端主义情绪的上涨。这种极端主义情绪也被欧美主流媒体称为民粹主义的崛起，反映了欧美社会近年来的一些变化。

20世纪五六十年代，分别以美国和苏联为首的两个阵营间的斗争十分激烈，美国的蓝领工人在这一时期逐步加入中产阶级。劳工薪酬与社会福利是美苏两个阵营比拼制度优越性的重要领域，谁也不敢怠慢。但在20世纪70年代的两次石油危机后，西方国家的经济进入了长期的"滞胀"阶段，通货膨胀与经济增长停滞同时发生，熟悉西方宏观经济学的决策者手足无措。20世纪80年代，里根与撒切尔夫人发起了"新保守主义革命"，打垮了美国和英国的工会，推行金融自由化。从20世纪80年代开始，欧美企业开始大量在海外进行大规模投资，特别是在东亚国家，对外投资可以降低生产成本，提高竞争力。金融自由化与贸易自由化大大促进了这一过程，全球化一时蔚然成风。

全球化虽然让许多欧美企业赚得盆满钵满，但这些国家出现了去工业化趋势。伴随着去工业化，大型企业在工资谈判中占有更多优势，而劳工却失去了谈判的筹码。美国企业在去工业化的过程中走得最快最远，结果在经济危机后，美国蓝领工人的平均薪酬还不及20世纪70年代的水平。去工业化加剧了欧美国家贫富分配不均的情况，在金融集团工作的人只是一个小群体，却是全球化最大的受益者。中产阶级的消费是欧美国家经济发展的动力。但随着中产阶级规模的萎缩和消费能力的下降，欧美国家的经济增长失去了动力。随着生产过程的转移，欧美国家有大量民众的生活被不确定性包围，他们无法适应全球化带来的新变化，劳动技能老化，跟不上新的发展形势。在欧洲，这些失业人群成了社会的包袱，社会救助成为政府开支的重要部分，而债务负担又使这些国家的政府无法利用财政支出刺激经济增长。

同时，通信技术的发展使技术转移比过去容易得多，新兴国家掌握新技术的门槛降低，追赶发达国家的时间缩短。在经济危机后，新兴国家发展得很快，对世界经济增长的贡献一度超过了发达国家。有分析人士认为，发达国家受到人口老龄化等社会问题困扰，未来对世界经济的贡献会持续低于新兴国家。这些预言使发达国家感受到了威胁。

在发达国家，互联网、无线通信技术的发展使自媒体突破了传统媒体对公众舆论的控制。久而久之，发达国家的公共舆论开始指责全球化只对发达国家掌握资本的群体有利，对其他群体不利。"占领华尔街"等社会运动就代表了这部分声音，特朗普正是靠煽动这部分人的不满情绪当选美国总统的。

欧洲民众的不满情绪逐渐发酵，主要反映为极端政治思想的出现和持极端观念的政治人物的崛起。最近几年，随着难民危机的爆发，从世界各地流向欧洲的移民激发了欧洲人对民族主义和国家主权的热情。各种民意调查显示，支持欧洲一体化的群体在迅速萎缩，按照这种发展趋势，欧洲国家的极右翼政治家未来仍有可能靠选举上台。

逆全球化造成的影响

逆全球化对发达国家和发展中国家都造成了巨大影响。

在发达国家，政治生态的极端化使任何有效的调整经济结构的政策都无法施行。相反，越是鼓吹极端政策的政治家越能受到民众关注，但极端主义不但于事无补，而且会使政府官员受到巨大掣肘。在这种背景下，发达国家的经济增长停滞也就不奇怪了，许多著名的经济学家把近年来发达国家遭遇的经济增长停滞现象称为"大停滞"。

美国经济似乎逐渐走出了停滞，在西方世界一枝独秀。但美国经济的复苏主要依靠的是股票市场的回升，而股票市场的回升在某种程度上仍然是一种泡沫经济。从企业盈利情况来看，大部分美国企业的利润都没有增长。美国就业率的回升主要依靠的是零售业等服务业，而美国制造业的就业人数没有明显增加，这说明重振美国制造业的计划并不成功。美国股市行情之所以好转，很大程度上是因为长期的低利率和量化宽松政策刺激了人们的投资热情。前些年，美元汇率低迷，资源价格居高不下。许多美国企业都争相开发页岩气和页岩油。在量化宽松政策的刺激下，开发页岩气受到了市场的追捧，一时间，与页岩气有关的公司债券与股票大为泛滥。

然而，随着能源供给量的上涨，市场需求却因全球经济增长乏力显得不足，投资能源的生意很快就要走到尽头了。美联储实行超宽松的货币政策已经接近10年，无论如何也该进入一个加息周期了。如果再拖延下去，可能会导致无法控制的通货膨胀，许多靠"吃固定利息收益"的养老基金和其他社会福利基金就撑不下去了，因为它们投资的国债及其他稳定投资的年收益率只有1%左右，根本无法支付它们的开支。美联储加息，投资成本上升，资本就会离开资源市场，能源价格就会下滑，靠页岩气等垃圾债券腾起的股市泡沫就会破裂，美国可能会进入新一轮衰退。

发达国家发行的都是硬通货。自经济危机以来，发达国家的中央银行几乎都实行了量化宽松政策，后来又实行负利率。超级宽松的货币政策释放出大量流动性，由于新兴国家经济迅速增长，成了发达国家企业投资的目的地。新兴国家的企业也参与了借贷廉价外汇，返回本国投资套利的活动。大量热钱开始流向新兴国家市场，刺激了这些市场上资产泡沫的形成，营造了一种疯狂追涨资产投资的气氛。

然而，在2014年美联储退出量化宽松政策后，大量资本回流美国，追逐证券类资产，资源价格暴跌。新兴国家有很多是资源出口国，它们成了最大的牺牲品。巴西、南非、俄罗斯都经历了几乎可以被称为货币危机的汇率大贬值，造成通货膨胀高企，经济增长迅速放缓，巴西的经济困难甚至演化成了政治危机。

全球化的未来与中国的战略选择

全球化的逆转将持续一段时间，随着特朗普当选美国总统，欧洲国家极端政治人物上台执政的可能性也在上升。这些人物都反对贸易自由化，反对全球化。

经济全球化是由发达国家推动的，现在它们转而推动逆全球化，一定会影响未来世界经济的发展趋势。在这种背景下，为了维持中国经济的强劲发展，填补发达国家留下的真空，中国有必要成为引领新一轮全球化的主导力量。

为此，中国应该把握好以下几点发展趋势。

1. 吸引更多的技术人才到中国发展，让中国成为新技术开发的乐土，让中国市场成为新技术生长的肥沃土地。

其实，发达国家掌握工业制造核心技术的年代早已过去，逆全球化无助于它们重振制造业，也无法改善它们在全球经济中的处境。按照制造业的不同标准，联合国把工业制造分成了39个大类、191个中类和525个小类。按照联合国的标准，中国是全球第一个拥有完整工业体系的国家。这使得制造业企业在中国可以轻易完成各种配套工作，找到各种配套产品和零部件，节省大量的时间和精力。这种优势将使中国在未来的一段时间内吸引更多的创新型企业来投资。

特朗普政府鼓励传统产业的回归，为此他不惜冒天下之大不韪，让美国退出《巴黎协定》。这使美国新兴产业的许多企业家灰心丧气，他们对美国当前的形势很不满意，很想到境外寻找新的投资机会。这正是中国吸引新兴企业来中国投资的机会。在吸引外国技术人才和外国技术公司来华创业上，中国应该采取更加灵活的策略，鼓励外国人才来中国开发新产品，发展新业态，引领世界技术创新的新潮流。

2. 中国应把握住资本管制这道防火墙，逐步开放金融

市场。

未来一段时间，美国、日本和欧洲发达国家的货币政策的差异会更加明显，对国际金融市场的冲击不可小觑。具体来说，发达国家施行了近 10 年的极端宽松的货币政策，但目前它们的货币政策开始出现了分歧。美联储进入加息周期，而欧洲央行和日本央行还在执行负利率政策。货币政策的差异会引起资本市场的波动。

特朗普在竞选时曾允诺，当选后要加大政府开支，改善基础设施建设，同时还要减少中产阶级的赋税，以刺激他们消费。这些允诺加上美联储加息的预期，促使美元汇率上扬。但美国已有近 20 万亿美元的政府债务，美联储每提高 0.25 个百分点的利率，美国政府的债务利息支出就要多 500 亿美元。如此下去，强势的美元一定会导致美国经济恶化，导致美国国际收支失衡，如果美国政府再加大财政赤字，双重赤字很快就会引发新的债务危机。美联储之所以在加息上如此拖拉，正反映出了它的担心。在美元汇率市场上，美元长期汇率的变化不是升值而是贬值，这也反映出国际投资者的担心。

中国要做好准备，把握好金融开放的节奏，不能过快拆掉资本管制这道防火墙，我们要警惕新的债务危机对中国资本市场造成的冲击。

3. 理性对待发达国家的猜忌，减少对西方大企业向中国转移技术的期待。

随着中国实力的增长，发达国家对中国的猜忌迅速增加。美国议会对来自中国的投资加强了审查，美国人担心美国的新技术外流，他们认为技术外流将使西方与中国的实力对比更加失衡。欧盟也开始商讨对外国投资加强审查的事宜，矛头明显针对中国，欧盟也担心中国对欧洲的投资将导致欧洲技术外流。

过去，在全球化的过程中，中国主要是接受发达国家的技术转移。为此，我们曾对许多大型跨国公司实行优惠政策，希望它们能向中国转移一些技术。但未来，技术转移不会成为中国与发达国家合作的最主要形式，因为中国企业的技术能力正迅速崛起，未来中国将能够实现自给自足。

发达国家的贸易保守主义兴起，虽然它们仍是中国最大的出口市场，但这些传统市场的出口增长非常有限。中国未来的技术创新要更多地依靠中国企业，而不是与发达国家的科技合作。

4. 进一步推动中国与新兴国家的合作。

新兴国家在基础设施建设方面还有巨大的空间，在消费、服务方面也还有巨大的提升余地，这使新兴国家对与中国合作很感兴趣。新兴国家的人口结构更好，心态更开放，更愿意参与新的国际合作，建立更加合理的协调机制。总而言之，新兴国家是推进新型全球化的主力军。中国需要开发新的市场，构建国际话语权。2017年，金砖国家在厦门举行的峰会开创了互利合作的典范，这种"南南合作"的模式势必会激起更多新兴国家互利合作的兴趣。中国与这些发展中国家的合作一定会改变未来世界经济增长的模式，也会让世界经济结构出现变化。

◳ 发展新动能

美国的投资公司已经预测到这种发展趋势。高盛公司预测，到 2050 年，排名世界经济总量前 5 名的国家将是 4 个金砖国家（中国、印度、巴西、俄罗斯）和美国。高盛公司还预测，到 2050 年，"新钻 11 国"（墨西哥、韩国、印度尼西亚、土耳其、伊朗、埃及、尼日利亚、孟加拉国、巴基斯坦、菲律宾、越南）的 GDP 总量将超过美国，而且是欧盟 GDP 的两倍。

普华永道在《2050 年的世界》中也提出，按照购买力平价计算，2015 年，七大新兴经济体（巴西、中国、印度、印度尼西亚、墨西哥、俄罗斯、土耳其）的 GDP 总量已经与 G7（七国集团）相当，到 2040 年，七大新兴经济体的 GDP 总量将是 G7 的两倍。到 2050 年，欧盟 GDP 占全球 GDP 的比例将降到 10% 以下，而美国 GDP 的占比也将降至 12%。

中国要借助当前的历史机遇，进一步打开发展中国家的市场，利用这些国家工业化的机会和中产阶级规模扩大带来的市场机遇，推动中国向这些地区的投资及贸易的便利化。中国可以与广大发展中国家密切合作，改变全球合作框架，挽救全球多边自由贸易机制。

在控制好中国国内经济发展形势的基础上，中国可以利用发达国家逆全球化的浪潮，扩大中国的国际话语权，利用投资与贸易扩大自己在发展中国家中的影响力，重塑国际体系，使其有利于中国发展。

第八章　全球治理机制与新型全球化

2016年9月，G20峰会第一次在中国举行。自2008年国际金融危机爆发以来，全球经济持续低迷，G20虽然在协调宏观经济政策、共同应对危机及国际货币体系改革方面取得了一些进展，但国际舆论开始质疑G20的作用到底有多大，是否还能起到引领世界经济发展的作用。

G20成员遍布世界五大洲，总人口占全球人口的2/3，G20成员的经济总量占世界经济总量的85%，贸易额占全球贸易额的80%，G20成员若能协调一致，施行统一的经济政策，它对世界经济的影响是不言而喻的。

2016年，中国首次承办G20峰会，G20杭州峰会在全球治理与未来全球发展的问题上帮助中国建立了话语权。

近年来，中国发展得比其他G20成员都好，但中国在世界经济发展中的话语权不足，中国的发展模式受到部分国家的质疑。在国际贸易、跨境投资及公共治理方面，西方国家仍然掌握着话语权，但它们的发展观念并不一定正确。我们需要理清思路，指出西方话语中存在的问题。中国要发出自己的声音，掌握未来发展的话语权。

掌握发展的话语权不仅要在国际舞台上让其他国家听到中国的声音，也要让中国的民众知道中国政府对世界发展的

发展新动能

看法，让中国民众对中国的发展模式有信心。

G20

  G20是个什么样的机制？在全球经济中占有什么样的地位？

  G20成员的领导人每年都聚会，商谈全球经济大事。G20成员的财政部长、中央银行行长也经常聚会，商讨协调宏观经济政策的问题。可以说，在商谈与处理全球事务方面，G20已经成了一个备受国际舆论关注的论坛。

  然而，迄今为止，G20还不是一个正式的国际组织，它没有自己的常设机构，G20峰会由其成员国轮流主持，轮到哪个国家就由这个国家的政府来组织当年的会议。因此，G20实际上只是个俱乐部，它与联合国这种国际组织有实质性的区别。G20实行协调一致的原则，各成员国自愿执行它的决议，并没有什么强制力。

  从历史沿革来看，G20是从G7演变而来的。在20世纪70年代石油危机爆发后，西方发达国家陷入了经济滞胀。为了协调宏观经济政策，防止出现以邻为壑的行为，时任法国总统德斯坦提议，召开当时经济最发达的5个国家（美国、英国、法国、德国、日本）的领导人会议，共同商讨协调宏观经济政策的计划。1975年10月，筹备小组决定邀请意大利参加会议，同年11月，第一次6国首脑会议在巴黎郊区的朗布埃依城堡召开。1976年，在召开第二次首脑会议时，美国提出邀请加拿大总理参加会议。自第二次会议后，G7的框架就固定了下来。

G7首脑会议在应对石油危机、稳定发达国家经济增长等方面起到了一定作用。但20世纪80年代后，西方国家的领导人便对这一机制不太感兴趣了，因为西方大国的新领导人，如美国总统里根、法国总统密特朗、德国总理科尔、英国首相撒切尔夫人都不喜欢讨论宏观经济问题。于是，G7的决策权过渡到了各成员国的财政部长与中央银行行长会议上。1985年，在纽约的广场饭店，美国、日本、联邦德国、法国、英国达成了《广场协议》，5国决定共同干预市场，使美元贬值，使日元和马克升值。1986年，这5个国家又在法国召开会议，巩固了《广场协议》中的条款，达成了《卢浮宫协议》。这些重大的关于国际货币和金融的决策都是由这些国家的财政部长与中央银行行长会议决定的。

20世纪90年代初，苏联解体，世界格局发生了巨大变化。两极格局瓦解后，俄罗斯虽然被认为是失败者，但为了奖励俄罗斯的"和平过渡"，G7从1991年后邀请俄罗斯参加G7的部分峰会。1997年后，俄罗斯被"正式"接纳为成员国，每次都参加G8（八国集团）的首脑会议。但这只是西方国家的一个政治游戏，它们试图拉拢叶利钦，支持俄罗斯的"民主转型"。

G7成立的初衷是协调最发达的工业国家的宏观经济政策，每年G7首脑峰会讨论的都是重要的全球经济问题。但G8的首脑会议都只是象征性地对全球经济问题做些分析，声明一下 G8 的立场，并未做出实际的决策。这是因为参加 G8 峰会的领导人都对经济问题不甚了了，对经济政策的商议转移到了 G7 的财政部长和中央银行行长会议中。乌克兰危机爆发后，俄罗斯被其他几个国家晾在了一边，G8 重新变成了 G7。

自 20 世纪 90 年代后期起，新兴国家迅速崛起，G7 成员国在世界经济中所占的比重与它们的影响力都在不断下降。甚至西方国家的舆论也认为 G7 已经无法代表未来世界经济发展的方向，这一机制似乎可以寿终正寝了。在这一背景下，G7 于 1999 年 6 月在德国科隆召开财政部长和中央银行行长会议，加拿大财政部长保罗·马丁建议，成立一个涵盖 20 个经济体的论坛。同年 12 月，第一届 G20 财政部长与中央银行行长会议在德国柏林召开。2003 年，保罗·马丁当选加拿大总理，他建议美国总统小布什把 G20 财政部长与中央银行行长会议提升到首脑会议的高度，但小布什并未采纳这一建议。

2008 年，美国爆发金融危机，随后席卷整个西方世界，全球经济陷入衰退。这时，发达国家又想起了 G20 这一机制。2008 年，G20 首届首脑峰会在华盛顿召开。在 2009 年和 2010 年，G20 成员的领导人每年都召开两次会议，直到 2011 年世界经济形势趋于稳定后，G20 的首脑峰会才回归每年一次的频率。2016 年秋季在杭州召开的是第十一次 G20 首脑峰会。

G20 的作用

G20 在国际金融危机发生后起到了稳定世界经济的积极作

用。2008年金融危机爆发后，许多分析人士认为，这次的危机堪比20世纪30年代的大萧条。在大萧条时期，各国缺乏政策协调机制，都想把危机转移到其他国家，最终使经济危机一发不可收拾，愈演愈烈，世界经济进入了长时间的萧条期，直到第二次世界大战结束后，才彻底走出低谷。

在金融危机爆发后，G20成员的领导人认为各国都必须采取积极措施，推行一揽子刺激经济计划，防止全球经济进一步下滑。后来，各国领导人又多次表示，各国都要积极应对经济危机造成的后果，防止贸易保守主义回潮。应该说，没有G20成员的合作与努力，世界经济在金融危机爆发后无法很快就稳定住，也不会出现各国协调宏观经济政策以防止经济衰退的情况。

G20成员的领导人还就金融和经济改革计划达成协议，表示要一致努力提高金融市场透明度，完善问责制，加强对金融市场的监管，促进金融市场完整性，强化国际合作并改革国际金融机构。该计划为上述5个领域的改革分别设定了短期和中期目标。在提高金融市场透明度和完善问责制方面，G20的短期目标包括强化全球主要会计机构对有价证券的估价，增加监管机构和会计机构对复杂金融产品信息的披露，强化对国际会计机构的管理，确保会计机构信息披露的透明度，强化政府对监管机构的问责，等等；G20的中期目标包括加强全球主要会计机构的合作，建立高标准的全球会计行业准则，确保金融机构对金融风险的披露全面、准确、及时。

◯ 发展新动能

在 G20 峰会上，国际金融机构改革被搬上了日程，新兴经济体在国际金融机构（国际货币基金组织和世界银行）中占的比例和拥有的投票权都相应增加，将人民币纳入国际货币基金组织特别提款权货币篮子的议题也是首先在 G20 的框架内被提出的。

G7 成员国都是发达国家，它们协调经济政策比较容易，G20 成员既有发达国家也有发展得很快的发展中国家，它们的经济发展阶段不同，增长周期也不同，协调宏观经济政策更加困难。这些年来，发展中国家在 G20 峰会上不断提出一些典型问题，迫使发达国家思考发展中国家在世界经济发展中的需求和遇到的挑战。

然而，最近一些年来，发达国家在走出经济发展停滞的过程中，越来越依赖宽松的货币政策。因为它们增发的货币都是硬通货，是国际货币体系中的重要货币，因此发达国家的货币政策外溢效应是大量资本流向新兴经济体，促使这些国家产生了资产泡沫。

G20 内部也发生了分化。G20 成员的经济增长周期不一样，经济发展阶段不一样，在全球经济增长的过程中出现了利益分化，协调宏观经济政策越来越困难。发达国家遇到的困难是金融机构陷入危机，通货紧缩，价格指数低迷，所以它们倾向使用极宽松的货币政策。美联储施行了几轮量化宽松政策来释放流动性，欧洲央行和日本央行都使用了名义负利率逼迫金融机构把钱用出去。新兴经济体遇到的困难则完全不同。当金融危机使发达国家陷入经济衰退时，新兴经济体的增长仍很强劲。新兴经济体吸引了发达国家央行释放出来的大量流动性，加上国际市场上资源价格高企（许多新兴经济体是资源出口国），它们的经济增长速度很快，但通货膨胀压力也跟着上升。所以，从理论上讲，这些新兴经济体应该提高利率来遏制通货膨胀，但困难在于新兴经济体与发达国家的利率差越大，流向新兴经济体的资金就越多，新兴经济体面临的通货膨胀压力就会越大。

新兴经济体的领导人在G20峰会上几次表示，G20成员应该加强对货币政策的协调，发达国家的货币政策应该注意溢出效应。然而，发达国家对这些诉求实在是不太重视。比如，美联储是美元的发行机构，而美元又是国际货币体系中的主导货币。而美联储在制定货币政策时，从来都只考虑美国经济的情况。因为美元独特的霸主地位，美联储的政策产生了许多溢出效应。美元是石油的唯一定价货币，也是大部分大宗商品的定价货币。美元的走势与这些商品价格的走势呈负相关关系：美元升值，这些商品的价格则下跌；美元贬值，这些商品的价格就上涨。金融危机爆发后，美元贬值，石油等大宗商品的价格暴涨。在美联储决定结束量化宽松政策，进入加息周期后，美元升值，大宗商品的价格便一路下滑。巴西、俄罗斯这些新兴经济体都是资源出口大国，它们的经济增长周期受到美元汇率波动的直接影响。

由于利益的分化，宏观经济政策的需求差异加大，G20的作用与前景都受到质疑。在这一背景下，中国如何做才能重新激发G20的活力？这受到了国际舆论的广泛关注。

◯ 发展新动能

如何重振 G20 的磋商机制

G20 在防止经济危机扩散、贸易保守主义回潮和全球经济大幅衰退方面起到了积极作用，但 G20 也面临着新的挑战。

1. 发达国家的宏观经济政策出现分歧。

2008 年，国际金融危机爆发后，G20 成员共同努力，采取了宽松的货币政策和积极的财政政策刺激经济回升。当时，各国领导人都承诺不采取贸易保护主义，承诺在宏观经济政策上互相配合，这些国际合作避免了世界经济的大衰退。然而，经过 7 年的发展，G20 内部的发达国家的经济情况发生了变化，它们的宏观经济政策也开始出现分歧。这些宏观经济政策的差异可能会导致巨大的溢出效应，对世界经济产生重大影响。

比如，经过了几轮量化宽松政策和 7 年的超低利率后，美联储开始改变货币政策。2014 年 10 月，美联储结束量化宽松政策，2015 年 12 月，美联储首次提高利率。这意味着未来美国的货币政策将进入"紧缩银根"的时代，这将造成美元汇率反转。美元从 2014 年起不断升值，而世界市场上资源与能源的价格暴跌，对世界经济造成了巨大冲击。

欧洲中央银行实行了与美联储相反的政策。在金融危机爆发后，欧洲央行矜持了多年，2015 年终于决定实行量化宽松政策，实行名义负利率，以增发货币的形式来对冲欧元区遭遇的通货紧缩压力，以刺激投资与消费。

日本中央银行已经实行了一段时间的量化宽松政策，虽然缓解了日本的通货紧缩，但对刺激经济回升作用不大。因为日本面临着人口老龄化与劳动力供给不足的结构性问题，短时间内任何宏观经济政策都不可能产生很大作用。

发达国家的经济发展周期已经产生了很大差异，它们的货币政策也开始朝不同的方向发展。货币政策对汇率会产生直接影响，国际货币体系中几大硬通货的汇率不稳定，会对其他经济体产生强大的外部冲击。

2. 发达国家与新兴经济体的增长趋势反转。

自 2008 年以来，以金砖国家为代表的新兴经济体一直保持着旺盛的增长势头，成为推动世界经济增长的重要力量。2009—2013 年，金砖国家成为世界经济增长的主要动力。不过从 2014 年起，金砖国家的经济增长开始放缓。2015 年，巴西与俄罗斯已经陷入负增长，出现了滞胀的苗头；中国经济增长也开始放缓；印度的经济增长虽然不慢，但卢比大幅贬值，资本外逃严重。

这些趋势与新兴经济体的经济结构转型有关。国际金融危机爆发后，新兴经济体在用刺激经济计划维持经济增长后，都面临着去杠杆化，减少债务负担的难题。经济增长放缓在某种程度上是政府调控的结果。不过，巴西与俄罗斯的经济衰退主要还是国际大宗商品期货市场上资源与能源的价格暴跌造成的。巴西与俄罗斯都是资源与能源的出口大国，对这些大宗商品价格特别敏感，政府预算与资源出口直接相关。俄罗斯可能还因为乌克兰危机受到了欧美国家的经济制裁。

根据巴西国家地理统计局（IBGE）的数据，2014 年巴西经济增长率为 0.1%，通货膨胀率却高达 6.41%。另外，巴西

◁ 发展新动能

还出现了财政和经常账户的双赤字现象。根据英国《经济学人》杂志智库（EIU）的数据，2014—2015 年巴西政府财政赤字占 GDP 比例维持在 6.3% 的高位；2014 年和 2015 年经常账户赤字占 GDP 比例分别为 3.9% 和 4.2%。双赤字动摇了投资者对巴西经济增长的信心，加快了巴西货币（雷亚尔）的贬值。2015 年，雷亚尔贬值超过 18%。货币贬值引发了资本外逃，给巴西的金融市场和实体经济造成巨大冲击。为遏制资本外流，巴西央行只好一再提高利率，期待以高利息吸引资本留在本国。2015 年 6 月 3 日，巴西央行再次宣布将基准利率上调 0.5 个百分点至 13.75%，这是巴西央行自 2014 年 11 月以来第 6 次加息。然而，高利率不利于投资，还增加了巴西企业的债务负担。由于经济下滑、通货膨胀率高企，巴西民众对政府的支持率不断下降。[19]

俄罗斯的经济状况在 2015 年也险情不断。由石油和天然气出口带来的收入占俄罗斯政府财政收入的一半，随着国际能源市场上油气价格的不断下跌，俄罗斯政府的预算赤字不断扩大，卢布不断贬值，资本外逃严重。

2015 年，俄罗斯 GDP 下滑 3.7%；2016 年，俄罗斯 GDP 下滑约 0.2%。

美元是国际市场上资源与能源的定价货币，因此资源与能源价格的暴跌主要与美元汇率有关，凯恩斯的"货币流通速度"理论可以解释这一切。但由于中国经济增长速度放缓，欧美舆论便把中国需求减少当成了世界经济衰退的替罪羊，在新兴经济体之间制造分裂。其实，中国的进口下降主要是价格因素造成的。比如，中国进口的石油实际上比原来多了许多，但因为油价下跌幅度很大，总价格反而比原来还低。

3. 如何推动世界经济发展，各方观点不一。

虽然 G20 成员都对全球经济增长乏力表示担心，但在如何促进增长及应该采取什么增长形式的问题上，各国的意见大相径庭。联合国出台了 2015 年后发展议程，为世界发展问题定下了各种具体指标，但就如何达成这些目标，各国政府莫衷一是。

促进世界经济增长是 G20 的目标，但 G20 缺乏跟踪、审查、监督执行的机制。在后危机时代，G20 协调各国政策、稳定世界经济增长的作用有所减弱。要想让 G20 继续发挥作用，必须找到经济发展的新内涵，制定衡量经济发展的新标准，不断推动 G20 成员寻找新的发展目标。

重建国际贸易的话语权

奥巴马政府曾试图通过《跨太平洋伙伴关系协定》与《跨大西洋贸易与投资伙伴关系协定》制定新的国际贸易规则。

美国为何要制定新的国际贸易规则？美国的许多战略专家都承认，这是因为美国想找回竞争优势，要在战略上与包括中国在内的新兴经济体竞争，减少金砖国家在国际经济舞台上的竞争优势。正因如此，金砖国家都未被邀请参加这两个新贸易协定的谈判。

△ 发展新动能

美国制定新国际贸易规则的目的是想利用贸易恢复经济实力，抢占国际贸易谈判中的制高点。比如，美国政府把重新谈判地区贸易安排的企图解释为要建立更高标准的自由贸易区，声称要把环境保护、知识产权保护、人权、金融开放程度等列入谈判内容，建立新的国际贸易标准。

根据国际贸易理论，国际贸易体系应该是自由开放的，门槛越低越好，可以让各国充分发挥比较优势。一个开放的国际贸易体系将使世界变得更加富有、效率更高。

因此，从传统国际贸易理论的角度来看，美国主张建立的高标准贸易区其实是提高门槛的做法，许多国家将被拒之门外。历史上，贸易保护有各种形式，如技术门槛、环保门槛等。现在美国政府提出的高标准贸易区是不是一种新型的贸易保护呢？国际贸易体系究竟应该是门槛越低（包容性大）越好还是门槛越高（排他性大）越好呢？

中国不需要在具体的贸易谈判细节上去与美国争高低，我们可以重新讨论国际贸易理论，让 G20 成为推动国际贸易自由开放的平台。其实，若回归到国际贸易理论的探讨，美国的做法未必能获得大多数国家的赞同。

另外，美国政府在贸易谈判中把贸易自由化与金融自由化挂钩，认为金融自由化也是衡量自由贸易区是否高级的标准。对这一说法，当年布雷顿森林会议上的主要谈判人都不会同意。当时，英国代表团团长凯恩斯与美国代表团团长怀特都认为，金融自由化会造成各国货币汇率和价格的不稳定，不利于国际贸易与跨境投资的发展。在他们的建议下，国际货币基金组织把管制资本流动的权力赋予了各成员国政府。我们要吸取历史的经验和教训,以防重蹈覆辙。

我们在讨论未来全球发展日程及全球治理目标的过程中,应强调地区贸易框架不能与世界贸易组织的多边贸易框架相冲突,不能架空世界贸易组织。中国给予已建交的最不发达国家 97% 税目产品零关税待遇,以履行我们帮助最不发达国家的义务,促进这些国家的经济发展。

最近一些年来,世界各国对包容性发展达成了共识,各国都认为发展必须惠及社会各阶层,全球发展必须惠及世界各国。从这一角度来说,国际贸易也应该具有包容性,排他性的贸易规则不符合包容性发展的共识。

金融体制改革促进实体经济发展

20 世纪 80 年代以来,金融自由化成为西方经济学的经典论调。西方国家的舆论鼓吹金融自由化可以使富国的资金流向穷国,为穷国带去发展的资本,同时,由于在穷国投资的收益往往高于富国,这些投资还可以为富国的养老基金提供更优厚的报酬。这就是所谓的"双赢游戏"。然而,20 世纪 80 年代拉丁美洲国家和东南亚国家资本账户的开放使得国际资本可以随意出入这些发展中国家,制造了巨大的不稳定,经济泡沫不断腾起和破裂,致使这些国家的发展不断被金融危机打断,还有些国家陷入了"中等收入陷阱"。而发达国家的金融机构却趁机不断洗劫这些发展中国家,大发横财。

发展新动能

英国经济学家凯恩斯曾一针见血地指出，唯有在金融市场上，投资与投机是分不清的。因此，政府必须对金融市场实行一定的管制。

有人认为，金融自由化是一种发展趋势，未来许多国家都会选择开放资本市场。的确，拉丁美洲、非洲和亚洲的许多发展中国家虽然经历了多次金融危机，但仍然选择了金融自由化，开放了资本账户。但是，如果我们研究一下这些国家的发展细节，就会对这些国家开放资本账户的原因有更深刻的理解。一般来说，发展中国家的特点之一是民众贫穷，没有储蓄习惯。一国经济如果没有国内储蓄作为基础，就会缺乏发展资本，同时，外汇储备短缺使它们也无法进口先进的机器设备。在这种情况下，它们就只好选择开放资本账户，用高于国际市场的利息吸引外国资本，以平衡国际收支。因此，虽然有些国家经常被国际资本洗劫，但它们仍不得不保持资本账户的开放，以吸引短期外来资本。

但这并不适用于中国，中国不是典型的发展中国家。中国的储蓄率很高，国内资本充裕，也不缺外汇储备，不全面开放资本账户并不会影响中国的经济发展。在未来的发展过程中，中国应该有选择性地开放资本账户，保持谨慎，选择性地开放那些对促进中国经济增长有好处的项目，防止短期外来资本的大进大出对中国的宏观经济造成负面影响。2015年，中国的资本市场经历了不小的波动，除了监管问题外，很大程度上与进出中国的热钱太多有关。根据国际清算银行的数据，2010年以来，流入中国的热钱超过1万亿美元，其中 70% 是一年以内的短期贷款。[20] 2015 年，中国的外汇储备减少了 5 000 多亿美元。除了中国对外直接投资随着"一带一路"倡议的落实而有所增长外，外汇减少主要是因为美联储加息，热钱流出中国。资本外流，股市价格失去了支撑，股价下跌在所难免。同理，资本外流在一定程度上增加了人民币贬值的压力。

未来，发达国家的货币政策分歧将更加明显，这会给国际资本的套利活动创造更多的机会。对新兴经济体来说，资本大出大进会造成宏观经济不稳定。对此，G20 峰会应该展开更多的讨论。

金砖国家新开发银行和亚洲基础设施投资银行为发展中国家的基础设施建立了一个融资平台。未来，这些银行要在多边投资中选择新的货币"名义锚"，比如使用国际货币基金组织的特别提款权，或用亚投行成员国的货币组成包括多种货币的一篮子货币。使用一篮子货币会更加公平，也可以避免受现行国际体系中因霸权货币汇率波动带来的干扰。通过加大基础设施投资来促进全球经济复苏，可以为将来的经济增长奠定更好的基础，这才是让世界经济摆脱长期停滞的根本办法。

如何改善全球公共管理

中国的对外投资增长迅速，中国持有的外国债券也不断增加。在这一背景下，其他国家的公共管理情况与中国的投

◻ 发展新动能

资安全和投资回报有直接关系。

如何才能提升国际公共管理水平，改善各国的公共管理质量呢？

自冷战结束以来，美国一直在国际上推进民主化，并制造舆论称只有实行民主政体，增加政治透明度，才能改善公共管理。但事实证明，美国式的民主未必就等于良好的公共管理。我们要建立起中国民众对中国发展模式的信心。

事实上，只强调民主，既不能解决发达国家内部的问题，也不能解决发展中国家的发展问题。比如，美国的民主制度没能遏制政治的极端化。美国两党政治的极端化使议会与政府严重对立。民主制度解决不了这种对民众不负责任的行为，美国民众已经在表示不满。反观发展中国家，民主化在许多地方非但没有改善公共管理，甚至还造成了混乱。在发展中国家，如果没有完善的官僚体系作为基础，民主化除了培养政治野心家外，未必有利于建构更有效的政府和更好的公共管理。西方国家资助发展中国家的非政府组织，美其名曰促进民主的发展，实际上却造成了这些发展中国家的社会分裂。

改善公共管理，首先要提高政府的管理水平，使政府有良好的财政管理能力（防止债务不断上涨，要有稳定的财政收入，不能无原则地减税），对本国的社会管理体系（医疗卫生和保健体系、教育体系、环境保护及监测体系等）负责。G20可以协商制定具体的标准，督促各国政府在这方面不断改善。发展中国家应建立起公民社会与政府之间互相帮助与监督的桥梁，而不是一味强调对立和斗争。中国也可以帮助其他发展中国家提高治理水平，如提供更多的奖学金和专业技术人员的培训机会。发达国家应协助发展中国家培养更多技术人才，当发展中国家有了更多的技术人才，如经理、医生、律师、工程师等，这些国家的公共管理能力就有可能上一个台阶，向这些国家的投资才会安全，回报也更有保障。

总之，重新梳理贸易、投资与公共管理这些重要的发展主题，对中国在国际舞台上建立话语权至关重要。这有利于提高中国的影响力，增加中国民众的自信心。

中国引领全球化的新起点

尽管经济全球化是个争议很大的问题，而且发达国家近些年"反全球化"势力异军突起，但我们仍然要一分为二地看待全球化，推动全球化向更平衡、更包容的方向发展，积极管控全球化带来的负面影响和风险。因此，G20仍是一个重要的全球治理机制，可以帮助我们管控风险，促进全球经济增长。

在G20杭州峰会上，中国国家主席习近平的讲话表明了中国在全球治理上的立场，我们可以从中了解中国政府对G20的态度。按照这一思路，未来全球治理的重点应该集中在以下三点：

首先，巩固G20作为全球治理平台的作用。解决世界经济乱象、防止危机重演的根本之道，在于巩固G20全球经济治理平台的作用，推动G20从危机应对型机制向长效治理型

◇ 发展新动能

机制转型。当前世界经济面临的最大问题是增长乏力。针对这一特定情况，G20杭州峰会制定的主题是"构建创新、活力、联动、包容的世界经济"，设定了"创新增长方式""更高效的全球经济金融治理""强劲的国际贸易和投资""包容和联动式发展"等重点议题，目的就是要回应各国的发展需求，既要实现短期稳定的增长，又要为长期增长奠定基础。在上述重点议题中，"创新增长方式"，重在推进改革创新，开发新机遇，提升世界经济的长期增长潜力；"更高效的全球经济金融治理"，重在增加新兴市场国家和发展中国家的代表性和发言权，提高世界经济抵抗风险的能力；"强劲的国际贸易和投资"，重在构建开放型经济，激发世界经济增长活力；"包容和联动式发展"，重在落实联合国《2030年可持续发展议程》，增强世界经济的发展动力。

其次，推进G20的治理模式向共享型、联动型方向发展。习近平在G20工商峰会开幕式上的主旨演讲系统阐述了以平等为基础、以开放为导向、以合作为动力、以共享为目标的全球经济治理观。G20应该旗帜鲜明地反对保护主义，不搞排他性安排，不搞一家独大，而应加强政策协调、交流互鉴，确保所有人利益共享，建设开放型、联动型世界经济。自国际金融危机以来，中国在基础设施方面的大量投资稳定了中国经济的增长，也为将来的增长奠定了更加坚实的基础。近些年来，中国在国际舞台上也积极推进基础设施的互联互通，通过"一带一路"倡议扩大与其他国家基础设施的连接。基础设施投资是推动经济复苏的重要引擎，有助于提高经济增长率，促进中长期的经济增长。在 G20 峰会上，各方重申将继续推进基础设施投资，鼓励多边开发银行制定支持高质量项目的量化目标，并共同采取行动，包括撬动私人部门资金、加强新老多边开发银行合作、推动多方合作联合融资等，并将启动全球基础设施互联互通联盟倡议，增强基础设施计划之间的合作与协调。

最后，全球治理应该使经济发展对更多人有利，经济增长应该有更大的包容性。让各国经济都发展起来，世界才能更美好。习近平在讲话中用"大家都好，世界才能更美好"这句话，通俗地表达了包容的意义。经济增长是为了大家都有更好的发展，从这个意义上来说，G20 不仅属于 20 个成员国，也属于全世界，G20 的发展要惠及所有国家和人民。正是从这个意义出发，G20 杭州峰会还邀请了 G20 成员之外的一些有代表性的发展中国家的领导人，包括埃及、塞内加尔、加纳、哈萨克斯坦和老挝等。

要推进包容性发展，就要倾听更多的发展中国家的声音，使各国人民都能公平地分享世界经济增长带来的利益，实现世界经济可持续发展。在 G20 杭州峰会上，各国领导人在发展问题上开创了三个"首次"：首次把发展问题置于全球宏观政策框架核心位置；首次就落实《2030 年可持续发展议程》制订行动计划；首次就支持非洲国家和最不发达国家工业化开展合作。

在杭州峰会之前，G20 峰会讨论的基本是其成员国之间的事。但杭州峰会把非洲国家及最不发达国家的发展议题也

△ 发展新动能

提了出来,真正体现出了全球经济治理的胸怀。尽管这些欠发达经济体在世界经济中所占的分量不多,但它们也是全球发展不可忽视的一部分。而且,解决这些欠发达经济体的发展问题,也许可以打开新的市场,为世界经济发展找到新的出路。

G20杭州峰会在5个方面取得了重要成果。

第一,为世界经济指明方向、规划路径。各国领导人达成一致意见,要进一步采取措施推进结构性改革,促进经济增长。第二,G20各成员领导人决心改变增长方式,为世界经济注入新的动力。事实证明,单靠财政政策和货币政策的老路走不通,中国的供给侧改革既是中国经济转型的重要策略,也给世界各国做了一个榜样。G20各成员领导人一致通过了G20创新增长蓝图。第三,G20各成员领导人决心完善全球经济与金融治理体系。具体来说,中国将建立国际税收政策研究中心,为全球治理做出更大贡献。G20各成员领导人允诺加强反腐败的国际合作,让腐败分子在G20成员内乃至更大范围内无处藏身。第四,G20各成员领导人决心重振国际贸易和国际投资这两大引擎。第五,G20各成员领导人决心推动包容式、联动式发展,加强全球的互联互通,让G20峰会成果惠及全球。

杭州峰会后,每届G20峰会都会审查上一次峰会制定的目标是否落实,是否需要修正,是否需要加入新的内容。如果说G20这个平台对促进包容性的发展很重要,那么可以毫不夸张地说,杭州峰会是一个新的里程碑。

第九章　中国和美国如何实现互利共赢

2017年11月初，美国总统特朗普对中国进行了国事访问。然而，特朗普回到美国后不久，美国白宫就发布了《美国国家安全战略报告》，其中多次谈到中国，并把中国与俄罗斯都当作美国的战略对手。

中美关系相当复杂，既存在冲突对抗的可能，同时又非常稳定。按照美国政治学家米尔斯海默《大国政治的悲剧》中的观点，中美关系一定会有冲突对抗，因为中国在成为世界第二大经济体后，对以美国为首的国际体系构成了威胁，美国必定会用各种办法遏制中国的发展，以防被超越。然而，即便如此，中美关系目前很稳定。可以肯定地说，中美密切的经贸联系是中美关系的压舱石，中美互为彼此最重要的市场和投资方。这是过去任何时代的国际关系里都没有过的状态，没有哪两个国家像今天的中国和美国这样依赖对方。

中美经济合作与美国的政策转向

美国总统特朗普在2018年3月签署了对中国出口产品发起"301条款"调查的命令。美国贸易法"301条款"是一个非常有名的法律条款，其他国家都没有与之相似的法律条款。美国不时会使用这个条款对其他国家的贸易进行调查，继而就会以不合理、不公平的贸易往来为由与其他国家进行谈判，谈判不成就进行报复。美国的主要贸易伙伴，如欧盟与日本都曾深受其苦。

美国政府发起对中国出口产品进行调查的理由有两条：一是指责中国强迫美国企业转让技术，将转让技术与开放市场联系起来；二是中国企业严重侵犯美国企业的知识产权，中国对美国出口的产品中有许多产品抄袭美国企业的专利。

这两项罪名都"老掉牙了"。"以市场换技术"在中国加入WTO之后并不存在，中国的做法是给予外企"国民待遇"，即外国来华投资企业与中国企业在各方面一律平等。

在经济发展初期，因缺乏技术优势，抄袭技术生产产品，再以出口换外汇的做法颇为普遍。日本曾被认为是抄袭美欧技术的"大家"；中国香港也曾是仿造西方名牌产品的"天堂"；韩国在1988年举办奥运会时，还被欧美国家批评是伪造西方名牌的国度。

近年来，中国越来越强调自主创新，中国企业在研发方面的投资骤增，核心技术层出不穷。2016年，中国的专利申请数超过美国。在这种背景下，中国必然会更注重保护知识产权，鼓励创新型产业的发展，不会庇护抄袭西方技术的产业。

美国对中国的巨大贸易逆差，部分是由国际贸易的计算方法造成的，而这种计算方法已经无法反映中美两国真实的贸易往来；此外，美国政府限制对华出口，导致美国企业无法发挥产业优势，增加对中国的出口，也部分导致了美国对中国的贸易逆差。

中美贸易是一种互补和互利共赢的关系。美国企业把部分生产环节转移到中国，可以降低成本、提高效率，提高美国企业在国际市场上的竞争力。比如，苹果公司在美国只有设计团队，整个工业生产过程基本都集中在中国，近年来虽然有部分生产环节转移到了其他国家，但主要生产环节仍在中国。

苹果公司的产品在中国制造完成后，被运到美国及其他国家。这类产品运到美国也会被算入中国的出口额，因此也为中国的贸易顺差做出了"贡献"。2009年，中国的出口额非常高，这类加工贸易产品出口占中国出口总量的比例约为60%。近年来，这一比例有所下降，约为38%。在经济全球化时代，很难说清一个产品的原产国在哪里，在中国组装的产品，有许多零部件来自其他国家，但按照现行的国际贸易计算方法，这些产品都要算入中国出口额。其实，中国企业在加工贸易中赚得的利润不高，大部分利润都流进了大型跨国公司的口袋。

网络有流言称因为美国与中国的贸易摩擦，中国会蒙受巨大损失，因为中国的许多产品用的都是美国技术，如个人电脑都用微软的软件。这种说法根本站不住脚。

美国政府负责商务的官员对中国的认识似乎还停留在20年前。如果他们不与时俱进、实事求是地认识中国以及中国在当今国际贸易体系中的位置，恐怕要犯大错误。

当美国在战略上对某个国家不信任，把它当作对手时，美国会习惯性地利用包括国际贸易在内的各种"武器"，来影响美国与这个国家的双边关系。譬如，特朗普上台后便要求中国做出努力，改变中美贸易的不平衡。特朗普还把中美贸易问题与其他国际问题挂钩，比如特朗普要求中国在朝核问题上"配合"美国。美国习惯用这种方式来"调节"双边关系，但实际上这种做法是美国对国际关系的一种偏见，这种偏见源于美国对自己经济地位的认识。

20世纪以来，美国一直是全世界最大的市场，在很长一段时间内，也是最大的技术来源地。禁止其他国家的产品进入美国市场，禁止美国的技术输出到其他国家，是美国保护自己领先地位的重要手段。应该承认，美国向中国开放了市场，并且曾是中国最大的出口市场。冷战时期，美国为了占据优势，放松了对中国的技术出口管制，这对中国的工业技术升级起了一定的促进作用。

然而，21世纪以来，美国还用以前的方式处理中美关系已经行不通了，原因有两点。第一，全球生产链已经形成，美国与中国都处在这一全球生产链上，美国的贸易武器收效甚微。中美之间的大量贸易商品是中间产品，而非最终产品，因此，美国用贸易制裁来对付中国，会落个"杀敌一千自损八百"的下场，美国并没有意识到后果的严重性。第二，中国市场的形成大大改变了美国在世界经济中的地位。实际上，中国已经超过美国，成为全球最大市场。无论是汽车还是奢侈品，无论是原材料还是工业制造品，中国市场的需求都已超过美国。因此，美国企业不会响应政府的号召。以波音公司为例，当特朗普政府想方设法让美国企业在海外的投资回归美国时，波音公司却决定要到中国建组装厂。欧洲的空中客车公司在中国有组装厂，不仅扩大了其在中国市场上的份额，还为空中客车公司在世界市场争取更大份额做出了重大贡献。因此，美国政府若用阻止他国企业进入美国市场的做法来调节中美关系，恐怕要付出巨大的经济代价。

美国习惯用管制技术产品出口的方式来遏制竞争对手的发展，美国也对中国实行了很长时间的技术出口管制。然而，麦肯锡公司的一份研究报告显示，以美国为首的西方国家对中国的技术禁运不仅无助于阻碍中国的技术进步，还反过来促进了中国的技术进步。比如，21世纪初，中国曾想从美国购入超级计算机，遭到美国拒绝。中国只好自己研发，并于2010年研制出"天河一号"超级计算机，这是当时全球最先进的超级计算机。3年后，中国又研制出"天河二号"超级计算机，并连续3年保持全球第一超级计算机的位置。美国发现，中国超级计算机中有些零件（比如芯片）是美国制造的，就加强了对中国出口芯片的管制，禁止英特尔公司向中国出售至强（XEON）芯片。2016年，中国研制出了"神威·太湖之光"超级计算机，不仅运算速度比"天河二号"超级计算机要快近两倍，而且包括芯片在内的所有元器件均是中国制造。

消息传出后，有美国网友评论："芯片禁售是个肮脏的把戏，美国没法在公平的环境里通过竞争取胜，就使出这些昏招。不幸的是，这严重损害了美国科技行业在国际市场上可靠伙伴的形象。"[21]

多年来，美国一直是全球最大的市场，因此美国用"301条款"威胁贸易伙伴很有杀伤力，所有国家都怕失去美国市场。但如今，中国变成了全球最大的市场，中国的需求决定了许多产品的价格。美国经济的恢复很大程度上依靠出口的增长，而对华出口又是增长最快的。如果美国丢掉这个增长最快、潜力最大的市场，最终谁会吃亏是很容易预见的。

2015年，美联储在金融危机爆发8年后，终于决定加息。美联储加息的速度很关键，因为美联储回收货币的速度将决定美国资本市场的走向。但是，美联储这回却出奇谨慎，加息的速度非常慢，2015年底加息一次，2016年底又加息一次，而且每次只加息0.25个百分点。2017年美联储加息3次。经过5轮加息，美联储的基准利率也只有1.25%~1.5%。市场虽然对美联储加息早有准备，但美元兑其他货币的汇率还是出现了上扬，受美元升值的影响，大宗商品期货的价格下跌。国际投资者担心美联储升息太快会戳破股市泡沫，大量资本离开股市，导致美元汇率下滑。

随着美元汇率上升，有舆论又开始吹捧美国经济，认为美国又要开始"剪羊毛"了。美联储加息的影响真有那么大吗？

距离2008年金融危机爆发已经10年多了，美联储的利率还维持在 1.25%~1.5%，无论从历史还是现实角度来看，这么低的利率都不正常。换句话说，美联储其实对美国经济复苏没有太大把握，才会在加息上如此谨慎。

2007年，在经济危机爆发前，美国联邦基金有效利率高于5%。2008年，雷曼兄弟公司破产时，联邦基金利率依然为2.64%。此后，美联储不断下调利率，直降至0%~0.25%，同时实行量化宽松政策。极宽松的货币政策拯救了美国的资本市场，某种程度上遏制了美国经济的衰退。然而，任何事情都有两面性。极宽松的货币政策也埋下了一些隐患。

中央银行长期维持零利率或负利率，会严重影响商业银行等金融机构的收益。央行利率与国债等固定收益的债券回报率息息相关，许多银行和社会福利基金（养老基金等）都靠投资这些债券来获益，再支付给基金的受益人。当央行利率为零时，国债等固定收益的债券的收益率也随之降得很低，10年期的美国国债收益率一度降到2%以下。许多社会福利基金的投资需要有5%~8%的收益率才能维持开支，这么低的收益率使它们无法再继续维持传统经营模式，只能说服监管机构让它们投资股市。但股市与期货市场风险很大，一旦亏损，就会造成社会福利体系的危机。因此，美国社会福利基金一直在游说美联储与欧洲央行等机构，希望它们能早日结束零利率政策。有一些商业银行也是国债等金融资产的交易商，超低的国债收益率使它们转而投资风险较大但收益更高的期货市场，有一些商业银行掉进了期货价格的陷阱，甚至面临倒闭的危机。

不过，央行提高利率也不是没有风险。前些年的零利率使许多金融机构和个人的杠杆率迅速恢复，它们的积极投资使美国股市出现了一派繁荣景象。如果央行提高利率，金融机构与个人都会抢先还贷款，或转而投资债券市场。那么，刚刚恢复元气的股市有可能再度动荡，因为极度宽松的政策促生的金融泡沫有可能再度被戳破。美国面临的另一个难题是，随着美联储加息，美元的汇率也在上升，而美国经济的好转与出口增长直接相关，美元升值会导致美国的出口竞争力下降，影响到美国下一阶段的经济恢复。特别是，美元越升值，外国投资者掌握的美元资产就越值钱，美国欠外国的债务的实际价值也跟着增长。美国能接受这种趋势吗？

20世纪80年代，美元升值与美国利率上涨同时发生，里根政府只好通过G7干预市场，把美元汇率压下来，使马克与日元的汇率升上去。也许，美国很快就要与中国商谈稳定美元与人民币汇率的办法了。否则，随着美元的升值，美国欠中国的债务会变得无法承受。

美国欠了中国许多债务，有美国国会议员认为美国政府无法继续再向中国借债了，因为美国政府每天要还中国的债务利息就高达1亿美元。中国的央行及金融机构持有的美国国债大概有1万多亿美元，不过目前美国国债仍是国际金融市场上流动性最强、最保险的债券。美联储的利率与美国国债的利息直接相关。前些年，美联储的货币政策极其宽松，美国国债的利息就很低，10年期国债的年息不到3%，但即便如此，1万多亿美元的国债也有300多亿美元的利息。未来，美联储提高利率，美国国债的利息就会水涨船高。美国政府要还给中国的利息就会更多。中国持有大量美国国债，等于捏着美国的短处，为此，曾任美国财政部长和哈佛大学校长的经济学家萨默斯曾评论说，中美之间有一种金融恐怖平衡，这比当年美国和苏联之间的核恐怖平衡更稳定。[22]

美国不希望中国抛售美国的国债，因为那会引起美元的危机，导致美国经济衰退；中国也不希望美元大幅贬值，这会给中国的外汇储备造成巨大损失。因此，中美在维持美国国债信誉及美元汇率上是存在共同利益的。

特朗普是否会兑现他在竞选中的承诺呢？如果他把承诺落实为经济政策，会对中国产生什么样的影响呢？美国是全球第一大经济体，它的政策将造成巨大的"溢出效应"。

特朗普在经济政策方面的承诺涉及三个方面，即国际贸易、税制改革和加强基础设施建设。

在国际贸易方面，特朗普当选后已经履行承诺，让美国退出了《跨太平洋伙伴关系协定》，不过在威胁退出北美自由贸易区和 WTO 上，目前还没有什么动作。另外，特朗普还威胁要对中国出口美国的商品增收 45% 的关税，把中国定义为汇率操纵国。特朗普当选总统之后，他周围的人认为贸易问题涉及许多技术细节，需要慎重考虑。可见，国际贸易其实是柄双刃剑，如果美国彻底回归孤立主义，不仅对美国的贸易伙伴会造成巨大冲击，美国经济也可能会陷入衰退。那时，特朗普在美国选民中的支持率必定大跌。当然，既然在竞选中做出了承诺，特朗普一定会落实某些措施，即使只是象征

◌ 发展新动能

性的。比如，特朗普政府完全有可能针对某个领域的中国出口产品加征"反倾销税"。当然，美国若执意搞孤立主义，就等于把制定未来国际贸易规则的主导权拱手送给了中国。中国可以利用这一机会，促进地区和多边国际贸易谈判。

在税制改革方面，特朗普的建议在国会被通过，2018年开始对居民和企业实行新的税制，减少部分赋税。21世纪以来，美国政府打着减税的旗号刺激经济增长，但这一政策除了拉大社会贫富差距外，刺激经济增长的效果并不明显。减税的直接后果就是政府财政收入下降。考虑到美国政府巨额的债务负担，以及美联储进入加息周期，特朗普政府减税的结果如何还不太清楚。特朗普要让美国再次伟大，因此还要增加军费预算，而加大对基础设施的投资，既可以刺激经济，也可以讨好选民。

加强基础设施建设，对美国这个世界第一大经济体来说的确非常必要。《纽约时报》专栏作家托马斯·弗里德曼在2008年中国举办奥运会前夕访问中国，回到美国后便写了一篇随笔，将美国的基础设施情况与中国做了一个对比，大大讽刺了一番美国的基础设施，并反问：到底谁生活在第三世界国家？不过美国政府需要考虑的是，美国建设基础设施的钱从哪里来？增加财政赤字是一个办法，但美国政府的财政赤字已经很大，再增加可能会引起资本市场的反弹，还可能会触发债务危机。这么说绝非杞人忧天，因为美联储一加息，美国国债的利息就会上涨，美国政府就需要更多钱来支付债务利息。

第九章　中国和美国如何实现互利共赢

特朗普政府与里根政府面临的形势很相似。里根上台后，推行"供给学派理论"和"紧缩银根"的货币政策。这套政策组合虽然把通货膨胀压了下来，经济开始稳定增长，但里根政府实施了"星球大战计划"，与苏联搞太空武器竞赛，美国政府财政开支骤增，赤字增加，公共债务迅速攀升。政府开支增加和资本需求增加使美元流回美国，美元大幅升值，最终使美国的国际贸易收支严重失衡。几年后，美国坚持不住了，便签署了《广场协议》，强行使美元贬值。

里根靠借债来刺激经济增长，他还可以吃一点老本，因为1981年里根上台时，美国政府的债务还不到1万亿美元，到1988年里根卸任时，美国政府的债务已经达到2.6万亿美元。后来，克林顿控制住了债务规模，但小布什与奥巴马都是"借债高手"，小布什打阿富汗战争和海湾战争要花钱，奥巴马救助金融危机中的美国金融机构也要花钱，于是美国国债迅速增加到20万亿美元。

因此，特朗普要模仿里根，大概有许多困难，而且政策效果也不会有里根时期那么明显。比如，里根上台时，美国政府债务占GDP的比例刚刚超过30%。老布什上任时，这一比例为57%，而现在约为106%，比里根执政时高了近一倍。里根执政时，最高边际所得税率为70%，且这一数字在他的任期内降至28%。如今，美国最高边际税率为39.6%，因此特朗普的减税空间要小得多。里根时期，美国的劳动力结构与现在也存在很大的不同，这主要反映在人口老龄化问题上。里根时期，美国劳动人口的增长速度远超今天，劳动参与率

◯ 发展新动能

也显著高于现在。

特朗普政府要加强美国的基础设施建设,中国可以帮忙,因为中国的装备制造企业在国际市场上非常有竞争力,可以给美国提供必要的支持。如果美国开放高铁等基础设施建设的市场,中国企业可以快速让美国人民享受到更优质的服务。考虑到特朗普在竞选中发表的有关人民币汇率的言论,我们还可与特朗普政府商谈如何共同稳定美元汇率,降低美元升值的速度和幅度。其实,人民币汇率走低并非是因为人民币单边贬值,因为与欧元、英镑及日元相比,人民币贬值的幅度较小。人民币汇率走低是因为美元大幅升值。如果未来美元继续升值,美国的国际贸易收支会再度恶化,甚至会影响到美国的经济增长。因此,美元大幅升值并不符合美国的利益,特朗普政府应该与中国合作,遏制美元大幅升值,共同维护美元与人民币汇率的稳定。

中美博弈是一种变和游戏

美国国家安全战略报告把中国当作美国的战略对手,这反映出美国理论界的一种担忧,即中美关系可能会掉入"修昔底德陷阱"。

然而,用"修昔底德陷阱"来阐释今天的中美关系,本身就是对历史的一种误读。

修昔底德是古希腊时期的历史学家,其著作《伯罗奔尼撒战争史》记录了公元前431—前404年希腊城邦之间的一场战争（交战双方是以雅典为首的提洛同盟和以斯巴达为首的伯罗奔尼撒同盟）。虽然修昔底德用了"恐惧"一词来形容伯罗奔尼撒同盟面对提洛同盟崛起时的心态，但战争真正的导火索还是利益，绝非仅仅是心理上的恐惧。公元前492—前449年，波斯帝国对希腊城邦发动了三次进攻，几次差点让雅典等城邦沦陷，但最终希腊城邦击退了波斯人，赢得了波希战争的胜利。在战争中，雅典是希腊诸城邦的盟主，所有城邦都要向希腊交税，但为了战争，其他城邦也没什么可说。战争结束后，雅典尝到了甜头，仍要继续向其他城邦征税，这就构成了一种帝国行为，引起了其他城邦的反抗。小城叙拉古拒绝向雅典交税，雅典就向其发起了进攻。斯巴达率领伯罗奔尼撒半岛的其他城邦与雅典打了一场大战，战争以雅典的失败告终。[23] 可见，在雅典与斯巴达之间存在一种零和博弈。雅典若继续向别的城邦征税，斯巴达就会蒙受损失。所以，斯巴达不惜与雅典决一死战。

国际关系学家曾引用这个故事阐释近代的德国与英国间的关系。他们认为，德意志帝国在1871年统一后迅速崛起，引起了英国的恐惧，于是英国处处给德国设置障碍，最终让德国忍无可忍，发动了第一次世界大战。理论家们认为这是近代版的"修昔底德陷阱"。其实，德意志帝国崛起时，已是欧洲帝国征服世界的后期，全球基本都已经被英国与法国瓜分，沦为殖民地或半殖民地。德国觉得发展空间不够，便要与英国和法国争夺"生存空间"。德国与英国、法国展开了一场零和博弈，德国只有去争夺那些已被英国和法国瓜分的殖

◯ 发展新动能

民地,才能获得新的发展空间,而英国和法国肯定不愿意失去既得利益,于是双方只能兵戎相见。

冷战时期,美国与苏联的关系也被冠以"修昔底德陷阱"的帽子。虽然冷战的序幕很早就拉开了,但美国联合其他西方国家大规模围堵苏联是在苏联发射第一颗人造卫星后。苏联的崛起引起了美国的恐惧,美国开始在各个领域遏制苏联。1962年,古巴导弹危机爆发,冷战差一点就演变成了核战争。美国和苏联也想重新划分势力范围,在一个两极世界中,美国和苏联之间的关系只能是零和博弈——美国只能到苏联的势力范围内去扩大影响,而苏联也只能到美国的势力范围内去寻找机会。

但大国崛起未必就会陷入"修昔底德陷阱",美国的崛起就是一个典型的例子。美国原是英国的殖民地,按照"修昔底德陷阱"的逻辑,美国的崛起会引起英国的恐惧,势必会引起英国和其他欧洲国家对美国的围堵,最终引发大战。但美国在崛起的过程中,除了与衰败的西班牙帝国打了一仗,抢占了一些领土外,并没有与英国、法国争殖民地。美国选择了另一种发展途径——用开放市场、自由贸易的办法争取与欧洲强国共谋发展。这就创造出一种变和博弈的逻辑,美国市场给欧洲强国提供了巨大的发展机遇,无论是投资还是贸易,英国和法国都能从美国那儿得到很多好处。美国还可以给英国和法国提供投资和产品。在变和博弈中,博弈各方的利益不是固定不变的,因而对抗和冲突就失去了基础,只有合作才能获得更大利益。

中国的崛起也是一种变和博弈的过程，因为中国不会与美国或其他发达国家争夺利益，也不会抢夺地盘，中国是在世界自由贸易的框架内快速发展起来的。20世纪60年代后，中国未与任何国家结盟，也不会让其他国家感到威胁。中国的迅速发展不仅给其他国家提供了出口市场和投资市场，而且中国对美国和欧洲的投资给它们带去了就业机会和发展动力。最近一些年来，美国那些知名的大企业在中国市场上赚的钱远超它们在美国市场的收益。这是典型的变和博弈。

美国无法遏制中国的发展

2018年以来，中美发生贸易摩擦，美国有部分政客十分偏激，希望采取各种手段遏制中国和俄罗斯的发展。美国舆论认为，美国赢得了对苏联的冷战，因此也可以遏制中国的发展，重树美国雄风。

以古鉴今，当我们了解冷战中苏联失败的原因，我们就会认识到今天的美国不可能遏制中国的发展。

冷战刚开始时，苏东集团的工业发展明显落后于西方集团。那时，苏东集团的国家一味批判市场经济，把市场经济等同于资本主义。对市场经济的批判导致了教条主义的计划经济，一切都要按计划办，所有的工业生产都只能有一个标准。在缺乏竞争的环境下，整个工业体系效率低下，生产出来的产品"傻大黑粗"，消费者不喜欢，但又没有替代品。

20世纪50年代后期，中国与苏联在发展道路上发生了分

◻ 发展新动能

歧，中国的领导人不认同苏联的发展模式。即使在计划经济时代，中国也没有像苏联一样，把工业生产都弄成一家独大。在中国，北京、上海、天津及另外几个大城市有产品类似的厂家，产品的质量与品牌存在一定程度的竞争。

改革开放以后，中国政府对市场经济与计划经济的认识不断深化，不断探索在市场经济模式下把控宏观经济的方法。一方面，中国利用市场机制促进个人积极性的发挥，促进资源的合理分配，保持市场的竞争性，提高效率。另一方面，中国采取了开放政策，引进先进的生产设备，劳动生产率不断提高。通过改革开放，中国产品进入了国际市场，中国获得了更多的资源与技术，同时也规范了国内经营者的行为，真正统一了国内市场，使这一超大市场的规模经济效益充分发挥出来。在某种程度上，正是中国的开放促成这一轮经济全球化，中国也因此成为"世界工厂"。

当然，中国并不满足于做"世界工厂"，因此鼓励技术创新成了新时代中国发展的特征。中国人没有单一的信仰，中国社会存在多种宗教文化。以某种宗教的名义迫害其他宗教信徒的行为在中国历史上并不多见。中国文化兼容并蓄，现在的社会主义市场经济也不是由市场决定一切。反观西方社会，自20世纪80年代起，新自由主义一家独大，"市场原教旨主义"成了对内对外的教条。

这种理论误导了一些发展中国家，使他们先后坠入债务陷阱。"市场原教旨主义"也对发达国家造成了负面影响。新自由主义的拥趸批判产业政策，批判国家干预，鼓吹市场万能，但许多发达国家先后遭遇了产业空心化、社会贫富差距拉大、中产阶级规模萎缩等问题，最终陷入了经济增长停滞与社会动荡加剧的恶性循环。直到2008年金融危机爆发，以美国为首的西方发达国家才再度使用国家干预的办法直接介入市场，通过国有化等措施稳定市场，施行刺激经济计划促进增长。在金融危机后，一些西方分析人士意识到了新自由主义存在的问题。

中国与美国之间的竞争应该是一种良性竞争，相互促进、取长补短，为人类发展做出更大的贡献。但有一部分美国政客把中国的崛起视为威胁，千方百计阻止中国发展。这些政客忽视了中美之间相互依赖的关系，阻碍中国的发展最终也将损害美国的利益。美国政客应该明白，没有应用于市场的技术是无法持续发展的，没有劳动力支持的科研是不可能长久的，没有盟友支持的联盟是无法维系的。如果美国坚持要站在中国的对立面，最终只会自我孤立，被全球化的浪潮甩开，最终陷入衰退。

美国把中国和俄罗斯都列为其竞争对手。不过，中国和俄罗斯的合作迅速发展，这与当年中苏合作的逻辑不同，中国并没有控制他国的意图，因此，随着中国的崛起，中俄关系会变得更加平衡。

中国的改革创新与美国的故步自封

自国际金融危机爆发以来，中国的发展引起了国际舆论

◇ 发展新动能

的广泛关注，相比之下，美国、日本和欧洲国家的发展却停滞不前。中国这些年的发展是改革创新的结果，而美国等西方国家的停滞则是故步自封的结果。

自改革开放以来，中国放弃了教条式的社会主义计划经济制度，引入了市场经济的竞争机制，激活了市场上各种形态的经济主体。国企、民企、外企、个体户，各种形态的经济体全面发展，既有竞争也有合作，使中国经济焕发出了无穷的活力。

2008年，国际金融危机爆发后，受到出口下降的影响，中国的经济增长率较前些年有些下降。但是横向比较，中国经济在国际金融危机中一枝独秀，而且中国经济发展的质量越来越好，对能源与原料的消耗在下降，环境污染的情况也得到改善。与2008年相比，2018年，中国的GDP增长了将近两倍，而西方媒体口中复苏最"强劲"的美国，10年来GDP只增长了约9%。

近年来，中国人均收入的增长速度超过了中国GDP的增长速度，随着社会保障体系不断完善，扶贫工作进展顺利，保障性住房的建设不断推进，人民的幸福指数不断攀升。养老和医疗保险制度的完善使中国人减少了后顾之忧，消费迅速增长。2017年前三季度，消费对中国经济增长的贡献高达64.5%，服务业占GDP的比重已经超过了第一产业和第二产业，成为支撑经济增长的坚强后盾。中国是全球最大的单一市场，随着中国经济结构的调整，外部冲击对中国经济造成的影响将越来越小。在全球经济萎靡不振的情况下，中国经济的韧性再次表现了出来。

反观西方国家，经济增长停滞，社会问题突出，种族冲突频发。在经济危机中，西方国家政府调动公共财政救助资本集团，却因为债务危机而不断减少社会福利开支。根据特朗普在国情咨文中的报告，美国有9 400万人没有工作，超过4 300万人处于贫困之中，靠政府发的食品券度日。美国的发展模式只让资本受益，最终导致生产不可持续，财富分配两极分化，只有1%的美国人受益于这种发展。许多欧洲国家因为债务危机，经济衰退更加明显，社会福利制度受到重大冲击。

近年来，美国经济发展的主要参考标准是股票市场行情，只要股市高涨，就万事大吉，股市被认为是经济情况的晴雨表。正是这种赌博式的行为损害了美国经济，因为股市只能反映出资本收益。为此，美国企业不得不把大量利润拿出来讨市场的喜欢。据美国《斯坦福商报》透露，标准普尔500指数记录的上市企业一般会用54%的利润来回购自己的股票，用37%的利润来发股票红利，这都是为了满足股市的要求。最终，企业只剩下9%的利润可以用来投资和奖励员工。在这种背景下，美国企业没有多少资金可用来鼓励员工创新，也没有多少资金可用于技术改造和更新。

相比之下，中国的企业有足够的时间、精力和资金用来投资新技术、新业态，鼓励员工创新。比如，华为根本不需要从资本市场上融资，每次扩充资本只需在内部筹资，员工便会踊跃认购，因为公司给职工的股份分红收益颇丰。因此，华为每年可以拿出15%的利润用于投资技术研发，不断开发新产品,成为全球最具创新能力的通信设备公司,引领新技术潮流。

苏东剧变后,西方舆论曾大肆吹捧"民主加市场"的发展模式,甚至有学者认为西方的民主制度是人类意识形态发展的终点,构成了"历史的终结"。但仅仅20多年后,西方的市场经济制度和民主制度都陷入了危机。近些年来,美国国会与政府争斗不断,有效的政策难以施行,美国舆论认为特朗普当选美国总统是民粹主义的胜利。欧洲国家也出现了类似的政治现象,民粹主义成了民主选举的大敌。

民粹主义在西方国家愈演愈烈,是因为民众不认同建制派政客执政。然而,民粹主义会让西方世界陷入更加严重的危机。二战前,德国纳粹党与意大利国家法西斯党就是在民粹主义的浪潮中当选并上台执政的。

反观中国,改革仍在进行,国企要改革,政府要改革,改革就是不断打破既有的利益集团,让社会更加公平,发展更加平衡。

美国正在失去国际舞台上的道德高地

虽然在2019年6月的日本大阪G20峰会上,特朗普与习近平进行会晤,双方表示愿意继续贸易谈判。但到8月,特朗普又发推特说,谈判不顺利,美国要从9月1日起对价值3 000亿美元的中国出口产品增收10%的关税。特朗普咄咄逼人,在不断损耗二战以来美国建立起来的政治信誉。在国际上，美国已尽失道德高地，甚至连美国智库的专家都称美国有可能成为"超级流氓大国"。

以 WTO 为代表的多边自由贸易体系是由美国参与制定的，也是冷战结束后维系世界安定与发展的重要机构。然而，在特朗普政府对美国的许多贸易伙伴发动单边贸易制裁后，WTO 的仲裁机制就成了摆设。美国还威胁要退出 WTO。美国不顾多边贸易的规则，动不动就对贸易伙伴实行制裁。美国对中国出口的产品增收关税，剥夺印度的发展中国家优惠关税待遇；同时，它还借非法移民问题向墨西哥施压，要对墨西哥的出口产品增收关税；美国还威胁要对欧洲和日本出口至美国的汽车增收关税。自二战结束以来，美国一直是自由贸易的拥趸，用开放的市场吸引西欧国家及日本等盟友与美国维持良好关系。现在，美国政府对贸易伙伴实行制裁，谁还敢信任它呢？

美国曾到处宣扬自由市场经济，给其他国出谋划策，帮助它们走上市场经济的道路。美国认为自己的发达与繁荣都是实行自由市场经济的成果，并开放自己的市场以吸引其他国家也发展市场经济。按"市场规则"办事，一时成为世界各国都要遵循的原则。然而，现在美国却带头破坏市场经济原则。特朗普政府以美国贸易赤字太大为由，公然违反市场经济规则，加强了政府对贸易的干预。此外，特朗普政府还对各国出口至美国的产品征收关税，丝毫不顾及其他国家的感受。美国政府还直接下令，禁止美国的半导体企业给华为和另外几家中国科技公司供货。美国企业是按照市场需求给

◯ 发展新动能

中国企业供货的，中国企业对半导体的需求占全球市场的70%。美国直接下令禁止企业按照市场需求行事，这完全与市场经济的宗旨背道而驰。

美国曾自诩是法治国家的代表。市场经济之所以需要法治，是因需要有法律法规维护市场秩序，投资者需要有可预见的发展和收益。特朗普政府强迫美国企业违约，破坏商业合同，这一切严重违反法治，是要付出沉痛代价的。美国企业违约，就要付违约金，这些大宗合同的违约金可能高达几十亿甚至上百亿美元。此外，美国企业不再给中国企业供货，中国企业只能想办法找其他的替代企业。美国企业一旦失去了中国这个大市场，就很难再找回来，这些美国企业未来的发展堪忧。

美国还自诩是民主国家的典范。但是，通过选举产生的领导人却不顾美国企业与消费者的利益，一意孤行地按个人喜好行事。美国彼得森国际经济研究所的研究表明，贸易摩擦已经让美国人平均每人多付出了650美元的开支。如果按特朗普的意思，再对中国出口的产品加征关税，每个美国人每年将多支出2 500美元以上。贸易摩擦已经让数百家美国农场破产，制造业的实际投资剧降，许多依赖中国进口产品的中小企业也纷纷破产倒闭。美国通过民主选举选出的领导人似乎把美国民众的利益当成了儿戏。

2019年，一位美联储的经济学家与来自哥伦比亚大学及普林斯顿大学的两位教授分析了特朗普政府发动贸易制裁对美国经济的损害。研究表明，美国经济对世界经济来说其实没那么重要,他们还分析了美国加征关税带来的影响,结论很清楚:要看加税是否有利于美国,就必须看美国加税是否可以影响世界市场价格,从而通过加税压低进口价格。通常大国可以通过这一方法获得好处。但结果显示,特朗普政府这次加税没有影响世界市场价格,也就是说美国经济对世界市场价格的影响并没有想象的大。因此,美国加税只提高了美国国内的价格,加税成本必须由美国消费者和企业承担,反而降低了美国的社会福利。[24]

如此看来,中国其实没有必要把全部精力都放在应对美国的贸易制裁上,中国应该在积极应对挑战的同时,多与其他的贸易伙伴发展合作,打造一个"后美国时代"的国际多边自由贸易体系。从这一角度看,更加积极地推动与欧盟的双边投资协定,与欧盟、日本及其他 G20 成员一起推动 WTO 的改革,维持 WTO 仲裁机制的权威,应该成为中国政府未来在国际贸易方面的主要方向。

中美的竞合关系与世界经济发展

如果说中美关系是一种变和博弈,那么这种关系也可以用"竞合"一词来概括,这个词来自合作竞争理论。

中国和美国在科技和经济发展上,都存在竞争,但这是一种和平的竞争。在诸多全球性和地区性的问题上,中美之间既有许多合作,也有许多共同利益,未来还会有更多的合作。

□ 发展新动能

其实，中国和美国在全球市场上的竞争未必不是好事。为什么中国与美国都推行市场经济？那是因为市场机制会带来竞争，竞争可以促进企业与国家提高效率，不断创新。中美之间有一定程度的竞争，会激发两国的积极性，推动科技进步，为人类的发展做出更大贡献。

中美两国在经济发展上存在竞争，都想发展得更快更好，以证明自己的发展模式更优越。虽然在这种竞争的背后存在某种程度的意识形态之争，但这只要能控制在一定的范围内，仍然是利大于弊的。可以让其他的国家看到，不同社会可以采用不同的社会管理制度，处于不同发展阶段的经济体，并不一定要采用相同的发展模式。人类社会应该有不同的发展模式可供选择。考虑到不同社会的历史背景、社会结构、发展阶段、文化特征、族群关系都各不相同，各国应该从不同的发展模式中总结经验，形成独特的、适合本国社会特征的发展模式。

美国自认为"赢得"了冷战，对自己的发展模式信心满满。宣称以"民主加市场"为代表的美国模式是人类社会的最优模式，还想组建一个"民主国家联盟"来取代联合国，以推行一种新的世界秩序。然而，在阿富汗战争与伊拉克战争后，美国并没能成功地让这些国家复制美国模式。随后，美国又与欧洲国家联手打了利比亚战争，推翻了卡扎菲政权，并乘着"阿拉伯之春"的浪潮，把战火烧到了叙利亚。与美国的期待相反，在一系列的战争推倒了这些国家的政权后，这些国家不仅未能践行美国模式，还打开了潘多拉的魔盒，恐怖主义势力越发壮大。美国及其盟国又不得不花重金去打击恐怖主义势力。

就在美国为应对恐怖主义而手忙脚乱时,美国的金融市场又出了乱子。房地产泡沫破裂,金融市场动荡,一批大型金融机构破产,美国及其盟国的金融体系岌岌可危。金融危机引发了经济危机与社会危机,进而导致政治上的极端主义与民粹主义崛起,美国民众开始怀疑自己的政治制度是否出了问题。

其实,在冷战结束后,美国政府若能少些傲气,多些思考,维持和加强联合国等多边合作机构的职能,今天的国际秩序可能会更稳定一些。

中国提出"一带一路"倡议,并提议构建"人类命运共同体",为世界经济增长注入了新的动力,为国际合作提供了另一种发展思路。如果美国能看到其中的机会,而不是一味挑衅,中国与美国一定能找到许多合作点,稳定现有的国际体系,使之变得更加公平和均衡。

当我们认清了中美关系这种变和博弈背后的逻辑时,我们就会知道如何控制这种竞合关系,使它成为一种促进发展的竞争机制,而不是对抗冲突的理由。

第十章　中国与欧盟在全球化过程中的建设性伙伴关系

欧盟与中国的外交关系，用中国的外交术语来说，是最高级别的外交关系，可以定义为全面战略伙伴关系。然而这种关系中仍存在一些不和谐音，比如欧盟至今还维持着一项对中国不太公平的规定，那就是禁止向中国出售与军事相关的产品。另外，欧盟至今仍未承认中国的市场经济地位，这是中国加入 WTO 时跟其他 WTO 成员签订的条约里一项有时限的条款。[①]

中国与欧盟的关系既然如此重要，为何在实践中屡屡出现障碍呢？为了回答这个问题，我们需要梳理一下中国与欧盟之间复杂的关系。

欧盟"解禁"失败的教训

自 1989 年欧洲共同体宣布对中国实行军售禁令后，一直没有解除这个禁令。尽管中国与欧盟的关系近年来有长足进

[①] 《中国加入世界贸易组织议定书》第 15 条规定，WTO 成员应在中国加入 WTO 之日 15 年后终止对华反倾销的"替代国"做法。——编者注

步,双方合作涉及的范围越来越广,共同利益越来越多,中国和欧盟都觉得这个禁令是双边关系中很棘手的一件事,欧盟也曾试图解除这一禁令,但这种努力最终失败。从这一失败中我们可以看到,今天欧盟在共同外交与防务政策方面仍然不那么"独立"。

欧盟还远不是世界政治格局中成熟的一极,欧盟实际上还没有找到制定共同外交政策的途径,各成员国保护自己外交主权的动力还很大。在可预见的将来,欧盟也未必能在外交政策上达成统一。因此,我们应该对欧盟的一体化发展有客观认识,更恰如其分地评价欧盟在处理国际问题中的作用,更好地理解欧盟在外交政策方面的决策机制,以免对未来产生误判。

我们应该从以下4个方面来总结欧盟解除对华军售禁令的失败。

首先,有欧洲研究者认为,欧盟没能顺利地解除对华军售禁令,中国与欧盟都有一定的责任。他们认为,中国在促进欧盟解禁上还不够老道,缺少在欧盟决策的关键时刻对其施加影响的能力。比如,在普罗迪担任欧洲委员会主席期间,中国做了许多工作,希望欧洲委员会在解禁问题上起更大的作用。但是,欧洲委员会与其成员国间的矛盾一直很深,普罗迪也许希望解除对华军售禁令,扩大欧洲委员会的职权,这一点与中国的利益吻合,却引起了一些欧洲委员会成员国的反对,这些国家未必是对中国有敌意,而是因为不愿意扩大欧洲委员会的外交权力。中国的外交官对这种内部矛盾不

第十章　中国与欧盟在全球化过程中的建设性伙伴关系

够理解，使中国的行动给欧洲委员会成员国留下了一种"干涉内政"的印象。实际上，这既不符合中国的外交原则，也并非中国的真实意图。

　　其次，欧盟关键成员国的政府结构给其外交决策增添了许多困难。欧洲国家不时会出现多个政党联合执政的局面，在这种时候，欧洲国家施行外交政策的效率往往要打很大折扣。法国就曾由总统希拉克（戴高乐派）与总理若斯潘（法国社会党领袖）联合执政，2002年，法国政府换届，希拉克仍然是总统，拉法兰出任总理，德维尔潘出任外交部长，他们都属于一个阵营，而且拉法兰与德维尔潘都对中国表示过友好。中国在这时才开始正式向法国提出建议，希望法国帮助推动解除欧盟对中国的军售禁令。德国总理施罗德也积极配合法国总统希拉克推动解禁，但当时的德国是联合政府，施罗德需要与外交部长菲舍尔（德国绿党党人）联手推动这一进程，但菲舍尔对解除军售禁令并不那么热心，屡屡提出要把这一问题与中国的人权状况挂钩。德国联合政府的结构使得这些努力最终"破产"。

　　再次，美国对欧盟很有影响力，可以对欧盟决策施加影响。在欧盟决定讨论是否解除对中国的军售禁令后，美国动用了各种力量游说欧盟的决策机构。美国总统、国务卿、副国务卿等政治人物访欧，不断向欧盟成员国的领导人施加压力，促使他们改变看法。美国国会也对欧洲议会施加压力，屡屡表示解除对中国的军售禁令会导致欧美之间出现间隙。美国的军工企业界也对欧盟成员国施加压力，"胡萝卜加

225

○ 发展新动能

大棒",软硬兼施。美国还利用自己与盟国的关系,怂恿日本的政治家出面说服欧洲各国领导人。从美国发动攻势逼迫欧盟放弃解禁这一事例来看,欧盟的外交政策有两大特点。一是欧盟的外交政策在国际舞台上仍有很大的影响力,具有某种象征意义。新西兰等同属西方阵营的国家早就取消了对中国的军售禁令,但根本没能引起美国的重视。而欧盟要取消对中国的军售禁令,美国就很重视,甚至不惜动用各种外交力量去促使欧盟放弃这一决策。二是欧盟的外交政策有一定稳定性,一旦它确定了某个方向的外交政策,就很难再改变。换句话说,促使欧盟积极地改变决策不容易,但促使欧盟维持原有决策比较容易。

最后,尽管欧盟在统一外交与安全政策上下了许多功夫,但迄今为止欧盟没有建立有效的共同外交和安全机制,更无从谈起欧洲的全球战略。因此,中国与欧盟的全面战略伙伴关系似乎只是一种期望,无法制定全球战略的欧盟不可能从更大的视野理解中欧关系,不可能以作为一个整体的欧盟的战略眼光去考虑中欧关系。欧盟只有几个大国有政治雄心,有外交战略上的筹谋,比如参加伊朗核谈判的英国、法国、德国,也只有这几个大国对包括朝鲜核问题在内的地区性安全问题表现出关心。但这几个大国并不能主宰欧盟的外交政策。2011年,英国、法国与美国在联合国安理会支持对利比亚设立"禁飞区",随后又以此为由对利比亚政府军队实施空中打击,帮助利比亚反对派推翻了卡扎菲政权。这一切都不是基于欧盟的共同外交政策做出的决议,而是直接通过联合国安理会实现的。这说明，欧盟大国根本没把欧盟的共同外交与安全政策放在眼里，而且它们知道该机制的决策过程太长、太复杂，在践行外交决策时，它们宁可使用传统的国际关系框架，比如联合国和北约等。

欧洲的一体化仍是个长期的过程，我们虽然要支持欧洲一体化的努力，但也不能把欧洲可能实现的未来当作当前的现实。

欧盟不承认中国的市场经济地位

中国加入 WTO 时，与欧盟及美国签署的协议中有一项特殊规定。这就是《中国加入世界贸易组织议定书》中的第 15 条，这一条款规定，在中国加入 WTO 之日起 15 年内，因为中国还不是完全的市场经济国家，所以当欧盟或美国认为中国企业对这些地区的出口涉嫌"倾销"时，它们可以以第三国的同类产品价格作为参照，判断中国企业是否"倾销"。2016 年底，15 年期限已到，但欧盟与美国仍拒绝承认中国的市场经济地位。欧盟是中国的全面战略伙伴，这种态度让中国民众觉得欧洲国家不够仗义。不仅如此，欧盟成员国还质疑中国增加在欧洲投资的动机。以上种种，是因为中国发展得太快，引起了欧盟的担心呢，还是欧盟不能与时俱进，无视中国的变化呢？

欧盟对是否承认中国的市场经济地位的态度有一个变化过程。中国申请加入 WTO 时，欧盟认为中国并不完全符合市场经济的条件,所以想出来一种过渡办法(即前文提及的第15条),给中国15年过渡期。欧盟承诺到期后可以承认中国市场经济地位。

为什么欧盟当时如此"慷慨"呢?因为欧盟承认了俄罗斯的市场经济地位,在欧盟与俄罗斯签的协议中,也有一个特殊条款。这一条款规定,当欧盟发现俄罗斯向欧盟出口的产品中存在两种价格(即一种对外价格,一种对内价格)时,欧盟可以参考第三国价格,如果俄罗斯产品的价格高于第三国价格,欧盟仍可以对俄罗斯出口的产品征收"反倾销"税。因此,欧盟认为,即使承认了中国的市场经济地位,在欧盟发现中国的产品有两种价格时,欧盟仍有可能向中国征收税款。

然而,后来事情发生了变化。欧盟与印度尼西亚及委内瑞拉的自由贸易协定里也有相似的条款。当双方发生贸易摩擦时,欧盟便企图使用第三方价格进行衡量,于是印度尼西亚和委内瑞拉把官司打到了WTO,欧盟最终败诉。欧盟这下才慌了神,欧盟意识到,如果承认中国的市场经济地位,将来会面临更多相似的问题,中国出口到欧盟的产品就会失控。欧盟委员会换届后,新的贸易委员不再讨论是否如期承认中国的市场经济地位的问题。

2016年,欧盟一些国家爆发了钢铁工人的抗议示威活动,认为中国向欧盟倾销钢铁。欧洲议会的一些议员便发起了反对承认中国市场经济地位的运动,并最终使议会通过了决议。考虑到欧洲议会在欧盟决策中的作用日益扩大,欧盟委员会大概不能完全不顾欧洲议会的决议，只能采取一些折中方案。

中国认为，欧盟应该承认中国的市场经济地位，因为用第三国价格来衡量中国的出口产品，实在是不公平，这等于不承认中国在控制生产成本方面的竞争优势。许多中国企业深受其害，被不公平地征收了"反倾销税"。涉及"反倾销"的贸易虽然只占中欧贸易的一小部分（3%~4%），但这对中国企业来说十分不公平，因为对欧盟的出口可能对一些企业来说很重要。一旦被欧盟认定为"倾销"，它们对欧盟的出口可能就被判了"死刑"。因此，用"非市场经济"的名义对中国企业征税，简直就是一种政治歧视。中国一直在践行社会主义市场经济体制，非常重视与欧盟的贸易关系。但如果中国的战略伙伴根本不承认中国政府在践行市场经济制度方面的努力，甚至把中国"打入另类"，这将非常不利于双边关系的良性发展。

当然，识时务者为俊杰，当中国注意到欧盟各机构在是否承认中国市场经济地位的问题上存在分歧时，中国虽然对欧盟的态度不满，但也开始采取措施来防止事情失控。欧洲议会的决议虽然无法收回，但问题的核心在于《中国加入世界贸易组织议定书》中的第15条规定。只要欧盟履行这条规定，不再用第三国价格衡量中国出口欧洲的产品，中国也可以做出适当让步。

但是，在欧盟内部，仍有一些人想在这个条款上做文章。他们认为若不承认中国的市场经济地位，就仍可以用第三国价格来衡量中国对欧盟出口产品的价格。然而，这些尝试是徒劳的。如果以后欧盟再参照第三国价格来认定中国企业"倾销",中国企业可以到 WTO 去起诉,而且一定能胜诉。

不过,即使欧盟不再随意认定中国企业"倾销",中国与欧盟之间的贸易关系未来也不一定会一帆风顺。因为欧盟还是担心中国对欧盟出口的产品竞争力太强,担心中国政府对企业出口有补贴,因此未来欧盟与中国的贸易摩擦有可能发生在"反补贴"领域。

《中国加入世界贸易组织议定书》里提到两种"防范机制",即"反补贴"与"反倾销"。15 年过渡期满后,"反倾销"措施就失灵了,但"反补贴"措施是没有时间限制的。因此,如果欧盟认为中国企业的出口产品有受政府补贴的嫌疑,它们还会要求进行"反补贴"调查。如果属实,欧盟会对该类产品征"反贴补税"。

"反补贴"将是未来国际贸易中的重要环节。欧盟前些年提出了"竞争中立"的原则,其核心就是"反补贴"。"竞争中立"强调市场内完全自由,任何政府补贴都会破坏这一原则,经裁决后,都将受到惩罚。"竞争中立"涉及税收中立、债务中立、规则中立等。也就是说,倘若政府以任何形式(如税收优惠、债务利息补贴、政策优先等)给予中国企业特殊待遇,这些企业的出口产品都会遭到调查,被征收"反补贴税"。

但是,欧盟大大低估了中国企业的竞争力和创新能力,他们把中国企业的竞争力归因于中国政府的扶助。其实,自改革开放以来,中国经济的快速发展虽然与政府政策有关,但更主要的是中国出现了一批敢于创新、愿意创新的企业家。华为、海尔这些中国品牌之所以能享誉海内外，都是因为这些企业能够在技术上不断创新，而不是因为享受了政府的补贴。

中国正在进行新一轮的改革，包括企业改革、金融改革、贸易体制改革。中国在几个沿海城市建立了一些"自由贸易区"，进行金融、贸易等领域的改革试验。如果这些地区的改革取得成功，它们的经验将会在全国普及，促使中国经济再上一个台阶。

中欧的竞争关系

欧盟国家及欧盟国家的舆论对中国的认知似乎正在变化，这种变化与双方在经济全球化进程中的力量对比变化相关。

欧盟不仅是世界最大的经济体，其成员国德国、法国、意大利、英国的 GDP 排名曾仅次于美国和日本，最近几年这些国家陆续被中国超越，其人民心里的不平衡感势必会增加许多。

欧盟国家的舆论认为，中国是全球化最大的受益者，中国人正在夺走很多欧洲人的饭碗。不少欧盟国家认为，中国经济之所以能获得那么大成就，是因为中国违背了贸易规则。同时，尽管中国对欧盟国家的贸易顺差大部分都来自外资企业，但舆论把这种贸易顺差也看成中国违背贸易规则的表现，并借此加大对中国企业的"反倾销"诉讼。

◌ 发展新动能

过去,欧盟国家一直是向中国出口技术产品最多的地区。欧洲人对向中国出口和转让技术不太担心,他们认为中国在技术上落后欧洲很多年,中国还需要很长时间来追赶。但是最近几年,中国经济的发展势头让欧洲人刮目相看。欧盟委员会委托欧洲研究委员会做的研究表明,有欧洲人认为,中国将会在 10 年之内在技术上超越欧洲。因此,在中国与欧盟的对话中,有关知识产权的话题就多了起来。

许多欧洲国家,特别是德国一直是机械出口的大国。但最近几年,中国的机械出口迅速增长,有超过德国的趋势。目前中国仍然是欧洲机械出口的重要市场,英国舆论认为 2010 年德国出口超常增长,主要就是因为中国市场吸收了大量的德国机械出口。然而,在向世界其他地区出口方面,中国已经迎头赶上。比如,2010 年,中国对巴西的机械出口就超过了德国,成为仅次于美国的巴西第二大机械出口国。这一切使得欧洲国家,特别是德国的舆论对中国的发展特别警觉,甚至是反感,它们在提到中国的发展时,总是强调中国的许多社会问题,似乎忘记了中国的经济发展首先是让中国人民受益的。

2007 年以来,欧盟国家对中国的态度不断发生变化。比如,2007 年,中国超越了德国成为世界第三大经济体,同年德国总理默克尔提出要坚持"价值观外交",其所谓的价值观成了德国对华政策的前提。同年,默克尔会见达赖,中德关系紧张。也是在 2007 年,法国总统萨科齐访问中国,在清华大学的演讲中,他认可了中国的发展。萨科齐的中国之行获得了200多亿欧元的订单，满载而回。然而，2008年萨科齐会见达赖，并表示要抵制北京奥运会，中法关系陷入低谷。而德国在2008年又开始改善与中国的关系，2009年春，中国的采购团奔赴欧洲，在德国、英国签下130亿欧元的订单，却绕过了法国。仔细分析近年来欧盟国家对华政策的变化，可以看出其中的两面性：一方面，它们离不开中国这个巨大的市场，特别是在金融危机的背景下，欧盟国家深陷债务泥潭，需要与中国合作来推动经济发展；另一方面，它们总喜欢拿欧洲人的价值观来"教训"中国，以保持自己的骄傲。于是就出现了欧洲国家轮流接受中国的订单，轮着受益，又轮番批判中国的现象。

中欧关系这些年还受到其他因素的困扰，特别是中国援助非洲的计划受到了欧盟国家的掣肘。

欧洲许多大国都曾在非洲建立殖民地。今天许多非洲国家的官方语言是英语、法语，教育也基本是以英语、法语为主，欧洲文化在非洲传播，也都是殖民的结果。第二次世界大战结束后，非洲国家掀起独立运动高潮，纷纷宣布独立。但在很长时间里，非洲国家与欧洲的前宗主国间联系仍然非常密切，欧洲企业事实上控制着非洲国家的经济命脉。非洲的矿产、能源资源基本上掌握在这些欧洲企业手中。在许多非洲国家的政权更迭中，都能看到欧洲国家的政治影响。在某种程度上，欧洲一直把非洲当作自己的后院，认为非洲是欧洲国家预留的发展空间。

然而，最近几年，中国在非洲的投资和中国对非洲的援助引起了欧洲人的不安。

　　随着中国经济的快速发展，中国对能源和原材料的需求也迅速增长。保障这些物资的供应，特别是保障其价格的稳定，成了中国经济发展的重要基础。因此，最近一些年来，中国加强了对非洲、拉丁美洲国家资源开发的投资。这些发展中国家在最近几年经济发展迅猛，这与中国对这些国家的投资有很大关系。

　　其实，中国与非洲国家的良好关系可以追溯到很久以前。在20世纪50年代后期到60年代，中国积极支持非洲国家争取独立的民族解放运动。20世纪70年代初，非洲国家在中国重返联合国的过程中起到了关键作用。冷战时期，在"三个世界"理论的指导下，中国在外交方面一直很重视加强与第三世界的联系，因此中国在非洲的影响力不断扩大。21世纪以来，中国与非洲的合作扩展到经济与贸易领域，中国不断加强对非洲的投资与贸易，还帮助非洲国家加强基础设施建设。今天，在非洲许多国家都可以见到中国援建的工地和标志性的中国建筑，中国的廉价商品改善了非洲人的生活水平。就是在这种背景下，欧洲人对中国投资非洲突然产生了某种抵触情绪。

　　欧洲的某些媒体批评中国在非洲的投资行为，这是中欧矛盾的一个缩影。未来，美国及欧洲国家或许会利用它们在非洲的影响力，在中国与非洲国家间制造不确定因素。中国在投资和开发非洲的同时，推动了非洲国家经济的迅速发展，这从侧面证实了"中国模式"的有效性。于是中国在非洲的投资就被欧洲媒体抬高到意识形态及发展模式之争，非洲可能会成为中国与欧洲国家发生矛盾的焦点。

欧盟决策机制对中欧关系的负面影响

中欧关系难以获得重大进展的关键恐怕还是在于欧盟决策过程中的一票否决制，这使中欧关系中有几个障碍无法清除。随着金融危机影响的深化，如果欧盟成员国找不到方法克服这种冗长且无效的决策方式，欧元区的经济稳定会受到威胁，欧盟未来的发展也将变得扑朔迷离。

2008年的金融危机是从美国房地产泡沫破灭开始的，欧洲只是间接受害者。但随着金融危机的发展，欧元区频频爆发债务危机，欧洲国家的债务危机很快变得比美国还要严重。为什么会发生这样的情况呢？客观来看，欧洲总体的债务水平要低于日本和美国，因为当年建立欧洲经济与货币联盟时拟定的《马斯特里赫特条约》（即《欧洲联盟条约》）规定欧盟成员国的预算赤字不得超过GDP的3%，政府债务不应超过GDP的60%。在经济危机中，这些标准先后被突破，但因为过去有这些红线限制，欧元区国家的债务总额增长得并不快。

欧洲的债务危机之所以挥之不去，是因为欧元区的制度设计存在缺陷。欧元区只统一了货币政策，却没有统一的财政安排，因此当危机袭来时，欧盟成员国缺乏欧盟层面上统一的支持，债务无法重组，就会陷入困境。

在金融危机爆发前，一些欧元区的外围国家，即那些经

□ 发展新动能

济不那么强劲的国家借助欧元的力量,可以在市场上以较低的利息贷款。这些国家的国债利息水平与德国、法国等欧元区核心国家的国债利息水平相比几乎可以忽略不计。但在金融危机爆发后,欧元区外围国家的财政状况迅速恶化,它们的国债与德国同期国债的利息差迅速拉大。以希腊为例,在金融危机爆发后,希腊国债与德国国债的利息差拉大到274个基点。

欧元区外围国家面临着一种结构性的衰退。它们若不大量削减财政赤字,就很难按时还债,债务利息就会变得越来越高。但如果它们采取紧缩性的财政政策,这些国家的经济会因为没有公共开支的刺激,发生更加严重的衰退。

由于欧元区核心国家在全球极具竞争力,欧元区又有坚实的对外头寸①和稳健的货币,所以欧元在不断升值。欧元区外围国家又落入了另一个陷阱:它们无法利用货币贬值快速形成对外盈余,无法轻易重启私营部门的借贷,也无法轻松维持当前的财政赤字水平。它们的债务状况将继续恶化,因为随着名义价格和工资不断降低,以欧元计价的实际债务负担将会加重。这可能会导致新一轮私营部门(甚至是公共部门)的违约潮。

与此同时,欧元区的核心国家德国也对欧元区的发展不满。德国舆论认为,为了保持欧元的坚挺,德国人已经"勒紧裤腰带"过了10年,工资增长受限,政府服务削减。在希

---

① 头寸,即款项,金融界和商界的流行用语。——编者注

腊与爱尔兰的债务危机爆发后，德国民众感到愤慨，因为他们认为德国人节衣缩食缴纳的税款可能会被用于资助希腊人提前退休，或是支持爱尔兰的超低企业税。

随着金融危机的演化，欧元区及欧盟国家领导人出现了民族主义倾向。以德国总理默克尔为例，当希腊及爱尔兰爆发债务危机时，默克尔选择与德国媒体一起指责受害国，甚至表示如果危机继续，欧元区应该一分为二，有债务问题的国家单独成立一个欧元区，而德国和没有债务问题的国家成立另一个欧元区。这种态度与德国前总理科尔形成了鲜明对照。当年，为了推行欧元，让德国人放弃已经成为德国人的骄傲和象征的马克，科尔屡次到德国议会做证，竭力说服德国其他政治家，科尔多次强调欧元对欧洲一体化与德国的未来至关重要。1989 年，科尔抓住历史契机，统一了德国，他的声望如日中天，为了统一欧洲货币，他把个人的政治声誉都押了上去，才说服了德国民众接受欧元。相较之下，如今欧洲国家的领导人既没有科尔的奋斗精神，也没有那种建设欧洲一体化的胸怀，危机当头，就只会互相指责，不想办法推动一体化，也不思考如何在一体化中寻找走出危机的办法。

其实，当年《马斯特里赫特条约》的设计者不是没有考虑到欧元区内部结构的弱点。法国前总统密特朗的经济顾问雅克·阿塔利参与了《马斯特里赫特条约》制定的全过程，该条约的许多标准都出自他手。阿塔利在接受笔者的一次采访时曾坦率表示，只有统一的货币政策而没有统一的财政政策的制度设计肯定会导致危机，但这正是《马斯特里赫特条约》

的妙处。欧洲的一体化建设始终是由经济一体化带动的，目的是要达成政治一体化，实际上其目标是形成一种联邦制度。这是一种史无前例的尝试。如果出现危机，欧盟的领导人必须找到一条出路，倒退是没有前途的，必须进一步统一财政政策，也就是必须构建一个"经济政府"。如果成立欧洲经济政府能成功，下一步再推动成立政治政府，阻力就会少一些。然而，尽管制度的设计者思路很缜密，但他们没有料到今天欧洲国家的领导人会那样没有魄力，一味迎合民族主义情绪，使得欧洲的一体化面临巨大威胁。

按照目前的趋势，欧盟结构性的弱点与矛盾在未来会不断发展，甚至危及欧盟的存在。这也意味着，未来一段时间里，债务危机会始终纠缠着欧元区，影响欧洲经济的发展。未来中国很可能会成为欧洲国家攻击的靶子，因为欧洲国家的领导人没有引导民众的能力，也没有说服民众的意志，只一味迎合民意，以此为幌子为自己辩护，当国家经济发展乏力，他们很可能会拿中国当替罪羊。

展望未来，中欧关系虽然难有突破性进展，但欧盟成员国对中国的需求却在增加。因此在2010年中国领导人访问法国、德国、葡萄牙时，受到了热烈欢迎，签署了多个合作协议。从这一角度来看，欧盟对中国的双重态度会继续下去。

我们看待中欧关系，应该避免陷入镜像效应的陷阱，我们要实事求是地、客观地看待欧洲发生的事情，了解欧洲对华政策的逻辑，不能按自己的逻辑和思维方式去想象其他国家的现状。其实，中欧之间没有根本的利害冲突，也不存在地缘政治矛盾，相反，中欧有共同利益和共同关切的问题，所以，中国与欧盟理应携手应对全球性的挑战。然而，如果欧盟国家的决策过程以其他因素为主导，无法理性合作、共同受益，那么中欧关系就难以维持良性发展。

对中欧关系的展望

经过 40 多年的磨合，中国与欧盟之间已经建立起多种对话、磋商、合作机制，涵盖政治、经贸、人文、科技、能源、环境等领域。中欧领导人会晤是双方最高级别的政治磋商机制，建立于 1998 年。2018 年 7 月 16 日，李克强在北京同欧洲理事会主席图斯克和欧盟委员会主席容克共同主持了第 20 次中欧领导人会晤。中欧经贸高层对话是中欧在经贸领域最高级别的对话机制，于 2008 年正式启动，由中国负责经贸的副总理与欧盟委员会负责经贸的委员牵头，每年举办一次，轮流在中国与欧洲举行。此外，还有中欧高级别战略对话机制，2010 年，中欧战略对话升级，由中国负责外交的国务委员与欧盟委员会负责外交事务的副主席牵头，每年举办一次。

中欧关系的重点是经贸关系。自 2004 年以来，欧盟一直是中国的第一大贸易伙伴，中国是欧盟的第二大贸易伙伴。贸易一直是中欧关系的基石，中国与欧盟成员国的双边投资不断增长，商品、资本的交流基本顺畅。中国与许多欧盟成员国之间都有频繁的文化交流，各种文化节和文化展览也丰富了双方的思想文化交流。

◻ 发展新动能

　　同时，贸易也是中欧矛盾的主要根源。中国与欧盟之间的贸易失衡引起了欧盟国家的忧虑，欧洲制造商越来越对来自中国的竞争感到担心。此外，欧洲企业加大了对各国政府的游说，要求政府出面和中国谈判市场准入标准的互惠关系。中国企业和中国政府也都对欧盟拒绝承认中国的市场经济地位感到失望。许多中国企业不得不与欧盟机构周旋，以避免它们拿第三国的价格来评判中国企业对欧洲的出口是否属于"倾销"。

　　除了双边贸易，中欧伙伴关系对维护国际多边贸易秩序至关重要。中国的快速发展与开放的国际贸易环境分不开。但最近一些年来，多边贸易秩序充满了不确定性。中国经济正在从高速发展阶段向高质量发展阶段过渡，而许多欧盟成员国正努力从金融危机和债务危机带来的冲击中恢复元气。在这种关键时刻，美国威胁退出自由贸易协定谈判，并宣布退出《跨太平洋伙伴关系协定》，而《跨大西洋贸易与投资伙伴关系协定》的谈判也因为欧盟内部的反对而中止。特朗普还威胁称，如果美国的要求得不到满足，美国将退出WTO。

　　在这种背景下，中国与欧盟的合作尤为重要。中国很希望与欧盟共同推动改革现有国际贸易体制，保留多边磋商机制。中国希望通过国际合作，避免让世界转向贸易保护主义。中国也希望欧盟能对中国提出的"一带一路"倡议更积极一些，通过增加对发展中国家基础设施的投资，找到中国与欧盟新的合作途径。迄今为止，欧盟仍是支持经济全球化的重要力量。在美国越来越倾向孤立主义和贸易保护主义时，中国与欧盟能共同推动全球化发展和世界经济合作。

除了战略合作外，中国与欧盟也是重要的技术合作伙伴，未来中国和欧盟还可以在可持续发展领域加强合作。中国政府把解决环境问题视作发展中的重中之重，许多欧盟国家掌握着环境保护与环境治理的先进技术，有着丰富的经验并掌握着与环保相关的许多标准。中国与欧盟可以尝试在可持续发展问题上合作，中国可以给欧洲企业提供更大的市场，促进绿色产业的发展。2012年，中国与欧盟签署了《中欧城镇化伙伴关系共同宣言》，目的在于促进有关城市发展问题的交流。

从国际范围来看，由于美国宣布退出《巴黎协定》，中国与欧盟在应对气候变化问题上进行合作就变得更为重要。中国和欧盟的碳排放量分别位列世界第一和第三。在国际谈判中，中国代表发展中国家，欧盟代表发达国家。如果中国与欧盟能在应对气候变化问题上达成协议，建立合作关系，中国与欧盟就可以成为全球减排行动的领路人，为各国树立榜样。

过去，欧盟一直是中国最大的先进技术来源地。欧洲企业对华投资的特点是，它们寻求在中国本土打开市场，利用中国市场巩固它们的发展。因此，欧洲企业不惜把最新的产品和最新的技术拿到中国市场上开发。汽车产业就是一个很好的例子。最初，法国标致汽车公司把一些过时的车型拿到中国来生产，因为标致公司认为这些不太时髦的车型更"皮实"，更能适应中国当时的路况。然而，其他国家的汽车公司

◯ 发展新动能

都把更时髦的车型推向中国，在中国获得了更多消费者的青睐。后来，法国雪铁龙汽车公司吸取了教训，在武汉生产的"富康"车是与法国同步推出的最新车型，一下子风靡中国。雪铁龙公司与标致公司合并后，把最新的车型推向中国市场，在中国市场上的份额也逐渐扩大。

当中国的外汇储备上升至全球第一时，中国也开始考虑如何更好地利用这些外汇。在鼓励中国企业"走出去"的政策刺激下，许多中国企业加大了对外投资的力度，欧洲成了中国企业青睐的市场。中国企业对欧洲的投资与改革开放后欧洲企业对中国的投资不同，今天的西欧国家早已实现工业化，在那里很难再找到绿地投资的机会，但西欧市场上的企业交易很频繁，中国企业就通过购买全部股权、多数股权或部分股权的方式进入欧洲市场。在并购欧洲企业后，中国企业可以获得这些企业的技术，还可以利用这些企业的销售网络进入欧洲和其他发达国家市场。

在中国企业投资欧洲方面，我们可以举出许多成功的案例，如吉利汽车集团兼并沃尔沃集团，使一个濒临破产的欧洲汽车公司重新焕发出活力。在兼并沃尔沃集团后，吉利汽车在技术与外观方面都上了一个大台阶，因为沃尔沃集团的生产技术对吉利汽车的生产产生了正面的外溢效应。另外一个著名的案例就是三一重工兼并德国普茨迈斯特公司。在普茨迈斯特公司被三一重工兼并时，该公司的员工都担心会丢掉饭碗，担心中国企业会在获得德国技术后一走了之。但这样的情况并未发生，三一重工为普茨迈斯特公司拓展了中国市场。几年下来，普茨迈斯特公司的营业额增加了近1/3，因此不得不扩大生产，招聘更多的员工。正是中国企业与欧洲企业的这种双向交流，使双方的技术水平不断提升，利润不断增加，创造的就业岗位也越来越多。

然而，随着中国企业对欧洲的投资越来越多，一些欧洲国家对中国投资的后果产生了新的担心。他们担心中国企业通过兼并欧洲企业会获得更多技术，变得更加强大，对欧洲国家未来的发展造成威胁。因此，有些欧洲国家想模仿美国，推动欧盟设立对外来投资的审查制度，以国家安全的名义审查并阻止外国并购欧洲的企业。不过，因为许多欧盟成员国都需要中国的投资，所以这一建议并未被采纳。我们需要与欧盟成员国的政府加强沟通，使它们意识到中欧企业的交叉投资与技术交流是可以实现双赢的，能给双方都带来更大的利益。

发展中欧关系可以在4个方面着手。2014年3月，习近平在访问布鲁塞尔时，明确提出要从战略高度看待中欧关系，将中欧两大力量、两大市场、两大文明结合起来，共同打造中欧和平、增长、改革、文明四大伙伴关系，为中欧合作注入新动力，为世界繁荣做出更大贡献。2018年7月，当欧洲理事会主席图斯克和欧盟委员会主席容克在北京参加第20次中欧领导人会晤时，习近平再度与他们见面，并重申了中欧四大伙伴关系的重要性。

第一，中国和欧盟要做和平伙伴，带头走和平发展道路。中欧对构建多极世界格局具有重要战略共识。双方要尊重彼

◻ 发展新动能

此自主选择的社会制度，照顾彼此核心利益，支持彼此走和平发展道路。双方要加强在国际和地区事务中沟通与协调，共同解决地区热点问题，共同参与有关国际规制建设。

第二，中国和欧盟要做增长伙伴，相互提供发展机遇。要尽快谈成谈好投资协定，启动自由贸易协定可行性研究，共同提高中欧贸易质量和水平。希望欧方扩大对华高技术贸易。要把中欧合作和丝绸之路经济带等重大洲际合作倡议结合起来，以构建亚欧大市场为目标，加强基础设施互联互通。要坚持市场开放，携手维护多边贸易体制，共同致力于发展开放型世界经济。

第三，中国和欧盟要做改革的伙伴，相互借鉴、相互支持。当前，中国和欧盟的改革都进入深水区。双方要就宏观经济、社会治理、公共政策、农业农村、就业民生、环境保护等重要领域改革加强交流、分享经验、深化合作。

第四，中国和欧盟要做文明伙伴，为彼此进步提供更多营养。中欧关系具有文明属性和历史纵深。双方要通过平等对话交流，增进相互了解，加强文化、媒体、旅游等领域的交流合作，扩大互派留学生规模，共同支持中欧关系研究工作。[25]

2014年，习近平在布鲁塞尔同时任欧洲理事会主席范龙佩会谈时指出，中欧关系已经发展成为相互依存度很高的复合型关系。中欧关系不仅事关中国和欧盟各自发展，还对世界政治经济格局发展产生重大影响。中方从战略高度看待和重视欧盟，坚定支持欧洲一体化建设，愿同欧盟不断扩大和深化全面战略伙伴关系。[26]

总而言之，中国与欧盟有许多共同利益，可以通过协商找到更多的合作途径，促进一种共同参与、互助共赢的发展态势。中国与欧盟可以实现更有建设性的文明间的对话，为人类的进步做出更大的贡献。

第十一章　金砖国家的崛起

近年来,国际媒体对金砖国家的关注度很高。金砖国家不仅经常参与国际论坛,还为举办制度化会议和国际合作创造了机会,如年度首脑会议、部长会议、国家安全代表会议、商会会议、研究机构会议、青年领袖会议、各类工作组会议等。

另外,金砖国家还建立了新的发展银行(金砖国家新开发银行)等国际实体合作机构及外汇储备机制。

像俄罗斯和巴西这样地理上距离很遥远的国家,以及印度、中国和南非这些差异巨大的国家是如何在国际舞台上走到一起的呢?似乎没有任何因素能够让这些国家在国际社会携手并进。它们既没有太多的历史联系,也没有意识形态上的共性,在全球生产链上也处于不同的环节。金砖国家的概念由高盛公司首席经济师吉姆·奥尼尔提出,指的是世界新兴市场。今天,巴西、俄罗斯、印度、中国和南非在国际合作的诸多方面似乎形成了一个命运共同体。

在全球化浪潮中诞生

尽管金砖国家的领导人都非常希望推动国际合作,但金砖国家这个概念不是他们发明的。这几个国家之间的合作完

◌ 发展新动能

全出于巧合。

高盛公司首席经济学家吉姆·奥尼尔在 2001 年 11 月 20 日发表的题为《全球需要更好的经济之砖》的全球经济分析报告中首次同时提到巴西、俄罗斯、印度和中国这四个国家,简称"砖国"(BRIC,四国英文名称首字母缩写,发音与英文单词 brick 相近)。奥尼尔的本意是,我们要建造世界经济的"大房子",所以我们需要更好的"砖块"。不过中国人不喜欢单音字,"砖国"这个名字不太好听,便改称"金砖"。2003 年 10 月,高盛公司又发表了一篇题为《与金砖四国一起梦想:走向 2050 年之路》的报告,预测未来金砖四国将主宰世界经济。巴西的 GDP 将在 2025 年超越意大利,在 2031 年超过法国;俄罗斯的 GDP 将在 2027 年超越英国,在 2028 年超过德国;2041 年,中国将超过美国成为世界最大经济体;2032 年,印度的 GDP 将超过日本。总的来说,金砖四国的经济总量将在 2041 年超过目前世界六大经济体(美国、英国、德国、法国、日本、意大利)的经济总量。到 2050 年,世界六大经济体将是中国、美国、印度、日本、巴西和俄罗斯。

这份报告使金砖四国闻名于世,国际媒体也开始关注这几个国家。

由于金砖四国似乎代表着世界经济的未来,它们也越来越受到世界各国的欢迎。2005 年,G7 财政部长会议首次邀请金砖四国的代表出席。大型跨国公司开始重组针对新兴市场的战略。韩国前总统卢武铉带领韩国大企业代表团赴金砖四国进行外交访问。

应该说，这些新兴市场国家的确通过全球化加速了经济增长。2008年爆发的金融危机沉重打击了全球市场，导致多国经济陷入大规模衰退。但这场危机也提高了国际社会对金砖国家的认识。为了更好地应对新挑战，金砖国家要求构建更公平的国际经济秩序，也就是说，国际经济秩序需要迎合发展中国家的诉求。

2009年6月，第一次金砖国家峰会在俄罗斯叶卡捷琳堡召开，主要讨论了国际经济金融、能源安全、环境保护、裁军、核不扩散、国际贸易和国际机构改革等问题。金砖国家在会议结束时发表了联合声明，表达了金砖国家在发展和国际安全问题上的共同立场。

金砖国家的制度化合作

2010年4月，金砖四国领导人在巴西召开了第二次金砖国家峰会，探讨了世界经济、国际金融体系改革和在金砖国家间构建政策与合作协调机制等议题。应该说，在这次会议结束后，金砖国家的合作机制就正式形成了。

2010年11月，G20峰会在韩国首尔召开，在会议期间，南非正式提出加入金砖国家的申请。南非的申请被接受后，金砖国家成员国正式增至5个。

2011年，5个金砖国家的领导人首次在中国三亚举行会晤，讨论的重点是扩大能源、贸易、农业、粮食安全等领域的合作。金砖国家领导人就国际问题交换了意见，着重讨论了国

□ 发展新动能

际货币体系改革的问题，协调了各自在法国 G20 峰会上的立场，并商讨了气候变化和可持续发展等问题。

印度于 2012 年主办了金砖国家峰会，《德里宣言》表达了金砖国家愿意通过 G20 这个平台来协调发达国家和发展中国家之间的经济政策。此外，在这次峰会上，金砖国家计划建立一个新的开发银行。

2014 年 7 月，金砖国家领导人在巴西的福塔莱萨宣布，金砖国家新开发银行正式成立，总部位于中国上海。金砖国家都是发展中国家，处于全球生产链的下游。它们生产大量的原材料和工业制成品，出口到国际市场，用换来的外汇购买发达国家的债券。

为应对金融危机，发达国家采取了极宽松的货币政策，它们的对冲基金用极低的利率贷款，再到金砖国家投资。金砖国家的贸易顺差和外汇储备增加，导致通货膨胀率升高，货币升值，造成事实上的外汇储备减少。从美联储决定中止量化宽松的货币政策起，金砖国家的资本外流，货币贬值，加剧了这些国家金融体系的脆弱性。国际金融市场的波动也影响了金砖国家的经济发展。

为了摆脱对美元霸权的依赖，金砖国家共同建立了金砖国家新开发银行。通过金砖国家中央银行的贡献，可以集中一部分外汇储备。同样，通过在国际金融市场上发行债券，集中闲置资金，可以为金砖国家的基础设施建设服务。

事实上，现有的国际金融体系已经不能满足金砖国家对基础设施投资的需求。2008—2012 年，世界银行共向金砖国家提供了520亿美元的贷款，其中俄罗斯只收到5.15亿美元。直到2011年年底，亚洲开发银行总共贷款给中国259亿美元，给印度的贷款不到270亿美元。其他金砖国家没有获得亚洲开发银行的任何发展资金。金砖国家新开发银行的成立显然是为了重组、合并中国和俄罗斯的政府储蓄，对冲印度、巴西和南非的经常账户赤字，以改善对金砖国家基础设施建设的融资。

金砖国家新开发银行有如下优势：首先，金砖国家成员国的中央银行必须向金砖国家新开发银行捐款，这样可以减少央行发行货币，缓解通货膨胀的压力；其次，金砖国家新开发银行从实际经济投资中获得的收益将远远超过金砖国家央行购买发达国家国债获得的收益，基础设施投资还可以推动这些国家的国内需求，推动经济增长；最后，金砖国家新开发银行将促进金砖国家成员国货币的使用，促进这些国家的国内贸易和对等投资，从而减少对美元和不公平的国际经济秩序的依赖。总之，金砖国家新开发银行的建立反映了金砖国家更好地利用外汇储备的意愿，这有利于降低通货膨胀风险，更有利于金砖国家实体经济的发展。

金砖国家与G20

2011年，在中国三亚举行了金砖国家领导人第三次会晤，金砖国家各成员国明确表示，金砖国家并不会取代G7或G20的协调机制。相反，金砖国家将利用G20平台推进发展议程。

在合作目标方面，金砖国家要建立南南合作新平台，搭建南北国家合作的桥梁。金砖国家共有30多亿人口,金砖国家有义务为建设更加公平的世界付出努力。金砖国家还可以在促进全球经济增长,促进国际关系民主化,维护多边主义,维护世界和平稳定与全球安全方面发挥更积极的作用。

就合作形式而言,金砖国家坚持渐进式的合作,希望国际合作能更加务实、透明,互助性更强。包容和非对抗是最常被用来描述金砖国家合作的两个词。金砖国家可以加强G20在后金融危机时代在全球治理中的作用,以及联合国在应对全球安全新挑战中的作用。金砖国家高度重视成员国执行G20峰会和联合国会议通过的决议和协商一致的意见,并且愿意协助发展中国家履行这些决议和意见。

G20在讨论后金融危机时代的发展议程时,美国坚持全球经济平衡增长,减少巨额贸易顺差;欧盟坚持绿色和可持续发展,重点是气候变化的解决方案;金砖国家坚持以经济的强劲增长作为一切发展的基础,特别是全球经济的复苏。最终,G20达成了一个促进世界经济强劲、可持续、平衡、包容增长的总体框架协议。至于该总体框架协议的实施,美国和欧盟主张建立对G20成员进行评估的机制。金砖国家则提出对执行措施进行建设性和非约束性的评估,同时考虑到发达国家和发展中国家的发展差异。最后,G20通过了成员国宏观经济政策互评的参考指南。这表明金砖国家并不反对由发达国家倡导的全球治理措施,但金砖国家提出了更丰富的包容性措施,以完善全球治理议程,协调成员国公共政策。

伦敦G20峰会决议设立金融稳定委员会取代金融稳定论

坛，理事会成员从 10 个扩大到 20 个。金砖国家维持了 G20 的 G-SIFI（系统重要性金融机构）报告，以减少金融机构在全球范围内的道德风险。对冲基金、影子银行、离岸金融衍生产品和评级机构首次受到监管。

在国际贸易问题上，金砖国家敦促 G20 成员在短期内不采取保护主义措施，只认定 WTO 为唯一的长期多边贸易机构。2008 年，在 G20 华盛顿峰会上，G20 成员对 2008—2013 年的自由贸易日程做出承诺，又于 2013 年的 G20 圣彼得堡峰会上对 2014—2016 年的自由贸易日程做出承诺。2013 年底，在印度尼西亚巴厘岛召开的 WTO 第九届部长级会议上，金砖国家推动 WTO 成员达成了一项多边协议，巩固了多哈回合谈判的成果。

在 G20 首尔峰会上，金砖国家推动 G20 成员就发展议程达成了共识。金砖国家认为，全球经济失衡的特点是南北发展不平衡。也就是说，没有大多数发展中国家的发展，就不可能有全球的平衡发展。若最贫穷的国家无法摆脱贫困，就不会有全球的共同繁荣。发达国家和发展中国家应该建立新型的全球发展伙伴关系，避免相互指责和对抗，努力达成相互理解，协调解决全球问题，应对新挑战。

G20 首尔峰会通过的《共享增长的"首尔发展共识"》主要包括 6 项原则：增长优先、发展伙伴关系、关注系统问题、鼓励私营部门参与、互相配合、采取奖励措施促进积极成果。践行这一共识的 9 大支柱是：基础设施建设、私营部门投资和就业、人类资源开发、贸易、普惠金融、弹性增长、粮食安全、调动国内资源、知识共享。

可见，金砖国家比以往任何时候都更坚持发展平等的伙伴关系。它们主张创造发达国家和发展中国家之间的合作气氛，让不同国家选择适合自己发展的道路。

金砖国家与逆全球化

近年来，世界正在经历"逆全球化"的过程，美国和一些发达国家因为担心自己的衰落，正在积极推动建立高标准的自由贸易区，如《跨太平洋伙伴关系协定》和《跨大西洋贸易与投资伙伴协定》。

所有金砖国家都没有被邀请参加构建这些自由贸易区的谈判，这肯定不是偶然的。金砖国家并不打算取代G7，但我们无法肯定，发达国家是否会把金砖国家排除在它们的发展议程之外。

自美联储改变货币政策以来，国际大宗商品市场发生了巨大动荡，金砖国家间也出现了发展差距。巴西、俄罗斯和南非作为原材料的主要生产国和出口国受到大宗商品价格下跌的影响。从数据上看，巴西和俄罗斯的经济出现负增长。印度和中国是原材料进口国和制成品出口国，不受大宗商品价格波动的直接影响，但也受到资本外逃和货币贬值的影响。它们想方设法维持经济增长，保持了相对较高的经济增长率（2017年印度的经济增长率为7.2%，中国的经济增长率为6.9%）。

金砖国家的发展差异是否会使金砖国家之间出现离

心力？

巴西的经济衰退引起了社会反响，2016年，巴西议会发起了对时任总统迪尔玛·罗塞夫的弹劾动议，这立即引发了保卫总统的民众抗议活动。但最后，罗塞夫还是被罢免了，不过这并未影响巴西对其他金砖国家的承诺。金砖国家的合作机制经受住了巴西政权更替的考验，说明这已经是一个成熟的国际合作机制。

在应对经济困境的过程中，金砖国家间加强了磋商与合作。2014年，在澳大利亚布里斯班举行的G20峰会上，俄罗斯总统普京因克里米亚问题受到西方国家施加的巨大压力。金砖国家并没有孤立俄罗斯，它们坚持G20的首要使命是协调宏观经济政策，促进全球经济复苏，金砖国家保持这一初衷。

中国是2016年G20杭州峰会的东道主，中国试图在全球范围内推动发展议程。实际上，G20是在国际金融危机之后诞生的，它最初是一个危机管理和应急管理机制。经过多年的合作，金砖国家希望推动G20变为协调一致的全球长期发展和治理机制。

G20将是金砖国家表达全球治理立场的必要平台。

不要忘记，G7也是20世纪70年代经济危机的产物。尽管G20是在G7的基础上发展而来的，但G7仍然存在，世界工业大国仍然需要这一机制来协调它们的全球利益并巩固它们的地位。同样的逻辑也适用于金砖国家。因此，我们可以预见，金砖国家未来仍将是国际舞台上不容忽视的一支力量。

◯ 发展新动能

金砖国家引领世界经济发展

2017年9月,金砖国家领导人第九次会晤在中国厦门举行,这次会议为金砖国家未来10年的发展制定了宏伟蓝图。《金砖国家领导人厦门宣言》再度表明了这些新兴经济体愿意为世界经济的可持续、包容性发展做出更大贡献,愿意为推动更加合理的全球治理体系的形成贡献更多力量。

金砖国家作为全球第一个以发展和合作为宗旨的国家集团,在世界舞台上的表现越来越受到国际舆论的重视。

最近一些年来,金砖国家在世界经济增长中占的份额越来越大。根据国际货币基金组织的估算,2016年金砖国家为世界经济贡献了近60%的增长率,加上另外几个增长很快的新兴经济体,发展中国家对世界经济增长的贡献率高达80%。根据国际货币基金组织的数据,2017年新兴经济体与发展中国家对世界经济增长的贡献在70%以上,它们在未来几年对全球经济增长的贡献率还将达70%。

新兴经济体不仅在促进世界经济的整体增长上贡献巨大,在促进国际贸易增长上也表现不俗。根据WTO的估算,2000—2015年,发展中国家的进口额占世界贸易总量的比例从27%上升至41%,出口额占比从30%上升至43%。2005—2015年,发展中国家的服务贸易出口占世界服务贸易总额的比例也从24%上升至39.4%。

高盛公司预测,到2050年,GDP排前5名的国家将是4个金砖国家(中国、印度、巴西、俄罗斯)和美国。

第十一章　金砖国家的崛起

在世界经济结构出现巨大变化时，金砖国家参与全球经济治理的意向与行动也在迅速增加。金砖国家对现有国际体系的态度是，支持构建多边合作的框架，同时促进内部改革，使其朝着更加公平的方向发展。无论在联合国框架内，还是在 G20 框架内，金砖国家都积极合作，争取以一个声音说话，表明它们的立场和态度。应该说，在促进全球经济增长、减少贸易保守主义、加强金融监管合作等方面，金砖国家起到的积极作用都是有目共睹的。

与此同时，金砖国家新开发银行和应急储备安排等机制为新兴国家之间的合作奠定了基础，是平等合作的典范。在新的国际合作机制中，没有以强凌弱的规定，所有成员国完全平等，一国一票，且没有一票否决权。这是协商合作的典范。

金砖国家领导人第九次会晤还邀请了几位其他新兴经济体的领导人参加，延续了"金砖+"这种机制的传统，并传达了金砖国家不是一个封闭型集团的态度。以金砖国家为代表的新兴经济体的集体崛起是世界经济的新趋势。

金砖国家也面临一些重要挑战，若能克服这些挑战，其未来将更加辉煌。

在国际货币体系中，美元仍是霸权货币，美联储货币政策的变化仍然会对新兴经济体产生巨大的外部冲击。从 2014 年美联储退出量化宽松政策，进入加息周期后，美元的汇率变化已经引起了国际大宗商品期货市场价格的大幅波动，也使金砖国家中的资源出口国受到巨大冲击。未来，美联储还将"缩表"（缩减资产负债表），吐出当年大量购进的债券，再加上利率上调，美元汇率仍会不断波动，国际资本市场与大宗商品市场也会受到影响。金砖国家只有加强货币合作，采取以本币结算相互之间贸易的办法，才能缓解美元动荡带来的不利影响。

在金砖国家中，中国、俄罗斯、印度都是欧亚大陆上的大国，难免会有一些地缘政治上的摩擦。俄罗斯曾有舆论担心中国的"一带一路"倡议与俄罗斯提出的"欧亚经济联盟"构成冲突。但普京总统提出了要让"欧亚经济联盟"与"一带一路"倡议对接，中俄之间的合作在这些年取得了长足进步，特别是在航空航天、武器开发等尖端技术领域，中俄合作的成果丰硕。俄罗斯有设计与技术上的优势，但在工业加工与市场开发方面存在短板。中俄合作大大促进了两国的优势互补，是典型的双赢游戏。中俄合作的经验可以为中印合作提供一个样板，印度若能把它的国际发展战略与中国的"一带一路"倡议对接，肯定会给南亚地区带来更多的发展机遇。

新兴经济体在基础设施建设方面还有巨大的空间；在消费、服务方面也还有巨大的提升余地；新兴经济体的人口结构更好，心态更开放；它们更愿意参与国际合作，建立更加合理的协调机制。总而言之，新兴经济体是推进新型经济全球化的主力军。金砖国家开创了新兴经济体之间互利合作的典范，这种南南合作的模式势必会激起其他新兴经济体的兴趣，这些发展中国家的合作一定会大大改变未来世界经济增长的趋势，也会让世界经济结构出现前所未有的变化。

第十二章　中国如何促进非洲发展

最近一些年来，撒哈拉以南的非洲地区发展得很快。20世纪90年代，当世界经济进入全球化时代，非洲却成了"被遗忘的角落"。直到21世纪，中国对非洲的投资大增，非洲才重新成为"希望的大陆"，成为21世纪世界经济发展的新星。除了埃塞俄比亚外，绝大部分非洲国家都曾沦为欧洲国家的殖民地，重获独立后，非洲国家的现代化建设一直差强人意。近年来，恐怖主义在非洲迅速扩张，而多数非洲国家能力有限，无论从军事能力还是从国家财政能力来看，对付恐怖主义都捉襟见肘。未来，非洲的发展很大程度上将取决于它们能否顺利完成公共权力的建设。

冷战时期的非洲

现代非洲国家的国界划分很大程度上延承了欧洲殖民帝国对非洲殖民地的划分，非洲国家的管理模式也是按照欧洲民族国家的框架设计的，因此，非洲国家面临的问题几乎是"与生俱来"的。也就是说，非洲现代国家的建立并未考虑非洲的族群差异和文化差异，按殖民地划分的国界埋下了很大隐患。非洲不同的部族有不同的宗教和文化传统，殖民者人为地把他们集中在一起,最后还发展为现代国家,部族间的冲突便如家常便饭。如何克服这些"原罪",找到建立现代非洲国家的框架,使社会稳定发展,是非洲的首要任务。

实现独立后,非洲国家面临的最紧要的任务就是国家建设,因此强人政治是非洲国家的常态。直到20世纪六七十年代,在两极世界里,社会主义与资本主义的意识形态斗争成为主流,其余的矛盾,包括部族矛盾、宗教矛盾等,都被意识形态的斗争掩盖了。而且,刚独立的非洲国家领导人都认识到了非洲的现状,他们知道殖民时期划分的国界不符合文化传统,但如果重新划界又会引起新的冲突和战争。所以,1963年5月,31个非洲国家在埃塞俄比亚的首都亚的斯亚贝巴举行了一次首脑会议,决定成立非洲统一组织,承认已划分的国界,不再为划分边界而争斗。

冷战时期,美国和苏联这两个超级大国的竞技场主要在欧洲,非洲经历了一段比较稳定的时期。法国有独特的非洲政策,法国与非洲的法语国家(多为法国前殖民地和比利时前殖民地)保持着一种特殊的关系,法国还在几个非洲国家驻军,为这些国家提供安全保障,同时还为西非国家提供财政和货币支持,在西非形成了单独的西非法郎区。法国法郎成为这些国家货币的名义锚,西非法郎区国家的货币与法郎挂钩,法国给这些国家提供稳定货币的支持。美国对法国的非洲政策虽然很不满意,但为了保持西方世界的团结,对法国采取了包容的态度。

然而,非洲国家也有例外。比如,安哥拉在1975年脱离

第十二章 中国如何促进非洲发展

葡萄牙的殖民统治实现独立后，陷入了一场旷日持久的内战，美国与苏联各支持一派，谁都无法单独控制局面。这场战争打了 27 年，约 100 万人在内战中丧生，安哥拉约 1/3 的人口流离失所。

有一些非洲国家虽然表面平静，但背后却暗流涌动，随时可能爆发冲突。比如卢旺达，这个国家的人口有 85% 是胡图人，他们主要从事农业，而占人口 14% 的图西人多是牧民，另有 1% 为特瓦人。不同种族的分工构成了卢旺达种族冲突的根源，因为牛是比农作物更有价值的资产。1860 年，图西人劳布格利建立了一个封建王朝，图西人为统治者，胡图人为仆人。当比利时人把卢旺达变成自己的殖民地时，比利时人充分利用了卢旺达的种族差异。他们公开支持"更聪慧的、更积极的、更有教养的"图西人，给他们提供优越的教育条件，让他们担任行政职务，行使政治权利，而胡图人只能在图西人的统治下出卖劳动力。

1957 年 3 月，9 个很有影响力的胡图族知识分子出版了一本小册子，名为《胡图宣言》，呼吁建立"民主制度"。这个宣言宣传的是典型的种族主义论调，声称要把"外来侵略者"图西人赶出去。在 50 年代后期反殖民主义的浪潮中，卢旺达人终于把比利时人赶走了。然而，种族仇杀很快席卷了卢旺达。在一位胡图族政治家遭到图西人攻击后，胡图族的民众起义迅速在全国蔓延。胡图人 10 个人为一组，对图西人实施抢劫、放火和屠杀。随后，在 1960 年的选举中，占人口多数的胡图人赢得了 90% 的政府高层职位。此后，2 万多图西人被迫大

261

◻ 发展新动能

迁徙，还有更多的图西人被屠杀和流放。当然，图西人的财富也被胡图人瓜分了。1973 年，胡图族将军哈比亚利马纳靠军事政变夺取了政权，他呼吁停止对图西人的暴力行为，并把一些图西人吸纳进了他的"橡皮图章"议会。图西人推动了卢旺达的经济发展，哈比亚利马纳统治了卢旺达 20 多年，西方人认为在他统治下的卢旺达是一个腐败的极权国家。

与卢旺达类似的非洲国家不胜枚举，许多非洲国家都由强人统治，维持着表面的稳定，实际上各种部族矛盾和地方派别矛盾都被压抑了。

非洲的民主化与社会的崩溃

冷战结束后，西方国家认为自己胜利了。一时间，西方国家在全球全面推行民主化战略。美国日裔政治学家福山把这种政治信仰总结为"历史的终结"。那时的福山深信，政治上的民主制度加上经济上的市场经济制度是人类社会的终极形式，不太可能再有其他新的形式了。

法国前总统密特朗是法国社会党领袖，而法国社会党一直是坚定的民主信徒，因此东欧剧变后，密特朗便把法国对非洲的援助与非洲国家的民主化挂钩。20 世纪 80 年代，法国的经济发展经历过几次挫折，法国换了几任总理，政府尝试了各种刺激经济发展的政策。法国政府过去承担了大量对非洲国家的补贴，但财政困难使法国政府的公共开支捉襟见肘，因此密特朗决定缩减对非洲的援助。于是民主化成为法国是否继续给非洲国家提供财政援助的标准。1990年6月，在法国拉博勒举办的法非首脑会议上，密特朗提出，法国对非洲的援助要看非洲国家的民主化状况而定。随后，在1990年7月召开的G7首脑会议上，西方国家明确将人权、民主和市场经济列为援助非洲的先决条件。

非洲民主化的结果是，各种被意识形态掩盖的矛盾都爆发了出来。在冷战时期，独立后的非洲国家基本都由强人统治。在非洲独立后的一些年里，非洲的经济与社会得到了一些发展，但部族矛盾仍然存在。强人统治的结果是，只有统治者所属的部族及某些部族受优待，制造了巨大的不公正。民主化使部族矛盾激化，爆发了大规模的暴乱，在有些国家，暴乱的规模甚至可以称为内战。同时，由于非洲国家资源丰富，遭到许多国家的觊觎，更加剧了非洲国家的动乱。

仍以卢旺达为例。自90年代的民主化浪潮开始后，美国与法国都对卢旺达施加了压力，哈比亚利马纳只好同意放弃极权政权，推进多元化和多党民主。但是，施行多元化政治就像打开了潘多拉魔盒，激发了部族仇恨。从1990年实行"自由选举"开始，胡图人就开始散布反图西人的口号，甚至把图西人描绘成"民主的敌人"，群众运动被称为"胡图权力运动"。面对胡图人的暴行，一支由图西人领导的，自称为卢旺达爱国阵线的武装力量从邻国乌干达入侵卢旺达，与胡图人展开了武装斗争。1994年，卢旺达总统哈比亚利马纳罹难，"胡图权力运动"组织发布全国性号召，向图西人发起了血腥屠杀。在短短的100天里，胡图人杀死了大约80万~100万图西人。大部分西方人坚持认为，卢旺达的惨剧与推行民主化无关。卢旺达的胡图人与图西人在历史上虽然也有发生暴力事件的记录，但政治上的动荡明显是这场大屠杀的催化剂。美国耶鲁大学法学院的教授蔡美儿认为，"事实仍然是，卢旺达的多数群众支持了，实际上还身体力行了1994年那场无以言表的暴行。在某种可怕的意义上说，在大规模贫困、殖民屈辱，被政治煽动所操纵，对极其富有的'外来'少数族群心怀怨恨的情境中，这些暴行是'多数人意愿'的一种体现"。[27]

中国对非洲的援助

非洲国家急需建立有效的国家治理体系，否则无法成功地进行现代化建设。

最近二三十年来，非洲国家政府面临合法性危机，即使选举出了政府，由于各种原因，选举产生的政府会被指控有贿选、腐败等罪名。美国"宪法之父"麦迪逊有一句名言："对一个人统治人的政府而言，重要的是先要建立权威，然后才谈得上监督它。"对非洲国家而言，困难之处在于，虽然可以通过选举产生政府，但因为部族矛盾、宗教矛盾等，合法选出的政府往往没有足够的权威，经常会被各种力量推翻，如军事政变和外国军事干预等。

同时，非洲国家的市场太小，无法实现规模经济效益，若要扩大市场，地区经济一体化是必然的选择，西非国家经济共同体和西非法郎区等都是推动一体化的尝试。

非洲国家的政府面临着国家建设和地区一体化建设的双重任务：一方面，需要建立并保护国家主权；另一方面，要适时地让出部分主权，形成地区组织，以提高管理效率并形成规模经济效益。困难之处在于，当某个非洲国家出现动荡或军事政变时，非洲的地区性组织往往无力提供调停的平台或干预的工具。不得已，许多非洲国家在遇到困难时，仍需要求助原来的宗主国（如法国），请它们进行干预。但这为外部势力干预非洲国家的内部事务提供了极好的借口。比如，法国驻科特迪瓦的军队就曾与联合国驻非洲的其他维和部队一起，参与了瓦塔拉反对巴博的战斗，最终推翻了通过选举产生并宣称获得了多数选票的巴博政府。虽然法国舆论声称巴博在选举中舞弊，但也有研究认为，是巴博政府在执政期内"损害"了法国企业的利益，才遭到法国军队的报复。[28]

"阿拉伯之春"运动爆发后，极端宗教势力和恐怖主义势力很快从北非向西非蔓延，非洲国家更感到跨国合作的必要性与国家建设的急迫性。

非洲发展急需解决在国家建设过程中人力资源匮乏的问题，急需培养大量工程师、法律人员、经济管理人员，还需要建设忠于国家的现代化军队，克服部族矛盾，只有培养出大量跨部族的技术人员，才能使国家建设真正走上正轨。

中国可以在培养非洲的技术人员上提供更多的帮助。中国政府可以提供更多的奖学金，向非洲的学生与技术人员提供长期或短期的培训机会。中国企业在非洲有不少投资，中国政府应该鼓励中国企业加强对非洲员工的培训，在帮助非

◻ 发展新动能

洲国家加强"硬件建设"的同时,也加强"软件建设"。非洲国家的政府也应该努力克服国内的部族矛盾,更平衡地输送不同部族的学生和技术人员到中国来培训,推动本国社会的和谐发展和国家的现代化建设。

最近一些年来,随着中国对非洲的援助和投资的增多,非洲国家与中国的关系日趋紧密。但是,国内外舆论都对这种趋势表示了担忧。西方媒体吃不到葡萄说葡萄酸。中国有舆论担心中国对非洲的援助会"打水漂",因为许多非洲国家的政治形势不稳定,经济发展的对外依赖性很强,在这些地方投资,可能需要承担风险。非洲国家则认为,中国的成功对后发国家来说有许多可借鉴之处。

西方国家对非洲实行国际援助的目的并非帮助非洲发展,一方面,西方人想要让非洲人对西方国家感激涕零,另一方面,西方的左翼知识分子希望通过援助得到心理上的安慰。因此,西方国家主导的国际援助往往是个陷阱,它对非洲的伤害有时要大于帮助。

从历史经验来看,国际援助一般只发生在盟国之间,二战后,国际援助才成为制度性地帮助一些"落后"国家发展经济的代名词。

二战结束后,"马歇尔计划"开创了国际援助的先河。此后不久,西欧国家也对前殖民地国家展开了一定规模的"国际援助",还签署了《洛美协定》和《雅温德协定》,给予非洲国家特殊的贸易优惠政策。

然而,这种国际援助是建立在冷战的背景之上的。从 20

世纪 50 年代末开始，亚洲和非洲国家的民族独立运动风起云涌，许多国家纷纷脱离欧洲宗主国宣布独立。在这一背景下，社会主义阵营的国家从道义上支持这些国家的独立运动，而西方国家担心非洲国家全都加入社会主义阵营，因此，西方国家的国际援助并没有真正用在培养非洲国家的劳动力和发展生产力上，许多钱都用在了人际关系方面。比如，若有非洲国家的政客支持西方国家的立场，西方国家就花钱支持他们。非洲国家一些靠军事政变上台的独裁者都曾经获得过西方国家的援助。但这对非洲国家的人力资源培养和工业化体系建设都没有什么帮助。此外，西方国家提供的国际援助有很多都是开发贷款，用于开发非洲国家的资源。西方国家需要海外资源和市场，对非洲的国际援助很大程度上是为了开辟新市场，同时开发新的供应商。

然而，国际市场上的资源价格忽高忽低，决定市场价格的是发达国家的需求和美元汇率。非洲国家投资资源开发多了不是，少了也不是。投资多了，市场上资源供给太多，形成价格竞争，生产越多越赔钱。投资少了，无法形成规模经济效益，开发资源根本收不回成本。非洲及拉丁美洲一些国家的经济学家的研究发现，发展中国家经常会遇到国际贸易条件恶化的情况：当资源价格不断下跌，开发的资源越多，价格跌得越厉害，它们能获得的利润就越少，而为了开发资源而欠的债务却不断上涨。经济学家把这种现象归咎于国际经济结构（秩序）的不平等。

联合国为改善世界各国贫富不均的状况，自 1961 年起相继提出了多个"发展十年"计划。在 1981 年开始的十年计划中，根据第 25 届联合国大会通过的第 2626 号决议，发达国家每年应拿出其 GDP 的 0.7%，为发展中国家提供发展援助，以缓和日益扩大的南北差距。成立于 20 世纪 60 年代中期的联合国开发计划署及联合国贸易和发展会议在这方面也做了大量有益的工作。

联合国开发计划署的工作旨在为发展中国家提供技术援助，是当前国际上提供多边技术援助的最大机构，其 80% 的资金被用于援助年人均 GDP 不足 600 美元的最不发达国家。联合国贸易和发展会议，是一个协调南北关系和审议有关国家贸易与经济发展问题的国际经济组织，发展中国家的贸易和发展问题在其议程中受到特别关注。1968 年，联合国贸易和发展会议推动了对发展中国家的对外贸易实行"普遍优惠制"。2000 年 2 月在曼谷举行的第十届贸易和发展会议以全球化为主题。这届大会通过的《曼谷宣言》和《行动计划》两份重要文件，充分反映了发展中国家在经济全球化进程日益加快的形势下，要求建立更公正合理的国际贸易秩序的强烈愿望，同时提出了一系列有利于国际经济平衡、健康、可持续发展的具体建议。

直到 20 世纪 70 年代，国际援助主要还是集中在经济领域，但 80 年代就开始拓宽到社会领域，涉及多边和双边的技术援助项目。究其原因，在 20 世纪 80 年代，部分发展中国家已经实现了经济腾飞，对经济援助的需求下降；另外，发展经济学的大量研究表明，经济增长与社会全面进步有很大的关系。国际援助必须向其他方面倾斜,才能帮助发展中国家更好地发展。因此,健康、教育、妇女、人口、环境、资源等逐渐成为发展计划中的重要方面。

冷战期间,西方国家虽然向非洲国家发放了大量发展援助贷款,但非洲国家并未能走上发展之路。许多国家还落入了债务陷阱,开发资源的利润还不够拿来还债。

发达国家往往以经济援助的名义要求发展中国家按照西方国家的愿望进行政治和经济改革,并把这些改革作为援助的附加条件。比如,一些西方国家将受援国国内的政治、经济和社会状况,甚至人权记录和民主进程都当作是否发放援助贷款的重要指标和根据。援助国苛刻的政治条件使一些发展中国家得到发展援助的数额日益减少。

国际援助的附加条件日益增多。越来越多的援助国将国际援助与采购商品和使用劳务联系在一起,而且"限制性采购"占援助款的比例不断提高。发展援助委员会成员国提供的双边援助有一半以上要求受援国购买援助国的商品并使用援助国的劳务。这种带有"限制性采购"的援助迫使受援国进口一些质量差但价格高的商品和劳务,以及不适用的、过时的技术和设备,这不仅削弱了援助的作用,还加重了受援国的债务负担。

20世纪80年代末期,随着一些社会主义国家改革大潮的涌起和东欧剧变,西方国家开始将"民主、多党制、私有化"作为向发展中国家提供发展援助的先决条件。冷战时期,在西方国家中,法国被"分配"管理非洲。法国在许多非洲国家有驻军，西非与中非许多国家的货币都与法郎挂钩。西非法郎直到现在仍是西非 8 个国家的货币，而中非法郎是中非 6 个国家的货币。法国给这些使用西非法郎和中非法郎的国家提供财政补贴，帮助这些国家钉住法郎的汇率。冷战结束后，法国财政吃紧，拿不出那么多钱来补贴非洲国家。法国对非洲的援助便开始与民主化挂钩，许多非洲国家开始推行多党选举。这样做一方面减少了法国的财政补贴，另一方面使法国占领了道德高地，似乎可以推动非洲国家的发展。结果，非洲的民主化激发了当地不同部族之间的矛盾。卢旺达大屠杀就是在这种背景下发生的。

20 世纪六七十年代是国际援助的高潮期。20 世纪 80 年代后，国际援助的规模没有大幅增长，甚至有些停滞不前。

以经济合作与发展组织成员国为例，1970—1980 年，该组织成员国的援助额从 69.86 亿美元增加到 272.96 亿美元，增长幅度为 290.72%；而 1980—1990 年的援助额虽然从 272.96 亿美元上升到 533.56 亿美元，但增长幅度却下降到 95.47%；20 世纪 90 年代后，国际援助的增长进入停滞阶段，1993 年的援助额仅比 1990 年增加了 10.97 亿美元，增长幅度仅为 2.06%。发达国家对发展中国家的援助的增长幅度在下降，但需要紧急援助的最不发达国家却从 1970 年的 25 个增加到 1998 年的 48 个，符合国际开发协会援助条件的极端贫困的国家，也从 1990 年的 42 个增加到 1996 年的 70 个。国际援助规模的增长停滞与贫困国家不断增多的矛盾日益突出。[29]

在这种背景下，进入 21 世纪后，中国对非洲国家的援助与投资日益凸显。

其实，在 20 世纪六七十年代，中国还不富裕时，中国就一直支持非洲国家的建设。坦赞铁路就是中国"勒紧裤腰带"支援非洲国家的最好证明。中国对非洲国家的援助帮助它们解决了许多基本的发展和民生问题，中国也因此赢得了非洲国家的支持。1971 年，阿尔巴尼亚和阿尔及利亚等国家在联合国大会上提出，要恢复中国在联合国的合法席位，许多非洲国家投票支持中国。当时中国的生产能力有限，因此当时中国对非洲的援助和投资也都有限。

进入 21 世纪后，随着中国的发展，中国对非洲的援助与投资也与日俱增。2000 年，中国首次宣布减免非洲国家债务，免除了 31 个非洲贫穷国家的债务，以及其他世界上最不发达国家的部分债务，共计约合 100 亿人民币。2000—2011 年，中国共计为 51 个非洲国家提供经济支持（以经济援助、免息贷款、优惠贷款、商业贷款等方式），共资助 1 673 个项目，合计 750 亿美元。中国对非洲的援助是以非洲人民的需求为出发点的，能满足当地社会和经济发展的需要。

中国决定进一步扩大对重债穷国和最不发达国家的援助规模，通过双边渠道免除或以其他方式免除所有同中国有外交关系的重债穷国的债务。中国决定给予所有同中国建交的 39 个最不发达国家部分商品零关税待遇，包括这些国家的多数对华出口商品。中国还决定向包括非洲国家在内的发展中国家提供 100 亿美元优惠贷款及优惠出口买方信贷，用以帮助发展中国家加强基础设施建设，推动双方企业开展合资合作。

◯ 发展新动能

除了经济建设投资外，中国还为非洲提供防治疟疾的物资药品等，帮助非洲国家改善医疗设施，培训医疗人员。最近一些年来，中国帮助非洲国家培养了许多人才。

一位在非洲工作了多年的中国外交官说，中国为非洲提供了大约260亿美元的各种无息、低息优惠贷款。乍看起来，中国政府的财政补贴开支巨大，但中国企业同时也得到了非洲高达5 482亿美元的工程承包合同。有许多民营企业，以及100多万中国劳务人员走进了非洲。因此，中国在非洲的援助与投资是对双方都有利的。[30]

西方舆论认为中国只对非洲的资源感兴趣，中国在非洲的投资也只集中在资源开发领域。事实上，中国在非洲的投资与援助是全方位的。在许多非洲国家，中国的投资主要集中在制造业领域，这能帮助非洲国家真正实现工业化。比如，因为没有太多的矿产资源，埃塞俄比亚是非洲最穷困的国家之一。近年来，中国帮助埃塞俄比亚建立了东方工业园。一些中国的制造企业与埃塞俄比亚企业合作，帮助它们培养了许多技术工人。埃塞俄比亚经济的年增长率连续5年都在10%左右，成为非洲的一颗耀眼的新星。中国人民大学重阳研究院的执行院长王文曾参观过一所埃塞俄比亚的中资服装厂。当地工人的月薪为700元左右，生产服装的成本只有中国的1/7，产品质量达标。虽然辅料和缝制设备需要从中国进口，但埃塞俄比亚对欧美国家出口没有限制，抵消了直接从中国出口的贸易风险。

在坦桑尼亚，中国与当地企业的产能合作产生了非常积

第十二章　中国如何促进非洲发展

极的效果，为当地基础设施建设提供了急需的钢材、水泥等材料，也提供了许多工业制成品。在坦桑尼亚前首都达累斯萨拉姆，中国玖地公司投资 1 600 万美元建立了一家工厂，雇有当地员工 1 600 余名，出口额达 1 800 万美元，产品主要销往美国和欧洲。

西方舆论指责中国对非洲的援助与投资不附加条件，不利于非洲的民主化和公共治理的透明化。而现实是，中国对非洲的援助是以非洲人民的发展为前提的，能够促进经济增长、社会进步，从教育到卫生，全面改善非洲人民的生活与工作条件。中国十几年来对非洲的援助比西方国家几十年的国际援助更有效。

最近一些年来，西方国家与中国在援助非洲方面的竞争趋于激烈。这使中国的援助与投资遇到了新的挑战与压力，但也迫使中国企业在非洲做得更好、更规范。

西方国家在对外援助方面已经不那么"慷慨"了。有西方政策研究人士认为，新兴经济体（如中国和东南亚国家）已经"毕业"了，不应该再享受援助。还有舆论认为，既然援助资金使非洲国家产生了依附性，许多国家陷入越发展欠债越多的恶性循环，那还不如鼓励民间投资，只要创造出对外来投资友好的环境，就能吸引更多的资金。另外，发达国家对非洲国家的援助逐渐偏离了发展援助的初衷，越来越强调对政治改革、民主、人权、私营经济发展等领域的援助，并且把这些作为提供援助的前提条件。受援国若不按援助国的要求调整经济结构，就很难得到更多的援助资金。

273

◻ 发展新动能

在缩减援助资金的同时，越来越多的西方国家开始实施以无偿形式为主的援助方案，偏重提高人口素质，转向人力资源开发。

发展援助委员会是协调西方援助政策的核心机构，最近一些年来，它不断呼吁西方国家要重视加强受援国的机构建设，提高受援国的行政管理能力，进行多方面的政策协调与对话。这意味着发达国家的发展援助将更加深入受援国的行政决策过程。

中国在非洲的援助和投资未来面临着三重挑战：

首先，建立话语权。发达国家对发展中国家的援助虽然在减少，但它们在国际援助的话语权方面仍占有不少优势。比如，它们的援助主要用于培养人力资源，虽然钱花得不多，却起到了四两拨千斤的作用。它们培养出来的非洲政治精英，经常在非洲国家占据重要职位，这些人不时在西方的主流媒体上发表文章，对中国在非洲的援助与投资发表怀疑论调，被西方媒体大篇幅转载。

为了回击这些谬论，中国需要注重同时发展硬实力和软实力。我们如果只注意硬实力的投资，虽然效率很高，可以很快帮助非洲国家建设基础设施，却忽视了舆论，最后可能"费力不讨好"，被人歪曲诟病。其实，只有"硬件"投资，没有"软件"投资，也很难让现代化的基础设施和现代化的工业生产设备发挥出最大效益。笔者在非洲调研时，就不止一次听到非洲人表示担忧。许多现代化的医院、学校等在完工交给非洲人后，如果没有同时培养出合格的管理人员和专业技术人员，那些现代化设备可能很快就会陷入无人照管的困境。所以，近年来，中国政府给非洲学生发放的奖学金在不断增加，中国各大学招收的非洲学生人数也在增加，这些都为增强中国在非洲的软实力奠定了基础。

其次，做好在非洲投资的中国企业之间的协调工作。把手指合起来攥成拳头，打出去才更有力。有时，为了争夺非洲市场，中国企业之间的竞争也相当激烈，部分企业与非洲方面的沟通方式也不妥当，有时甚至会导致项目流产。要更好地推动中国对非洲的援助和投资，中国政府必须做好协调工作，中国驻非洲国家的大使馆应该起到更多协调企业活动的作用。为此，中国的企业应配合政府，树立中国政府在非洲的良好形象。中国对非洲的援助和投资在短时间内推动了非洲的发展，但这种援助是否能够推动非洲的可持续发展，还取决于中国企业是否能做到谦虚谨慎，尊重当地的风俗习惯，从非洲人民的利益出发，为非洲人民带去发展急需的资本、技术和人才。

中国在非洲的投资也面临来自美国、日本及欧洲国家的竞争。随着非洲的崛起，越来越多的国家与企业把目光投向了非洲。非洲吸引的外来投资迅速增长。

虽然全球跨境投资在减少，但在2015年，非洲仍是外国直接投资增长最快的地区之一，增长率为7%，创造的就业数量也高于2010—2014年的全球平均水平。2015年，美国共在非洲开展了96个投资项目，共投资69亿美元，成为当年非洲最大的外来投资国。英国、法国和阿联酋等传统投资国也

◠ 发展新动能

恢复了对投资非洲的兴趣。此外,非洲吸收外资的产业结构也发生了变化,由原先集中于几个国家和资源型产业,变得更加分散和多元化,商业服务、汽车、环保技术和生命科学成为新的投资热点。

中国大力投资非洲,与非洲国家开中非合作论坛,日本也紧跟着召开东京非洲发展国际会议,安倍在2016年访问非洲,还称日本要给非洲提供300亿美元的援助,显然,日本也希望开发非洲市场,与中国竞争在非洲的影响力。

中国无法阻止其他国家和地区对非洲市场感兴趣。美国、欧洲国家和日本加大对非洲的投资,对中国来说也有一定积极作用。

一方面,非洲吸收的投资越多,发展就会更快一些,政治形势也会更加稳定,中国的投资就更容易收回成本。随着投资的增加,非洲经济将快速增长,这会为中国提供更大的市场。另一方面,有其他国家的企业投资,会让中国企业感到更大的竞争压力,它们必须做得更好,才能保住非洲的市场。这就会形成一个"倒逼"机制,逼着中国企业既要提高效益,又要改善对外形象,还要靠过硬的产品和服务来说服非洲人相信"中国制造"的优势。

中国应扩大软实力影响

根据美国研究机构发表的统计报告,中国在2000—2011年对非洲提供的援助共计750亿美元。这些援助的涉及面非

第十二章　中国如何促进非洲发展

常广，54个非洲国家中有51个都接受了中国的援助。

中国对非洲国家的援助涉及多个领域，包括减免债务、基础设施建设、教育、卫生等。毋庸置疑，中国对非洲国家的援助给非洲国家带去了许多好处，还带动了中国企业对非洲的大量投资，促进了非洲的经济增长。2012年，全球主要的经济体（包括中国）的增长率都比2011年低，而撒哈拉沙漠以南的非洲地区的经济连续数年增长强劲，2012年的经济增长率高于2011年。中国除了对非洲国家提供直接援助外，还给予了非洲国家许多优惠贷款，资助这些国家的发展。按照世界银行的研究数据，中国给非洲国家的贷款超过了世界银行给非洲国家的贷款。2005—2010年，中国的海外投资中有14%投向了非洲国家，这给非洲国家创造了就业机会，推动了它们的经济发展，也促使中国与非洲之间的贸易规模迅速扩大，2010年双方的贸易额超过了1 200亿美元。照目前的速度发展下去，未来10年内非洲很有可能成为中国最大的贸易伙伴。

中国对非洲的援助和投资不仅带动了非洲国家的经济发展，也给中国带来了巨大的好处。首先，对非洲的援助和投资缓解了中国企业的产能过剩。援助促进了投资，援助加投资提高了投资的效益。中国对非洲国家基础设施建设的援助延长了中国机器设备的使用期。其次，非洲发展起来后，中国的出口市场也就扩大了。2008年国际金融危机爆发后，许多发达国家受债务问题的困扰，经济增长陷入停滞，传统出口市场萎缩严重影响了中国经济的增长。中国对非洲等发

发展新动能

中国家的援助和投资促进了中国对这些地区的出口，弥补了中国对发达国家出口减少带来的负面影响。

当然，伴随着中非经贸合作的快速发展，也少不了"成长中的烦恼"。随着中国国力增强，非洲国家对中非合作的期待不断提高，但中国的能力还有所不足。中国企业走出国门的时间不长，还欠缺国际化经营的经验，在本土化经营和履行社会责任方面也需要提高。

中国与非洲的经济合作是未来全球经济增长的重要保障，中国企业应着眼长远发展，尊重和培养非洲员工。过去，中国的技术人员曾与非洲同僚同吃同住，手把手地教他们工程技术和管理方法。我们该重温这些成功的经验。

中国对非洲的援助对双方都有利，中国企业的管理人员应该看到这一点。而且，世界各国都看好非洲的发展前景，其他金砖国家也在加大对非洲的援助和投资，美国等发达国家也一样。中国企业在非洲不仅要面对在当地经营的各种挑战，还要面对来自其他国家企业的竞争。比如，美国研究机构的研究结果表明，美国对非洲提供的援助与中国不分伯仲，甚至绝对额可能还高于中国。在激烈的竞争环境下，中国企业应该明白，我们对非洲的援助和投资有利于发展中国的软实力，有利于中非合作的长远发展。

加快用人民币投资非洲的步伐

最近一些年来，中国在非洲的投资成绩斐然。中国对非洲的基础设施投资促进了当地经济的发展，提高了就业率，大幅提升了当地人民的生活质量。中国企业在非洲大展身手，在许多领域不断投资，拓展经营范围，在获得巨大收益的同时，也为当地人民带来了财富与就业机会。然而，成功中也藏有一些隐患，中国企业习惯用美元投资就是其中之一。如果我们不加快用人民币投资非洲，美元投资可能会成为非洲债务危机的导火索。

第一，美元投资存在巨大的汇率风险。美元汇率的周期性变化取决于美国的经济发展周期，还取决于美联储对美国经济走势的判断。但使用美元投资的经济体的发展周期未必与美国经济发展周期同步，一旦出现偏差，许多使用美元投资的国家就会受到美联储政策的"附带损害"。历史上，这类的例子不少。20世纪70年代，石油危机导致美元贬值，许多拉丁美洲国家与非洲国家都借入了大量美元开发石油，这也让它们享受了几年的暴富。但是，好景不长。1980年，美联储主席沃尔克用大幅提高利率的方法来遏制通货膨胀，想让美国经济摆脱"滞胀"。结果，那些借贷美元开发石油的国家在20世纪80年代先后掉入了美元债务陷阱。美元债务的利息大涨，而石油价格受美元汇率暴涨的影响下跌，这些国家就变得入不敷出，难以偿还债务。因此在20世纪80年代中期，许多拉丁美洲国家与非洲国家爆发了债务危机。20世纪90年代，东南亚国家的货币汇率与美元挂钩，同时开放了金融市场，而后外国投资者长驱直入。这些美元投资创造了东南亚的经济奇迹。然而，20世纪90年代中期，美联储认为互联网经济泡沫太大，便提高利率以遏制金融市场的投机行为，同时也引起美元汇率大涨，资本撤离亚洲。于是，1997年亚洲爆发金融危机。

20世纪60年代末，与美元挂钩的布雷顿森林体系让西欧国家饱受美元汇率波动带来的负面影响。在美国前财政部长康纳利访问西欧时，西欧国家的领导人向其抱怨美元带来的危害。康纳利说了一句至理名言："美元是我们的货币，是你们的问题。"这句话恰如其分地道出了美元霸权给其他国家造成的危害。用美元在非洲投资至今仍没逃脱这个逻辑。

第二，非洲国家管理美元资产面临许多困难。美元投资对非洲国家来说就是外债，而偿还外债的能力取决于非洲国家出口换汇的能力。非洲国家一般都是资源出口型国家，它们出口换汇的能力既取决于制造业国家对原材料的需求，也取决于用美元定价的资源价格的走势。当制造业需求旺盛，对原材料的需求旺盛时，国际市场上资源价格高昂，非洲国家就受益。但从2008年国际金融危机爆发以来，发达国家的消费市场一直萎靡不振，而这些国家的消费市场往往是最终市场，所以国际市场对工业制成品的需求也不太旺盛。有时，原材料（包括能源）的价格暴涨暴跌，那主要是投资者在国际期货市场上进行金融投机的结果。或者，某些国际地缘政治因素会让国际金融市场上的投资者认为未来市场供给会紧张或过剩，这也会刺激价格上涨或下跌。在实行了10年极其宽松的货币政策后，美联储及西方各国央行都进入了收紧货币政策的过程。虽然这一过程很漫长，并且发达国家可能还会阶段性地推行宽松的货币政策，但发达国家总体收紧货币阀门应该是未来世界经济发展的大趋势。这种趋势会造成美元等货币的升值，以美元等硬通货定价的资产价格上扬，这会吸引更多的投资者，而投资者撤离资源市场则会引起资源价格的下跌，借了美元债务开发资源的非洲国家将面临巨大的风险。

非洲许多国家并不直接掌握自己的外汇储备，因此很难管理自己的外债。比如，西非国家经济共同体的成员国使用共同的货币——西非法郎，而西非法郎曾与法国法郎挂钩，现在与欧元挂钩，按照它们与法国及欧洲央行达成的协议，它们的外汇储备是交由欧洲国家管理的，这是让欧洲人替它们管理货币的代价。因此，在接受外来投资时，未来如何偿还外债是一个重要问题。在正常时期，为了防止债务匹配的错误，世界银行及国际货币基金组织还要对非洲国家借债的各种比例说三道四。一旦出现债务危机，为了拯救这些债务国，这些国际机构很可能会代表它们的"大股东"（欧美国家）强制债务国用贱卖国家资产的办法来抵债，或用国家资产作为抵押物换取更大的外汇贷款来还债。国际货币基金组织苛刻的放贷条件已经被发展中国家批判了无数次，但一遇到危机，这些规则还是屡试不爽。中国对非洲的投资有许多都是用美元计算的，未来非洲国家也必须用美元来偿还。若未来出现上述现象，当非洲国家出现外债货币错配，导致无法还债时，中国会被指责造成了债务危机，成为"替罪羊"。因此，从现在起把美元投资转为人民币投资，是非常有必要的。

第三，用人民币投资非洲有诸多好处。（1）中国企业用人民币投资规避了汇率风险，还可以统一国内外两个市场，对企业的综合发展规划有利。（2）中国政府可以鼓励非洲国家接受中国企业用人民币采购它们的资源和其他产品，这可以推动人民币的国际化。现在，人民币已经正式纳入国际货币基金组织的特别提款权货币篮子，成为一些非洲国家外汇储备中的一部分，它们会愿意接受用人民币来结算向中国的出口。（3）非洲国家获得人民币后，可以用来支付中国企业在非洲的投资项目，剩余部分也可以用来到中国债券市场上投资，或到欧洲等人民币离岸市场上去投资赢利。（4）非洲国家大量使用人民币后，即使出现暂时的偿债匹配问题，也不会出现货币危机。人民币是中国的主权货币，中国可以重新安排人民币债务，给非洲国家的人民币债务展期、重组，其实无非就是推迟还债时间，多加一点利息而已。中国可以向非洲国家解释用人民币借贷的好处，鼓励非洲国家接受人民币投资。

在人民币国际化问题上，中国过去习惯盯着欧美发达国家，用人民币结算与这些发达国家的双边贸易是人民币国际化的重要环节。但是，随着中国企业在非洲及"一带一路"沿线国家的投资不断增长，这些投资的"人民币化"也应该成为人民币国际化的重要部分，而且随着时间的推移，应该成为更重要的部分。

综上所述，非洲拥有巨大的发展机遇。随着中国对非洲投资的增长，非洲这个"被历史遗忘了的角落"在21世纪第二个10年成了被各国追捧的投资对象。中国需要加大政府与企业间的协调，中国企业必须持续改善在非洲的投资与经营才能保住中国企业在非洲的优势。从另一个角度看，这种各国竞相加大对非洲投资的局面如果形成一种良性竞争，便有可能让非洲走出需要国际援助的阴影，走上可持续发展的道路，成为带动世界经济增长的新引擎。

第十三章　构建人类命运共同体

当今世界面临的难题是，某些问题具有全球性，但目前解决这些问题的方法沿用的却是民族国家的框架，两者之间存在明显矛盾。比如，气候变化对所有国家都有影响，但有些国家并未对气候变化造成很大影响，却要承受气候变化带来的危害。又如，国际恐怖主义势力在各国蔓延，许多国家凭一己之力难以遏制恐怖主义势力的发展。当我们试图在民族国家的框架内解决这些问题时，许多问题是无解的。如何才能找到解决这些全球性问题的方法，各国如何才能达成解决这些问题的共识？国际舆论应重视中国提出的构建人类命运共同体的理念，这可以视为一种解决全球性问题的中国方案。

人类命运共同体突破国家集团的桎梏

在人类历史上，不同国家和国家集团之间为争夺权力发生了数不清的战争与冲突。仅20世纪就发生了两次世界大战，一战造成1 000多万人死亡，二战造成近7 000万人死亡，受伤者不计其数。二战后，美国和苏联两个超级大国针锋相对，形成了两极世界的格局，冷战拉开序幕，虽然核威慑阻

◇ 发展新动能

止了新世界大战的爆发,但两极世界的格局却阻碍了国家间的交流。

冷战结束后,随着经济全球化的发展,资本、技术、信息、人员的跨国流动加快,各国之间相互依赖的程度加深。各国之间形成了一种利益纽带,每个国家要实现自身利益的最大化就必须维护这一纽带,维持一种大家都愿意接受的国际秩序。

在两极世界,各国归属不同的国家集团,集团内部有等级之分。占据领导地位的国家不仅拥有支配其他成员国的权力,它们彼此之间也存在着一种不太平等的关系,霸权国家通过国家集团内的分工享受着巨大的权益。发动战争是争取权力再分配的一种形式,战争的目的或是为了打破集团内的势力平衡,或是为了从其他集团那里争取一些成员国,以获得更多的利益。

然而,进入全球化时代后,和平竞争成为主流,代替了战争等极端手段来实现国家发展的目标。各国在经济上的相互依存有助于国际形势的缓和,各国还可以通过国际体系和多种全球机制来维持、规范相互依存的关系,维护共同利益。

2008年国际金融危机的爆发使人们对全球经济休戚与共的状况有了更深的认识。1997年亚洲金融危机使东亚国家全都受到影响,2000年,东盟国家与中日韩三国(10+3)的财政部长签署《清迈协议》,这是亚洲货币金融合作取得的最为重要的制度性成果。2008年,国际金融危机爆发,全球经济陷入衰退,G20峰会通过推行"刺激经济计划"的决定,防止贸易保守主义回潮，使全球经济避免了一次断崖式的萧条。可以想象，如果在这次大危机中各国之间不合作，而是以邻为壑，向外转嫁危机，那么这场危机可能会像 20 世纪二三十年代的大萧条一样，导致国家集团的形成，甚至可能会引发世界大战，再次给人类社会带来灾难。

当然，这个世界上还有许多人喜欢用两分法来看问题。面对中国的迅速崛起，美国的一些战略家开始担心中美关系将陷入"修昔底德陷阱"。换句话说，他们认为，出于对丧失霸权地位的担心，美国可能会想办法联合其他国家围困中国，这势必会引起中国的反抗，导致中美之间的巨大冲突。但中国的领导人并不是这样想的。

2015 年初，习近平主席在访问联合国日内瓦总部时说："国家之间要构建对话不对抗、结伴不结盟的伙伴关系。大国要尊重彼此核心利益和重大关切，管控矛盾分歧，努力构建不冲突不对抗、相互尊重、合作共赢的新型关系。只要坚持沟通、真诚相处，'修昔底德陷阱'就可以避免。"[31]

要摆脱"修昔底德陷阱"，中国的办法是构建人类命运共同体。2011 年，《中国的和平发展》白皮书提出，要以"命运共同体"的新视角，寻求人类共同利益和共同价值的新内涵。党的十八大报告提出："这个世界，各国相互联系相互依存的程度空前加深。人类生活在同一个地球村里，生活在历史和现实交汇的同一个时空里，越来越成为你中有我、我中有你的命运共同体。" 2013 年 3 月下旬，习近平在就任国家主席后首次出访俄罗斯。他在莫斯科国际关系学院的演讲中，提

◻ 发展新动能

出了人类命运共同体的概念。2015年9月下旬，联合国成立70周年系列峰会召开，习近平访问纽约联合国总部，发表了题为《携手构建合作共赢新伙伴，同心打造人类命运共同体》的讲话，这是中国最高领导人首次在重大国际组织场合中提出人类命运共同体的概念并详细阐释其核心思想。这不由得让人想起，1974年，邓小平率领中国代表团出席联合国大会第六届特别会议，邓小平在大会上全面阐述了"三个世界"理论和中国对外关系的原则。

当今世界面临诸多全球性问题：粮食安全、资源短缺、气候变化、网络攻击、人口爆炸、环境污染、流行病、跨国犯罪等。这些全球性的非传统安全问题对国际秩序和人类生存都构成了严峻挑战，不论人们身处何国、信仰如何、经济条件如何，都面临这些问题，全人类必须共同努力，找到解决问题的办法。因此，中国提出人类命运共同体理念，受到了国际舆论的注意，并逐步获得国际组织的认可，被写入了联合国的决议。

大同世界是中国文化中人类社会的理想形态

构建人类命运共同体的理念体现了深刻的中国文化内涵。春秋战国时期，中国的先哲们已经开始讨论如何建设理想社会。儒家经典《礼记》中的《礼运》篇把理想社会描述为"大同"：

第十三章 构建人类命运共同体

"大道之行也,天下为公。选贤举能,讲信修睦,故人不独亲其亲,不独子其子,使老有所终,壮有所用,幼有所长,矜寡孤独废疾者皆有所养。男有分,女有归。货恶其弃于地也,不必藏于己;力恶其不出于身也,不必为己。是故谋闭而不兴,盗窃乱贼而不作,故外户而不闭,是谓大同。"

春秋时期,诸侯国之间战争不断,小国消亡、大国争霸,构建"大同"世界的理想反映出人们在乱世中对和平的期盼。

《礼运》篇中,还谈到了"小康",在实现"大同"社会前,社会秩序需要有制度和礼义的约束。儒家经典中的"小康"代表了人民生活相对安定,基本的生活需求得到满足的状态,这一概念也被应用到现代中国的社会主义实践中。

《礼运》篇中提到的"天下为公",即天下是天下人的天下,为大家所共有。实现"天下为公",即可以消除因私心带来的弊端,使社会充满光明,使百姓得到幸福。中国人说一个人大公无私,也是对其个人品质的赞美。中国的传统文化强调,人不能只为自己着想,还要为他人、为社会、为自然着想;有国才有家,国泰才能民安,国富才能民富,社会发展才有个人发展。

中国的这种文化传统决定了中国的发展取向。历史上,无论是改良派还是革命派,如康有为和孙中山,他们往往都把建设大同世界当作奋斗目标。正因为有这种文化传统,在马克思主义进入中国后,以共产主义为最终目标的社会发展观才能很快被中国人接受。

发展新动能

当今世界进入了全球化时代，中国不能把自己的大同世界理想限制在中国内部，因为中国的发展也取决于外部环境的变化。当前，中国特色的社会主义建设进入了新阶段，中国国力大大增强，因此，中国不仅要"独善其身"，还要"兼济天下"。也就是说，中国可以影响世界的发展，可以把自己发展的经验与其他发展中国家分享，让它们都享受到发展的红利。在一个全球利益互相掺杂，中国的发展被全球化深刻影响的时代，只有世界各国均衡发展，中国才能发展得更好。

完善全球治理体系

构建人类命运共同体面临的挑战主要来自5个领域：经济、政治、安全、文化和生态。

在经济领域，世界各国只有相互合作，充分发挥各自的比较优势，才能实现互补，使世界发展得更好，实现互利共赢。南半球与北半球的国家只有更紧密地合作，共同推动经济全球化朝着更加公平、更加均衡的方向发展，才能使世界走向共同繁荣、共同富裕、共同进步。

在政治领域，世界各国应该相互尊重、平等协商、和平共处，共同推动全球治理朝向更加民主、更加公正、更加平衡的方向发展，世界上的主要大国要共同承担责任、共同协商、共同治理这些全球性问题，而不是去结成新的集团，互相拆台，破坏国际合作。

在安全领域，各国应该互不侵犯，互不干涉内政，尊重各国独立处理本国安全事务的权利。大国不应干涉他国内政，避免武力干预或威胁。同时，各国应促进多种形式的安全合作，维持地区与全球的安全与和平。

在文化领域，中国一直主张和而不同、以和为贵，主张各国能相互交流、相互借鉴，促进和保护世界各国、各民族文化的多样化、多元化、民族化。中国希望世界各国都能抱着开放包容、继承创新的精神，鼓励"百花齐放""百家争鸣"。

在生态领域，我们都生活在一个地球上，破坏了这个地球，全人类都无法生存。世界各国应该相互帮助、协力推进环境保护，共同应对全球生态环境危机和气候变化危机，构建"天人合一"的世界，共同走绿色发展道路，共同呵护人类赖以生存的地球家园。[32]

要解决这些全球性问题，构建人类命运共同体，就必须形成相应的国际制度与国际体系。中国支持现有的联合国体系，并积极参与联合国的各项活动，中国希望联合国在全球治理中能起到更加积极作用。中国积极配合联合国维持和平行动，中国是联合国安理会常任理事国中派出维和部队人数最多的国家。中国支持WTO，支持多边贸易体系，并积极组织和参加与世界多边贸易体系并行不悖的地区多边贸易体系。中国是《巴黎协定》的坚定支持者，积极配合减少二氧化碳排放的全球计划。可以说，在发展可再生能源与环境友好的生态经济方面，中国走在世界的前列。

当现有的国际体系无法满足需求，无法解决当前的全球性问题时，中国也在积极探索其他的国际合作途径。比如，中国意识到世界银行无法满足发展中国家在基础设施建设方面的需求，便倡议设立亚洲基础设施投资银行，获得了包括欧洲国家在内的诸多国家的积极响应，弥补了现有体系的不足。

中国不想"另起炉灶"，组建一个新的国际体系与现有的国际体系分庭抗礼，而是想弥补现有国际体系的不足，提供现有国际体系满足不了的服务。这与毛泽东在《论十大关系》中提出的"两条腿走路"的思想是相互呼应的。当客观条件不充足时，我们不能坐等着"天上掉馅饼"，而应努力去构建可以推动人类命运共同体发展的各种机制。

"一带一路"倡议促进人类命运共同体的建设

仅有远大的理想是不够的，还需要具体落实的方案。中国提出的"一带一路"倡议（即建设<u>丝绸之路经济带</u>与"21 世纪海上丝绸之路"的合作倡议）就是构建人类命运共同体的一种方案。

自"一带一路"倡议提出以来，2013—2018 年，中国与"一带一路"沿线国家的贸易总额超过 6 万亿美元，中国企业对"一带一路"沿线国家的直接投资超过 900 亿美元，年均增长率 5.2%。"一带一路"沿线国家新签对外承包工程合同的价值总额超过 6 000 亿美元，年均增长率 11.9%。全球已有 126 个国家和 29 个国际组织与中国签署了"一带一路"合作文件。

第十三章 构建人类命运共同体

"一带一路"倡议曾受到部分西方国家舆论质疑。然而，事实是中国企业在参与"一带一路"建设的过程中，不仅树立了良好的企业形象和品牌形象，还开拓了国外市场。举个简单的例子，哈萨克斯坦是"一带一路"沿线的重要国家，中哈共同推进"一带一路"建设具有重大意义。近年来，中国企业与哈萨克斯坦合作修建了很多基础设施，如公路、铁路等，大大改善了当地交通运输条件，同时还开拓了当地的汽车市场。中国的一些汽车企业看到了这一商机，不仅让中国制造的汽车打入了哈萨克斯坦市场，还用从中国运过去的汽车零部件组装出适合当地市场需求的新产品。

另外，在与"一带一路"相关的众多项目中，有很多项目都是以双边或多边合作的模式展开的，在这一过程中，中国与外国政府合作融资，中国企业扮演的则是项目承包商和建设者的角色。比如，孟加拉国是"一带一路"沿线重要国家。中国企业在孟加拉国承包了7座大桥的建设，其中帕德玛大桥是一个非常成功的巨大工程。帕德玛河位于孟加拉国北部，水流湍急，当地居民坐轮渡起码要用5个小时才能过河。以前，孟加拉国政府也曾向法国、德国等欧洲国家的企业提出过援建设大桥的请求，但因为桥梁设计和施工的难度太大，这些企业在做过试验后最终都放弃了这一项目。最终，中铁大桥局接过了这一挑战，对一般的桥墩在帕德玛河发水时容易被湍急的水流冲毁这一难题，中铁大桥局决定把100多根周长3米的钢管斜着打入河床深100米处，以此固定住大桥。当地居民对这一工程寄予厚望，称帕德玛大桥为"梦

发展新动能

想之桥"。

中国企业在中亚国家和东南亚国家修建的基础设施工程有不少都成了当地的地标性建筑。无论是道路、港口，还是城市污水处理系统，这些项目大大改善了当地的基础设施状况和当地人的生活条件。比如在马来西亚，中国企业承建了污水处理系统，改善了当地环境及居民的生活、工作条件，该项目周边的房地产价格迅速上涨。这些都大大提升了中国企业在国外的知名度，也大大提升了中国在"一带一路"沿线国家的威望。

"一带一路"相关项目对中国的企业、员工乃至全体中国人来说，也有巨大的好处。比如，随着"一带一路"相关项目的推进，中国对沿线国家的原材料、机器设备、日常用品等的出口都在大幅增长。自国际金融危机爆发以来，全球经济一直萎靡不振，中国的出口经过大滑坡后略有恢复，但仍处于缓慢上升的过程中。在 21 世纪头 10 年中，中国经济的腾飞与国际贸易飞速发展有着直接关系。如果世界对中国产品的需求大幅萎缩，那么，未来中国的经济增长、就业稳定、社会发展就会遇到新的困难。"一带一路"沿线国家为中国提供了新的市场，为中国出口打开了一片新天地，这对中国经济发展来说非常重要。

以广东省为例，广东省是中国出口第一大省，金融危机爆发后，广东省对传统市场（主要是欧美发达国家）的出口日趋放缓。但是，随着"一带一路"倡议的提出，广东省对"一带一路"沿线国家的出口迅速增长，特别是对海上丝绸之路沿线国家的出口的年增长率达 18% 以上，广东省对这一地区的投资的增长速度更快，年增长率在 30% 左右。广东省的跨境投资大大促进了国际贸易和出口，也带动了其他国家的经济发展。

对个人来说，参与"一带一路"项目建设，使中国的年轻人锻炼了自己、开阔了眼界、丰富了阅历，也为未来中国更深入地参与全球活动和全球治理打下了坚实的基础。对中国年轻人乃至全体国人来说，参与"一带一路"建设是一个宝贵的经历。

对中国企业来说，国内的项目几近饱和，通过"一带一路"向沿线国家输出技术和资金，不仅保持了中国企业的国际竞争优势，也大大提升了中国企业开辟新市场的能力。一些中国企业还在承包工程、树立品牌、锻炼员工等方面有了很大的收获。"一带一路"沿线国家有不少标志性建筑是由中国企业的设计师设计的。对建筑设计师来说，能参与"一带一路"沿线国家标志性建筑项目的设计，能在历史上留下浓墨重彩的一笔，是非常重要的事情，是实现个人梦想的最佳途径。

综上所述，"一带一路"倡议对个人、企业乃至中国来说都是非常重要的。

重振丝绸之路为处理乱世难题提供了解决之道

重振丝绸之路为中国走向世界提供了新的窗口，为处乱世难题提供了解决之道。长期以来,北纬30度地区的很多国家都陷入了战乱和民主革命的泥沼,百废待兴。但无论是民主革命还是战乱,在这些国家中,人的生存需求是第一位的。例如,阿富汗的战争持续了30年,这个国家从公共基础设施、民生经济到产业重组几乎都需要从零开始,但是阿富汗无法依靠自身力量迅速恢复生产秩序,重新发展经济。谁能帮上忙?美国在阿富汗的驻军维护了其社会安全,但美国也没有能力把这个国家的经济生产重新组织起来。"一带一路"倡议可以帮助这些国家重振经济,让当地居民的生活安定下来。中国人的思路是只有使社会和经济发展起来,给当地居民对未来更好的憧憬,他们对生活才能有盼头,开始追求新的生活。只有当地居民都去追求新的生活,社会才能逐渐稳定下来,经济才有发展的基础。

一战结束后,欧美发达国家长期在阿拉伯地区扶持一些势力,打击和遏制另外一些势力,这也带来了许多战乱,阿拉伯地区的人民由此对西方国家产生了一种厌恶感,导致西方国家的企业想进驻这些地区时总会遇到一些阻碍。但是中国没有这些历史包袱,阿拉伯地区的人民对中国特别是对中国企业的投资是抱着欢迎的态度的。丝绸之路经济带的开发可以使中国与沿线国家之间迅速达成开发协议。从这个角度来说,"一带一路"倡议对推动这一地区的经济发展和民族复兴都有特殊的意义。从全球角度来看,这一地区也是人口密集地区。比如,巴基斯坦、印度都是人口大国;伊朗、叙利亚、伊拉克、埃及、利比亚等国家尽管因为战争导致了大量人口的死亡，但这些国家依然是人口大国。中东地区和北非地区的总人口超过 6 亿，比整个欧盟的人口还多。有庞大的市场，就会有庞大的需求。丝绸之路经济带的建设可以在很大程度上开发当地的需求，开拓出巨大的市场。

从 2008 年国际金融危机爆发到现在，已经过去 10 多年，但危机的影响犹在，特别是对美国及欧洲的发达国家来说更是如此。在这种情况下，很多发达国家已经无暇顾及崛起的新兴经济体。中国现在已经成为世界第一的制造业大国，不仅有完备的工业制造体系，还有充裕的资金、先进的生产技术。所以，当中国以一种合作的姿态加入这些地区的经济重建和经济开发时，就会受到欢迎，发展潜力也非常大。所以说，中国重振丝绸之路也为处理乱世难题提供了解决之道。

建设丝绸之路经济带符合中国地缘政治利益

为什么建设丝绸之路经济带对中国来说非常重要呢？因为这符合中国的地缘政治利益。中国是一个地缘政治大国，也是一个陆权大国。所谓陆权大国，就是中国的疆域边界及其延伸对中国的国防安全和经济发展来说都特别重要。但是，近代以来，中国受到的威胁主要来自东南方，来自海上，比如鸦片战争、甲午战争、日本侵华战争等，都缘起于海上。但中国只要有稳定的大后方，也就是只要中国的西部和中部稳定，就能抵御住来自东南部和海上的压力。比如，在二战期间，日本军队迅速占领了中国沿海地区，国民党政府不断

◻ 发展新动能

往中部地区撤退,最后撤到了重庆,尽管当时日本军队的战争力很强,但因为西面有滇缅公路和印度的支援,国民党政府还是抵御住了日本的入侵。从历史经验可以看出,建设丝绸之路经济带有助于巩固中国的大后方,通过这个大后方,中国可以把广阔的欧亚大陆连接起来,把整个大陆都当作中国继续发展的依托。这是中国的地缘政治优势,是中国的地理优势。

中国是外汇储备大国,有3万多亿美元的外汇储备。如何更好地利用这个资源是中国面临的一个难题,也是中国手里的一张王牌。美国、欧盟、日本等经济体的债务从长久来看都是不可持续的。比如,日本政府的债务占其GDP的比例超过200%,美国政府的债务占美国GDP的比例也已经达到了105%左右。在欧盟,虽然欧元区国家的债务占总体GDP的比例还没有超过100%,但也已趋近,而且欧盟有一些成员国的债务非常高,占GDP的比重已经超过了120%,甚至接近140%。所以,前些年在欧洲爆发了好几次主权债务危机。根据历史经验,当一个国家的债务太高,终极解决办法就是依靠通货膨胀冲销债务,这是"和平赖账"的最好办法。如果发生通货膨胀,我们手中这些硬通货的购买力就会大幅下降。从这个角度来讲,如果未来这些发达国家都通过通货膨胀来减少债务,那么中国持有的外汇就会缩水。怎样应对这种前景?目前唯一的办法就是利用现有的外汇储备更好地进行对外投资,分散未来的风险。如果中国利用外汇储备来帮助其他国家发展,直接投资这些国家的经济项目,可能是一种更好的选择。因为直接投资的收益要远远大于债券投资的收益。另外，中国现在已经成了一个对外直接投资的大国，中国对外直接投资的数额已经超过了中国接收的外来直接投资，而中国曾经是最大的外来直接投资目的国。拿外汇储备去进行直接投资，不仅增加了收益还可以帮助其他国家更好地发展，同时也培育了中国的出口市场，使中国和这些接受投资的国家的关系形成一种双赢、多赢的模式。所以，利用中国巨大的外汇储备来推动"一带一路"沿线国家的经济建设，是中国推动世界经济发展、解决世界经济需求不足的一个重大战略选择。

国际制度建设有利于丝绸之路经济带建设

俄罗斯也是丝绸之路经济带上的一个国家。俄罗斯有一个雄心勃勃的计划，就是构建"欧亚经济联盟"，也就是要重新建立俄罗斯与中亚国家之间的经济联系，构建一个共同的市场，打通它们之间的生产链，使经济规模进一步扩大，成本进一步降低，保证这一地区未来的发展。可以说，"欧亚经济联盟"对俄罗斯和中亚国家的发展来说都是非常重要的。

乌克兰危机爆发后，俄罗斯受到欧美国家的经济制裁，战略重心更多地转向亚洲。跟中国加强联系、跟亚洲市场加强联系是俄罗斯应对欧美国家经济制裁最合理的办法。在这种背景下，建设丝绸之路经济带对欧亚大陆各国的发展都有益处。普京总统曾公开表示，俄罗斯欢迎中国的丝绸之路经

◇ 发展新动能

济带建设计划，俄罗斯将更加积极地参与丝绸之路经济带的建设，而且俄罗斯希望能够把"欧亚经济联盟"与中国的丝绸之路经济带对接起来。中俄高速铁路的建设计划给中国丝绸之路经济带和俄罗斯"欧亚经济联盟"之间的对接提供了新的可能。

上海合作组织可以成为建设丝绸之路经济带的一个重要协调机制。从大的发展环境来看，现在的国际环境对中国推进丝绸之路经济带建设非常有利。

在某种程度上，构建新国际制度对推动"一带一路"倡议非常有益。自国际金融危机爆发以来，新兴经济体团结起来共同制定发展计划的趋势越来越明显。这些国家都表示了对重塑国际经济秩序的愿望，它们团结一致想找到促进国家发展的道路。2015年，金砖国家新开发银行成立，旨在建立一个共同的金融安全网络，为迅速发展的发展中国家提供融资。

2013年，中国倡议筹建亚洲基础设施投资银行，因为亚洲的基础设施建设需求巨大，而现存的国际开发机构——无论是世界银行，还是亚洲开发银行都无法满足亚洲国家在基础设施投资方面的需求。中国提出建立亚洲基础设施投资银行倡议的过程也并非一帆风顺，不过，在正式筹建的过程中，不仅亚洲国家，许多欧洲国家也积极申请加入，最终有50多个国家都成了亚洲基础设施投资银行的创始成员国，这种规模和热情不亚于二战结束后美国倡议成立布雷顿森林体系时的状况，单从创始成员国数量上看，亚洲基础设施投资银行甚至超过了布雷顿森林体系的规模。从这个角度可以看出，现在中国在国际经济舞台上的号召力还是很大的，也可以看出，中国提出的这个想法迎合了许多国家的需求。实际上，自国际金融危机爆发以来，许多国家都期待能找到走出低迷期的路径。

因此，在中国提出倡议后，马上就得到了许多国家的支持。除了日本以外，美国最主要的盟国，包括澳大利亚、加拿大都是亚洲基础设施投资银行的成员国。

这说明中国提出的加强基础设施建设的倡议有广大的民众基础，这些国家的民众都认为，建设基础设施项目，能够推动世界经济发展，脱离现在萎靡不振的状态。各国对重振经济的热情与中国的"一带一路"倡议不谋而合。而中俄之间的合作，包括各方面的技术合作，给这些国家的发展奠定了更好的基础。2014 年，习近平在塔吉克斯坦首都杜尚别出席上海合作组织峰会期间，与俄罗斯总统普京积极探讨了高铁和卫星导航系统的合作，中俄在联合研制远程宽体客机、重型直升机，以及共同开发能源等大项目上取得了新进展，两国在技术、科学和经济方面的合作已经进入了更宽广的领域。未来中俄在丝绸之路经济带建设中会有更多的合作，丝绸之路经济带的建设也会给沿线国家带来丰厚的经济效益，从而大大改变世界经济发展的格局。

重建丝绸之路是复兴中华文明的重要标志

自中国提出"一带一路"倡议以来，中国的对外投资规模迅速增长。2015年,中国的对外直接投资首次超过外来直接投资,其中"一带一路"倡议带动的对外投资增长明显,"一带一路"沿线项目成为中国对外直接投资的重点。

中国经济对世界经济增长的贡献很大,在2008年国际金融危机爆发后,中国成了推动世界经济增长的主要力量,现在中国每年仍为全球经济贡献1/3的增长份额。如果算上中国这些年对外直接投资的迅速增长,中国对世界经济增长的贡献就更大了。但随着中国对外投资的增长,投资的风险也在增加。我们只有对"一带一路"沿线国家的投资风险做出更准确的评估,才能在未来的发展中规避和化解风险,使中国的对外投资实现可持续发展。

1. 基础设施投资的风险。

最近一些年来,中国企业在海外用资源开发换基础设施投资的项目不少,也取得了很大成就。也就是说,一些自然资源和能源资源丰富的国家以自己的资源为资本,换取中国企业对当地基础设施的投资。中国企业获得了在一段时间内开发当地的一些矿山、油田的权利,用以补偿基础设施项目的投资。但是,资源开发是长期项目,基础设施投资的回收期也很长,这里面有许多投资风险。

比如,开发资源要考虑到国际市场上资源价格的波动,中国企业如何才能规避资源价格下跌的风险呢?5年前,中国企业开始在海外开发资源时,国际市场上资源的价格很好,能源价格高企。开发资源的投资与收益比非常合算,中国企业开发海外资源赚到了不少甜头。然而,从2014年起,国际市场的资源价格一路下跌,未来可能还会有一段日子维持在低水平,中国企业投资开发的资源项目都是以 20 年、30 年为期的,未来国际市场的资源价格未必能使这些海外资源开发的项目维持收支平衡。

资源开发与基础设施建设都是长周期的投资项目,需要有稳定的政治环境。因此,中国企业还需应对可能的政治风险。如何在某些国家出现政府更迭的状况时,保证项目合同依然能够履行呢?中国在拉丁美洲和亚洲一些国家的投资就遇到了因为政府更迭导致合同无法履行的困境(有些项目后来经过双方协商又达成了继续履行合同的意见)。但这给我们提了一个醒,我们需要与一些"一带一路"的沿线国家签订双边投资保护协议,以保证在政府更迭的情况下,合同依然得到履行。我们也可以利用金砖国家等机制,设立一些商业仲裁机构,在遇到这种问题时,可以通过国际仲裁解决。

2. 硬通货与弱本币的风险。

中国企业在海外投资一般使用硬通货,如美元、欧元等。但获得的收益却往往用投资目的国本地的货币结算。当本地货币贬值时,中国企业作为境外投资者,就要承担汇率下跌的损失;由于投资借贷的是硬通货,还可能会出现债务骤增的风险。美联储提高利率使美元汇率上扬,导致部分国家的货币贬值高达 20% 甚至 30%。如果中国企业借贷美元投资,很可能会因此陷入债务危机。

规避汇率风险的一种办法是用人民币计价。如果中国企业在海外投资的基础设施项目和资源开发项目能用人民币计价,既可以促进人民币的国际化,也可以在一定程度上化解中国企业面临的价格风险。

3. 外部冲击的风险。

新兴经济体与发达经济体间的贸易与投资规模远超新兴经济体之间的贸易与投资规模。因此新兴经济体对发达经济体的变化非常敏感,发达经济体的宏观经济政策变化会对新兴经济体产生巨大的外溢影响。

"一带一路"的终点在欧洲,欧洲国家近年来一直在通货紧缩与经济衰退之间徘徊,有些国家还爆发了债务危机。欧洲经济如果长期陷在这种恶性循环中,"一带一路"沿线国家对投资交通等基础设施的积极性会受到影响,企业的投资热情也会受到影响。为了应对这种状况,必须加强新兴经济体之间的贸易与投资活动,让它们成为彼此的重要市场,以抵消发达国家市场变化带来的冲击。

4. 地缘政治的风险。

丝绸之路经济带横贯欧亚,沿线国家的文化、种族、信仰、政治制度都各不相同,地缘政治格局错综复杂。一些非丝绸之路经济带沿线的国家为了自己的利益也在积极介入这一地区的事务。

英国地缘政治学家麦金德有句名言:"谁统治了东欧,谁就能控制大陆腹地;谁统治了大陆腹地,谁就能控制世界岛;谁控制了世界岛,谁就能控制整个世界。"19世纪以来,世界上的霸权国家都是海上霸主。如果新亚欧大陆桥得以建立,欧亚大陆的利益得到整合,海洋霸权的作用就会下降,世界的重心就会转移。美国也曾提出过"新丝绸之路"计划，希望介入中亚和南亚国家的发展，但成效不大。鉴于中东地区动荡的局势，我们有理由对中亚国家未来的发展感到担心。如何应对这些国家社会动荡带来的不利影响？上海合作组织或许可以在保障地区的安全与稳定上起到更大的作用。

5. 中央政府缺少权威带来的风险。

中国遵循"互不干涉内政"的对外原则，在对外投资中一般只与当地的中央政府谈合同、签协议。然而，"一带一路"沿线有许多国家内部既存在民族和部族矛盾，也有宗教矛盾，还有地方性的利益摩擦。许多国家的中央政府并没有很大的威权，它们与地方政府和部族群体间的关系很特殊。如何协调这些关系，平衡好利益分配，是投资成功的基础。中国在缅甸投资的密松水电站项目被搁置，缅甸中央政府与克钦人之间的矛盾就是部分原因。

在未来推进"一带一路"相关项目的过程中，不仅要与项目所在国的中央政府搞好关系，还需要与项目工程所在地的权力机构搞好关系，与当地的部族头领搞好关系，走"群众路线"。"一带一路"倡议不仅是中国政府与企业的事业，也是中国公民社会的事业，我们需要加强公共外交，加强各层面上的交往，构建良好的公共关系，做好沟通工作，编织出一个巨大的社会网络，为中国在海外的投资做好铺垫。

"一带一路"倡议推动了中国对外投资的迅速增长，我们需要保持清醒的头脑，认真做好对沿线国家的项目风险评估工作，为中国对外投资的可持续发展奠定基础。

◻ 发展新动能

丝绸之路经济带可以成为刺激世界经济增长的新动力，这也是中华文明复兴的一个重要标志。

历史上的丝绸之路是一条重要的商道，是东西方文化交流的纽带。中国的茶叶、丝绸、瓷器等都是通过这条路线走向世界的。宋代以后，瓷器贸易快速发展，由于瓷器重且易碎，陆路运输有很多困难，所以从那时起，大量瓷器等商品都是通过海上丝绸之路运往中东地区和欧洲的，海上丝绸之路也逐渐成为中国通向西方国家的主要道路。有许多外国物种都通过丝绸之路传入了中国，比如小麦、芝麻、菠菜、葡萄、玉米、土豆、西红柿等，所以，丝绸之路对中国的社会发展非常重要。

在文化方面，当年玄奘就是通过丝绸之路到印度去取经的，在丝绸之路上的一个重要城市——敦煌，发现了大量珍贵的典籍和历史文献，由于各种历史原因，这些珍贵的文献散落到了世界各地，而敦煌学已经成为国际学术界的一门显学。可见，丝绸之路是一条重要的文化纽带。

在中国迅速发展，国际影响力迅速扩大的今天，丝绸之路经济带的建设使得古代中国通往西方的商路重新焕发了生机，这对中华文明的复兴有重要意义。1868—1872年，德国地理学家李希霍芬曾到中国做过7次地质考查，著有《中国——亲身旅行的成果和以之为根据的研究》一书，书中第一次提出了"丝绸之路"这个概念，他认为丝绸之路是中国和西方国家之间的一条重要商路，之所以称之为"丝绸之路"，是因为丝绸是当时最主要的贸易商品，是一个交易媒介,是东西方交流的一个纽带。李希霍芬大大肯定了丝绸之路在人类文明交流史上的重要地位。他的学生斯文·赫定在《丝绸之路》一书中大胆预测:"中国政府如果能使丝绸之路重新复苏,并使用现代交通手段,必将对人类有所贡献,同时也为自己树起一座丰碑。"从这个角度来讲,今天我们通过"一带一路"倡议来推进基础设施投资,推进沿线国家与中国的互联互通,直至使整个欧亚大陆的市场完全发展起来,这个伟大创举不仅对世界经济发展来说是一个重大贡献,对重塑人类文明史来说也是一个重大贡献。可以说,建设丝绸之路经济带的成功与否关系到中华文明的复兴,及中华文明在世界历史上的地位。所以,"一带一路"倡议对中华文明的复兴来说是一个历史性事业。

"一带一路"是通向人类命运共同体的康庄大道

最近一些年来,国际舆论对中国提出的"一带一路"倡议非常感兴趣。最初,"一带一路"倡议的内容仅包括与沿线国家合作,共建基础设施和工业园等,以促进地区的经济发展与融合。随着越来越多的国家表示愿意参与"一带一路"倡议,特别是那些不在丝绸之路沿线的国家的参与,使"一带一路"倡议最终形成了一种精神。只要愿意参与合作,加强基础设施建设,促进各国间的互联互通,都可以参与"一带一路"倡议。

"一带一路"倡议是构建人类命运共同体的伟大实践。

○ 发展新动能

"一带一路"倡议有三个原则：共商、共建、共享，扩展开来就是利益共同体、责任共同体和命运共同体。共商、共建、共享三个词并非空洞的口号，它具体表现为促进相关国家经济发展战略的对接，鼓励双方充分发挥各自的比较优势。

共商，意味着"一带一路"的任何项目都不能由某个国家说了算，而必须由相关国家共同商讨，确保"一带一路"项目能兼顾各方的利益诉求，体现各方的共同意志。

共建，意味着"一带一路"的规划并非大国对小国、强国对弱国的施舍与援助，而是在充分发挥"一带一路"相关国家比较优势的基础上，合理分工、共同建设，使各国原有的经济发展战略融合为一体，达到"一加一大于二"的整体合力。

共享，意味着"一带一路"项目建设的成果不是由某国独占的，而是相对均等地分配给相关各国，从而实现利益共通和命运共通，这也实现了共同发展的诉求。

中国有句俗话叫"亲望亲好，邻望邻好"。也就是说，中国人传统上非常注重邻里之情。扩大到国与国的关系，中国也很希望邻国能富裕起来、发展起来，能够实现共同繁荣。"一带一路"沿线国家多数都是发展中国家，都有巨大的基础设施投资需求，有着实现工业化的需求，中国希望能帮助这些国家实现现代化、融入全球化。如此，这些国家便与中国形成了利益、责任和命运三方面的共同体。

互利互惠、合作共赢是对"一带一路"各项工程最精练的总结。面对周边国家对发展的迫切需要，中国愿意把自身发展同周边国家的发展更紧密地结合起来，欢迎周边国家搭乘中国快速发展的"便车"，让大家一起过上好日子。无论是中俄之间签署的天然气合作协议，还是中国与马来西亚合作打造的产业示范园区，中国都在扎实推进与周边国家在基础设施建设、能源、产业园区发展等领域的互惠合作。

当然，要构建人类命运共同体，互利互惠、合作共赢是基础，但仅有这些还远远不够。习近平在许多外交场合都谈到中国的外交原则，2014年，习近平在韩国国立首尔大学演讲时曾引用《大学》中的话说："国不以利为利，以义为利也。"[33] 在国际合作中，我们要注重利，更要注重义。只有义利兼顾才能义利兼得，只有义利平衡才能义利共赢。中国古代也有关于交友的名言，如："以利相交，利尽则散；以势相交，势倾则绝；以权相交，权失则弃；以情相交，情断则伤；唯以心相交，方能成其久远。"中国要构建人类命运共同体，必须与中国合作的各国建立超越经济利益的联系，不断加强各国人民之间的交流与沟通，这样才能增进相互理解，巩固友谊，使人类命运共同体不断成长壮大。

参考文献

[1] 中央文献研究室.十八大以来重要文献选编：上册[M].北京：中央文献出版社，2014.

[2] 李克强主持召开国务院常务会议，部署促进分享经济健康发展[EB/OL].（2017-06-22）.http://www.cac.gov.cn/2017-06/22/c_1121187321.htm.

[3] 李克强：对电子商务、移动支付实行包容审慎监管[EB/OL].（2017-06-27）.http://www.xinhuanet.com/money/2017-06/27/c_129641944.htm.

[4] 索尔海姆：中国防沙治沙经验值得世界借鉴[EB/OL].（2017-07-05）.http://www.xinhuanet.com/tech/2017-07/05/c_1121270605.htm.

[5] 陈雨露，马勇.中国金融体系大趋势[M].北京：中国金融出版社，2011.

[6] 陈雨露，马勇.中国金融体系大趋势[M].北京：中国金融出版社，2011.

[7] 托克维尔.论美国的民主（下卷）[M].董果良，译.北京：商务印书馆，2004.

[8] 史天健，玛雅.走出"民主"迷信[J].开放时代，2009（6）.

[9] 习近平接受俄罗斯电视台专访 [EB/OL]. (2014-02-09). http://www.xinhuanet.com/world/2014-02/09/c_119248735.htm.

[10] 习近平：在会见第一届全国文明家庭代表时的讲话 [EB/OL]. (2016-12-15). http://www.xinhuanet.com/politics/2016-12/15/c_1120127183.htm.

[11] 凯文·菲利普斯. 金融大崩盘 [M]. 冯斌，周彪，译. 北京：中信出版社，2009.

[12] 罗伯特·布伦纳. 繁荣与泡沫：全球视角中的美国经济 [M]. 王生升，译. 北京：经济科学出版社，2003.

[13] 罗伯特·布伦纳. 繁荣与泡沫：全球视角中的美国经济 [M]. 王生升，译. 北京：经济科学出版社，2003.

[14] 罗伯特·布伦纳. 繁荣与泡沫：全球视角中的美国经济 [M]. 王生升，译. 北京：经济科学出版社，2003.

[15] Thomas Piketty. le Capital au 21e Siècle [M]. Editions du Seuil, 2013.

[16] Thomas Piketty. The economic and geo-political implications of China-centric globalization [R]. New America Foundation, 2012.

[17] 中国战略思想库. 还原债务危机下的真实的美国："穷政府 + 富企业"的组合 [R]. 第一财经研究院，2011.

[18] 中国战略思想库. 还原债务危机下的真实的美国："穷政府 + 富企业"的组合 [R]. 第一财经研究院，2011.

[19] 张勇. 巴西经济增长及其转型的结构视角 [J]. 当代世界，2015（10）.

[20] 贝乐斯：人民币为什么会贬值？[EB/OL].（2016-01-07）. http://opinion.caixin.com/2016-01-07/100896910.html.

[21] 超级计算机榜单重新排名，中国天河二号已沦为世界第二 [EB/OL].（2016-08-01）. http://www.elecfans.com/baike/computer/fuwuqi/20160801429668.html.

[22] 这就是中美金融恐怖平衡 [EB/OL].（2009-05-19）. http://finance.ifeng.com/news/hgjj/20090519/681812.shtml.

[23] 修昔底德. 伯罗奔尼撒战争史 [M]. 徐松岩，黄贤全，译. 桂林：广西师范大学出版社，2004.

[24] Mary Amiti, Stephen J. Redding, David Weinstein. The Impact of the 2018 Trade War on US Prices and Welfare [R]. Cambridge: NBER, 2019.

[25] 打造中欧和平增长改革文明四大伙伴关系 [EB/OL].（2014-04-01）. http://finance.people.com.cn/n/2014/0401/c70846-24792557.html.

[26] 习近平同欧洲理事会主席举行会谈 [EB/OL].（2014-03-31）. http://www.china.com.cn/news/2014-03/31/content_31959465.htm.

[27] 蔡美儿. 起火的世界 [M]. 刘怀昭，译. 北京：中国政法大学出版社，2014.

[28] Gary K.Busch. U.N. Justice and French Colonialism: the Gbagbo Dossier [EB/OL].（2016-02-02）. http://saharareporters.com/2016/02/02/un-justice-and-french-colonialism-gbagbo-dossier-dr-gary-k-busch.

[29] 乔耀章，张铭，吴声功，袁建新.国际经济合作新编[M].南京：河海大学出版社，1996.

[30] 王文：非洲领导人说，想加速复制中国经验[EB/OL].（2016-08-15）.https://www.guancha.cn/WangWen/2016_08_15_371281.shtml.

[31] 习近平主席在联合国日内瓦总部的演讲（全文）[EB/OL].（2017-01-19）.http://www.xinhuanet.com/world/2017-01/19/c_1120340081.htm.

[32] 胡鞍钢：中国人有着怎样的"世界梦"[EB/OL].（2013-04-06）.http://paper.people.com.cn/rmrbhwb/html/2013-04-06/content_1221721.htm.

[33] 柴逸扉：习近平治国理政关键词(27)：邻望邻好共同发展[EB/OL].（2016-05-05）.http://theory.people.com.cn/n1/2016/0505/c49150-28326780.html.